马克思主义研究文库

马克思世界市场理论发展史

曲韵畅 | 著

光明日报出版社

图书在版编目（CIP）数据

马克思世界市场理论发展史 / 曲韵畅著. -- 北京：
光明日报出版社，2023.7
ISBN 978-7-5194-7371-6

Ⅰ.①马… Ⅱ.①曲… Ⅲ.①马克思主义政治经济学
—国际市场—研究 Ⅳ.①F740.2

中国国家版本馆 CIP 数据核字（2023）第 138730 号

马克思世界市场理论发展史
MAKESI SHIJIE SHICHANG LILUN FAZHANSHI

著　　者：曲韵畅

责任编辑：李壬杰　　　　　　责任校对：李　倩　李　兵
封面设计：中联华文　　　　　责任印制：曹　净

出版发行：光明日报出版社
地　　址：北京市西城区永安路 106 号，100050
电　　话：010-63169890（咨询），010-63131930（邮购）
传　　真：010-63131930
网　　址：http://book.gmw.cn
E - mail：gmrbcbs@gmw.cn
法律顾问：北京市兰台律师事务所龚柳方律师
印　　刷：三河市华东印刷有限公司
装　　订：三河市华东印刷有限公司
本书如有破损、缺页、装订错误，请与本社联系调换，电话：010-63131930
开　　本：170mm×240mm
字　　数：305 千字　　　　　　印　　张：16
版　　次：2023 年 7 月第 1 版　　印　　次：2023 年 7 月第 1 次印刷
书　　号：ISBN 978-7-5194-7371-6
定　　价：95.00 元

序　言

马克思在《〈政治经济学批判〉序言》中第一句就写道，"我考察资产阶级经济制度是按照以下的顺序：资本、土地所有制、雇佣劳动；国家、对外贸易、世界市场"。这也就是广为学界所熟知的《资本论》"六册计划"，"六册计划"意味着马克思本人为其政治经济学的研究架构了一幅宏大的蓝图。事实上，不管是在此之前1857年的《〈政治经济学批判〉导言》中出现的"五篇计划"，还是更早的1847年的《雇佣劳动与资本》中马克思所提及的"三部计划"，这些马克思的研究构想，虽经历多次修改，但是马克思都以"世界市场"作为其整个研究的结尾，马克思对于世界市场的重视程度由此可见一斑。虽然马克思的研究计划并未真正实现，但在马克思与恩格斯的著作中，关于世界市场的论述与观点始终占有一席之地，即使是在当下，世界市场依然是多个学科予以关注的研究议题，依然有相当的研究价值与研究意义。只是从马克思与恩格斯展开世界市场的研究以来，世界市场经历了一次次变革，而在马克思主义的发展过程中，也有不同的马克思主义者分别对世界市场予以关注与研究，历史的发展使得马克思世界市场理论的本原与当今的现实产生了距离，只有在真正了解马克思世界市场理论"来龙去脉"的基础上才能真正了解马克思世界市场理论的巨大价值。

本书就是在这一研究背景与研究目的指导下而展开的专门性研究。本书从马克思主义的三大来源出发，以古典政治经济学、德国古典哲学以及空想社会主义为研究的原点，系统梳理了由此开始直到中国共产党第十九次全国代表大会召开期间，马克思世界市场理论的演进之路。其中既有马克思对前人研究成果的批判，又有马克思与恩格斯一道对世界市场的坚持不懈的研究，也有马克思世界市场理论可能涉及的重要理论问题，还有自恩格斯逝世后，第二国际的理论家以及苏联对马克思世界市场理论的继续探索。在研究的后半部分，本书将目光聚焦于中华人民共和国成立以来，中国共产党对马克思世界市场理论的继续探索。本书通过梳理与考察，再次印证了马克思关于世界市场的理论构想，是一个经过深思熟虑的研究议题，而当前人类所处的世界市场的历史阶段依然是马克思批判的"现代的世界市场"，这个"现代的世界市场"本质上是"资本主义主导的世界市场"，世界市场的历史方位最核心的一点是要结合马克思所言的"资本的历史使命"来理解。在这一历史阶段下，无产阶级作为世界市场中最典型的"先进力量"，理应结合现有的条件，积极参与世界市场，努力实现世界市场话语权的变革。而中国共产党自改革开放，特别是党的十八大以来进行积极的理论探索与实践，坚定地沿着马克思世界市场理论的路线积极参与到世界经济与"全球治理体系"的变革中，马克思世界市场理论再次在中国这片土地上迸发了强劲的生命力。

目 录
CONTENTS

第一篇
绪　论

▼

▼

第一章

本书的选题背景与研究价值

第一节　本书的选题背景

2008 年全球经济危机以来，全球范围内掀起了一场"重读《资本论》"的热潮，在这一轮的世界性经济危机中，人们再次深刻体会到马克思笔下"世界市场及危机"的深刻含义。而在马克思本人的研究历程中，对世界市场的相关问题非常关注，马克思在构思政治经济学批判的计划时，甚至专门构想过一本"世界市场册"的专著。虽然马克思本人最终并未实现这一批判的构想，但是马克思在其著作中多次论述了世界市场的相关内容，并与他的亲密战友恩格斯一道，不断深入关于世界市场的研究，最终形成了一整套关于世界市场的独到认识与观点，这些思想是马克思主义不可或缺的一部分，对于今天依然有着重要的指导意义。而在马克思与恩格斯相继逝世后，马克思世界市场理论又经历了曲折的发展，其中既有对马克思世界市场理论的误读与歪曲，也有对马克思世界市场理论的新发展。那么，马克思笔下世界市场到底所指为何？在之后的发展历程中，又经历了哪些变化？又有哪些经验与教训？对这些问题的探索与回应，关系到如何真正理解马克思主义。而从中国的现实来看，2010 年中国超越日本成为全球第二大经济体，随着中国全球经济地位的提升，中国在世界市场中越发扮演着重要的角色，这是毫无争议的事实。事实上，中国在世界市场地位的上升也是中华人民共和国成立以来，特别是改革开放以来中国社会发展现实的一个缩影。而中国逐渐融入世界经济与加入世界市场的历程也是一条对马克思世界市场理论的探索之路，特别是党的十八大以来，习近平新时代中国特色社会主义思想这一马克思主义中国化的最新理论成果在理论与实践中将马克思世界市场理论带入一个全新的理论境遇中。那么，中国关于世界市场的实践与经验又为马克思世界市场理论贡献了哪些新的"中国智慧"？对这些问题的思考与回应直接关系改革开放的中国如何认识与看待世界市场，规避世界市场的风险，进而继续在世界市场的舞台中发挥积极的作用。以上理论与现实的思考凸显出对马克思世界市场理论发展史进行分析与总结的必要性。总的来说，"世界市场"这一问题是马克思本人当年重点关注过的，而且在当今现实社会中仍然快速发展、仍然富有时代性的重要议题，对中国的发展有着重要的理论意义。在此背景下，本书选择"马克思世界市场理论发展史"为全书的主题，力求能够最大限度地挖掘与梳理马克思世界市场理论的历史脉络，以丰富与完善马克思世界市场理论的相关研究，并为中国当代社会的发展提供必要的借鉴。

第二节 本书的研究价值

一、理论价值

丰富与完善马克思政治经济学批判的相关研究。"世界市场"这一研究主题是马克思在其政治经济学批判的"五篇计划"及"六册计划"中都有所提及，却始终未能真正完成的研究。但是在马克思及恩格斯的著作中，对于世界市场却又多次提及。在这种情况下，展开马克思世界市场理论发展史的研究，在很大程度上是沿着马克思本人政治经济学批判的道路继续走下去，探讨世界市场理论在马克思的研究中经历了哪些发展，将零散于不同时期、不同阶段的论述有效整合，以一种宏观的视角来审视马克思世界市场理论的发展历程与核心观点。

挖掘马克思主义发展史的相关"专题史"研究。马克思主义自创立以来，在 170 多年的发展历程中，经历了很多重要的节点与转向。在这 170 多年的时间中，世界市场本身的发展也经历了非常大的变化，同时，关于马克思世界市场理论的认识与看法也经历了一个曲折但总体向前的过程。为此，以马克思世界市场理论为研究内容，从发展史的角度考察马克思世界市场理论产生、发展、变化、创新的过程，总结马克思世界理论一路走来的得与失，是对马克思主义发展史中相关"专题史"研究的进一步深化。

发展当代中国马克思主义政治经济学。习近平同志指出，立足我国国情，把马克思主义政治经济学的基本原理同中国特色社会主义实践相结合，发展当代中国马克思主义政治经济学。中国当代马克思主义政治经济学的研究虽处于起步阶段，但却引起广泛关注，而世界市场理论无疑是其中的重要内容之一，本书也在这一方面进行了探索，在研究的过程中凸显当代中国马克思主义政治经济学的全新理论成果。

二、应用价值

从理论的应用价值来讲，在当前学术研究中，"世界市场"这一名词出现的频率越来越高，然而，值得深思的是，在经济学与马克思主义等不同的学科背景下，"世界市场"中的意义并不相同，但是在学术研究中，却有着"趋同化"的倾向。或者说，当代在考察与使用"世界市场"这一概念时，被赋予了浓重的经济学色彩，这当然是必要的，却也在一定程度上弱化了马克思本人的理解。所以，从马克思主义发展史的角度考察马克思世界市场理论的发展过程，在理论上也不失为一个"正本清源"的过程，有利于学界更好地理解"世界市场"这一概念。

从理论指导实践的角度来讲，当前中国作为世界第二大经济体，在参与世界市场的实践中，应该秉持何种理念，社会主义中国参与世界市场的实践，为马克思世界市场理论提供了何种创新？这些也是值得深思的问题。这些问题的解决有赖于明确马克思世界市场理论给我们留下了什么，有哪些转折？这些思考对于中国参与世界市场的活动都有着重要的指导意义。

第二章

本书研究主题的国内外研究动态及概念界定

第一节　本书研究主题的国内相关研究动态

一、国内相关研究综述

关于马克思世界市场理论的相关研究，目前国内已有一些相关的研究成果。在此，根据本研究的框架，对这些相关研究予以整合，简要论述目前国内外关于马克思世界市场理论的相关研究。

首先，应该关注的是马克思在政治经济学批判"六册计划"中的"世界市场册"的相关研究，事实上，很多学者都是以"六册计划"作为研究马克思世界市场理论的一个重要的切入点。其中，有影响力的相关研究如下：汤在新主编的《〈资本论〉续篇探索》是国内较早对《资本论》"六册计划"予以研究的一部专著。汤在新先生认为，"六册计划"的后三册，即土地所有制、对外贸易以及世界市场的三册内容，总体而言依然是马克思从客观存在的世界市场整体和总体中抽象出来加以分析的内容，因此单纯意义上的"后三册"依然处于较低的构想阶段，逻辑运动在后三册中还没有结束，也就是说后三册的内容，还有待于做进一步的综合，有待于从总的联系上做整体的把握，也就是再次上升到一个世界市场的思想总体与思想具体中来重新思考问题。为此，"对外贸易"与"世界市场"处于不同的逻辑阶段，不能混为一谈。虽然马克思并未完成关于世界市场"总体的概念"，但是依然可以推论出一些重要思想，特别是马克思关于世界市场危机的论断，无疑是马克思世界市场理论最核心的一个内容，值得深入研究。① 除此之外，学者黄瑾则将"世界市场"视为马克思本人政治经

---

① 汤在新.《资本论》续篇探 [M].北京：中国金融出版社，1995.

济学研究的"逻辑归宿",进一步说明了在研究世界市场中,有两个重要的概念,即资本以及资本主义的生产方法,这是描述当今世界市场的一个重要观点,同时,对于世界市场的研究也不能局限于此,在一般性的研究商品生产及交换之后,还要注意研究不同阶级与不同国家之间生产关系的问题以及与马克思未来社会制度构想之间的关系。① 学者刘明远对"世界市场册"也进行了探索,指出学界对于"世界市场册"的研究虽有一定的分歧,但是也有共识,如马克思世界市场理论的研究,其难点在于要明确广义世界市场与狭义世界市场的区别与联系,这是理解马克思世界市场理论的一个重要的基本前提。同时刘明远先生也明确指出,真正符合马克思预想下的那种世界市场实质上还未真正形成。②

其次,所考察的是马克思世界市场理论发展的本身及其相关内容,此方面的代表性研究成果有:学者黄瑾重点研究了19世纪50年代至19世纪80年代马克思著作中的世界市场思想的演进,并指出,马克思《资本论》的研究以英国为考察对象,而"世界市场册"的出现标志着马克思本人研究的转向,也就是将研究范围扩大至全球领域。同时,世界市场也是马克思"卡夫丁峡谷"设想的一个基本前提。③ 学者时家贤对马克思世界市场理论的内容进行了论述,提出马克思本人对于世界市场的具体内容虽然没有做出明确的说明,但是可以从以下四个方向来整理其内容,即世界市场的体制基础与制度基础、世界市场发展的物质基础、世界市场的相关影响、世界市场未来发展的趋势。④ 学者郭伟则将马克思世界市场的主要内容概括为以下三点:1. 世界市场的形成是资本主义商品经济发展的产物;2. 资本是世界市场发展的动力;3. 世界市场使各国各自的经济发展走向世界经济市场。在考察马克思世界市场理论的来源时,作者认为应该从理论和实践两个维度进行考察,并认为黑格尔"世界历史"的观点对马克思世界市场理论的发展有着重要影响。⑤

再次,关于第二国际以及苏联时期,马克思世界市场理论的进一步发展与

① 黄瑾. 马克思经济学理论体系构建方法探析:兼论世界市场成为其理论体系逻辑归宿的原因 [J]. 东南学术, 2016 (01):32-39.
② 刘明远. 马克思经济学著作"六册计划"的总体结构与内容探索 [J]. 政治经济学评论, 2016 (04):131-161.
③ 黄瑾. 论马克思世界市场理论的发展进程 [J]. 福建师范大学学报(哲学社会科学版), 2015 (05):11-18.
④ 时家贤. 马克思恩格斯的世界市场理论及其当代启示 [J]. 当代世界与社会主义, 2012 (06):18-25.
⑤ 郭伟. 马克思世界市场理论及其启示 [D]. 赣州:赣南师范大学, 2012.

争论。此方面的代表性研究成果有：张晓忠对列宁早期有关世界市场的经济全球化思想进行了研究，提出了列宁早期在与民粹派的论战中提及的国外市场实质上就是经济全球化的萌芽阶段。列宁坚持了马克思的分工理论，并指出，市场也和社会分工一样能够由国内到全球无止境地发展，俄国边疆地区等国内市场已被卷入世界市场的漩涡。① 顾海良等人在《20 世纪国外马克思主义经济思想史》一书中，以人物为主要线索，考察了恩格斯逝世后马克思经济思想的发展，其中值得注意的是顾海良等人对布哈林"世界经济"进行了总结与分析，进而指出布哈林认为国际分工与国际交换是世界市场和世界价格的存在前提，同时，与商品的世界市场相对应，还存在着"货币资本的世界市场"，从而显示了资本主义以世界市场条件取代单个国家市场条件的取向。② 陈其人在《卢森堡资本积累理论研究》中，指出卢森堡在对马克思资本积累的理解问题上犯了"消费不足"论的错误，但是，必须指出的是，在卢森堡的分析中，关于世界市场的研究可谓开创性的，卢森堡从世界市场中抽离了资本主义国家的因素，进而直接分析资本主义内部的交往，以及资本主义与非资本主义环境的交往，事实上开创了一个全新的"世界体系论"。③ 汪一鹤在《评斯大林关于两个平行的世界市场的理论》中对斯大林的世界市场理论进行了分析，指出斯大林"两个平行的世界市场"理论的逻辑路径：1. 第二次世界大战的结束形成了统一的和强大的社会主义阵营与资本主义阵营相对立的局面；2. 两个阵营对立的经济结果就是统一的无所不包的世界市场的瓦解；3. 现在就有两个平行的也是互相对立的世界市场。作者指出，从现实来看，不存在"两个平行的世界市场"，或者说统一的无所不包的世界市场并未瓦解，而两个平行的也是对立的世界市场事实上并未形成。④

最后，是关于马克思世界市场理论在中国的探索与发展的相关研究。目前来看，此部分研究内容主要集中于两个研究领域。第一，是对"改革开放的总设计师"邓小平世界市场理论的研究，如学者张殊凡提出，邓小平是从解决中国和世界社会主义前途以及整个世界政治、经济发展的角度来阐述其世界市场

① 张晓忠. 论列宁早期有关世界市场的经济全球化思想 [J]. 商业研究，2009 (03)：66-68.
② 顾海良，张雷声. 20 世纪国外马克思主义经济思想史 [M]. 北京：经济科学出版社，2006.
③ 陈其人. 卢森堡资本积累理论研究 [M]. 北京：中国出版集团，上海：东方出版中心，2009.
④ 汪一鹤. 评斯大林关于两个平行的世界市场的理论 [J]. 河北学刊，1985 (04)：43-50.

理论的。从世界市场出发，探讨和解决时代主题是邓小平世界市场理论的主要内涵，考察世界市场的发展趋势，必须以时代主题为依据。① 而学者李建民则认为，邓小平的世界市场理论发源于马克思的世界市场理论，同时总结了国际社会主义运动，特别是苏联关于世界市场的经验教训。邓小平的世界市场思想是在"世界性发展问题"逐渐成为共识的时代背景下提出来的，在当前的历史条件下，世界市场的进一步发展既离不开资本主义社会也离不开社会主义社会。② 学者王丽霞等人认为，邓小平对于马克思世界市场理论最鲜明的继承体现在邓小平对于生产力的认识，这一认识与马克思世界市场理论中生产力异常活跃、发展迅速的观点不谋而合。邓小平较为清晰地阐述了社会主义国家与世界市场的关系，坚持利用世界市场，参与世界市场发展社会主义国家的综合实力。③ 第二，关于马克思世界市场理论的当代特征的研究，如赵景峰提出，世界市场是马克思经济学体系所有范畴中最大的总体范畴，也是最复杂、最具体的范畴。马克思的世界市场理论不是全球化理论，但经济全球化是在世界市场的基础上发展起来的，因而经济全球化的本质深深地体现在马克思所揭示的世界市场的本质中。④ 学者费利群则认为，从一定意义上说，经济全球化是世界市场现代化的表现形式，世界市场的"中国命题"就是利用资本主义现代化的文明成果，同时限制、克服、规避资本主义现代化的弊病，即"规避现代化陷阱"并超越资本主义现代化。⑤

二、对国内相关研究的评价与思考

国内学者对于马克思本人"六册计划"基本上持肯定的态度，普遍认为《资本论》的出现与"六册计划"并行不悖，而"世界市场册"作为"六册计划"的最后一卷，可以称之为马克思本人政治经济学研究的"理论最高潮"。从研究内容上来看，国内学者的研究主要集中于马克思世界市场理论与经济全球

---

① 张姝凡. 试论邓小平世界市场思想的理论特色 [J]. 社会科学战线, 1998 (06): 214-219.

② 李建民. 论邓小平世界市场思想的基础 [J]. 中国特色社会主义研究, 2002 (02): 24-28.

③ 王丽霞, 李建民. 邓小平对马克思世界市场理论的发展 [J]. 中共长春市委党校学报, 2004 (02): 13-16.

④ 赵景峰. 马克思的世界市场理论对经济全球化研究的指导意义 [J]. 毛泽东邓小平理论研究, 2004 (03): 18-22.

⑤ 费利群. 马克思世界市场理论的全球化思想及其当代价值 [J]. 经济纵横, 2010 (07): 7-12.

化之间的内在联系，事实上是将马克思笔下的世界市场进行一种当代的解读，以印证时代的变迁。有一些学者立足于中国当代实践，从马克思世界市场理论中寻找中国改革开放的依据，以及探讨中国在经济全球化的浪潮中应该采取何种态度来应对挑战。也有一部分学者探寻马克思本人政治经济学研究的相关文本，从马克思本人的相关文本出发，研究其世界市场理论的内涵与外延。而从发展史的观点来看，已有的关于马克思世界市场理论的发展史研究，事实上是在一个"通史"的视角下，简要阐述马克思世界市场理论的发展，并没有专门抽离出马克思世界市场理论的发展脉络。这就导致了马克思世界市场理论历史演进线索性不强。同时，如果从马克思世界市场理论的发展历史来看，现有的此方面研究文献也缺乏对历史发展中重要人物与事件的深度挖掘，并不能实现研究成果的"串联"。而从研究的体量与类型来看，目前关于马克思世界市场理论的相关研究，期刊类的相关研究侧重于具体内容，但是缺乏历史的线索，而专著类的研究虽能够实现历史脉络的连贯性，但是对马克思世界市场理论发展史的考察又明显不足。总体而言，对于马克思世界市场理论，国内的研究主要以一种当代的视角来审视马克思世界市场理论，在这种背景下，世界市场的理论显示出强烈的当代特征，但是，通过对相关研究的梳理，却不得不使人深思一些问题：

1. 当代背景下马克思的世界市场理论是否就是马克思和恩格斯本人在其经典著作中所论及的世界市场理论？或者换言之，马克思本人所阐述的世界市场理论与当代的世界市场理论有何不同？

2. 从马克思主义创立至今，在170多年的发展历程中，有哪些经典作家对这一理论进行了进一步的阐述与发展，其中，又有哪些理论上的创新与偏离。事实上，马克思本人对于世界市场的研究尽管在其著作中多次提及，但是还未真正起步，马克思之后的理论家对这一问题的进一步发展，直接决定了马克思世界市场理论的当代面貌。

3. 从世界市场本身的发展历程来看，人类自新航路开辟以来，世界市场经历了哪些阶段，每一个阶段的特征是什么？当今的世界市场又处于其发展的哪一个阶段？从世界市场的阶段特征考量其与经济全球化之间的内在联系，国内的大部分研究对此问题都没有涉及，而更多是以经济全球化的视角来审视世界市场的发展。

4. 国内现有大多数研究从时间节点来看相对分散，且主要集中于2010年左右，而世界市场的发展态势，却是远远快于理论研究的。在很短的时间内，世界市场中的力量态势就会发生变化，特别是自2010年后，中国超越日本，成为世界第二大经济体。至此，中国在世界市场的实践又为马克思世界市场理论提供了何种创新？这是马克思世界市场理论发展史研究所必须完成的当代考察。

第二节　本书研究主题的国外相关研究动态

一、国外相关研究综述

国外对于马克思世界市场理论的相关研究也取得了一定的进展，在此同样结合本书的研究框架，对国外马克思世界市场理论的相关研究予以说明。

首先是国外学者就马克思"六册计划"中的"世界市场册"而展开的相关研究。德国学者艾利希·福尔格拉夫（Erich Vollgraf）在其《"六册计划"再认识》中，从马克思个人生活经历的角度，指明"六册计划"并不是马克思创作经济学著作的最终构想，因为不具备足够充分的事实依据，马克思也从未认真地对待过这一计划。福尔格拉夫认为，"六册计划"只是马克思为了给自己的著作找到德国出版商而在私人书信中提出的一种策略手段。他并未改变《资本论》第一册的创作计划，而是前后一致地将其付诸实施，这样原本存在于"六册计划"中的"世界市场册"，被置于一个马克思并未真正准备予以研究的尴尬境地。①

除此之外，也有一些国外学者直接关注马克思世界市场理论本身可能包含的内容，如马丁·路德大学的克劳斯·布洛克（Klaus Block）对"世界市场册"的内容进行了探讨，并将其概括为五点：1. 资产阶级社会越出国家的界限；2. 世界市场构成末篇，在末篇中，生产以及它的每一个要素都表现为总体，同时一切矛盾都展开了；3. 换言之，世界市场又构成总体前提的承担者；4. 危机，以交换价值为基础的生产方式和社会形式的解体，换言之，危机就是普遍表示超越这个前提；5. 迫使采取新的历史形式。② 法国学者雅克·阿塔利（Jacques Attali）从资本主义世界化的角度出发，指出在马克思看来，资本主义构建了迄今为止最好的体系，而且与以往的剥削形式相比，表现出巨大的进步。所以资本主义"生存的历史权利"就是发展生产、创造世界市场以刺激劳动热情，并使个人摆脱平庸。阿塔利进一步认为，在《资本论》及其相关手稿中，事实

---

① ［德］C. E. 福尔格拉夫，胡晓琛．"六册计划"再认识［J］．马克思主义与现实，2016（03）：72–79.
② 马克思主义研究资料：第九卷［M］．北京：中央编译出版社，2014：456.

上马克思重塑了他在 1848 年《共产党宣言》中用另一种方式讲述的内容，即马克思认为有一天商业类别将整体消失，因为资本主义与市场是一回事。事实上，阿塔利在上述内容中涉及了马克思世界市场理论及其理论内在的政治性或者革命性的问题。① 苏联学者阿·科甘（A. Kogan）认为"世界市场册"应当包括以下内容：1. 国际价值与价值规律的作用机制；2. 信用制度、世界市场竞争；3. 对资本输出进行专门分析；4. 国际商品价值的形成；5. 世界市场上竞争的特殊性；6. 世界市场的行情；7. 世界市场上价格形成的特点；8. 世界市场对利息率的影响；9. 世界市场发展的各个阶段；10. 资本主义各国的分工。韩国学者丁声振等则对马克思世界市场危机理论进行了探讨，提出了一个对世界市场危机的思考路径，即对危机的解释不能完全依靠主要针对微观经济进行解释的《资本论》来谈，而需要从世界市场的总体性范畴出发，但是如果完全偏离了《资本论》的核心主旨，那么世界市场的研究很容易变成一种"实证分析"的研究。②

其次是对第二国际以及苏联时期马克思世界市场理论的考量，比较具有代表性的研究成果有：苏联学者 B. A. 阿季在其所著的《第二国际社会党内围绕马克思〈资本论〉所进行的斗争》中，谈到在第二国际内部，伯恩施坦等人认为，随着世界市场的扩大、运输和通信的改善以及托拉斯和卡特尔的生产，资本主义的危机已经完全消除了。而考茨基则认为，世界市场对于资本主义而言是一种"销售限制"的存在，世界市场的狭小、对资本主义生产的不足，意味着资本主义实际上的终结。③ 而在 M. C. 霍华德与 J. E. 金合著的《马克思主义经济学史（1883—1929）》一书中，对于这一时期马克思世界市场理论的发展也有所涉及，他们指出，第二国际内部间的争论主要有以下观点：伯恩施坦认为，随着世界市场的深入发展，马克思关于"世界市场的危机"的论述就再也站不住脚了，而第二国际的其他成员，如考茨基、希法亭、卢森堡等人在与伯恩施坦的论战中，事实上也阐述了其自身关于世界市场发展的看法，值得注意的是，在当时的第二国际中，一种"消费不足"的论断基本上占据了马克思主义思想的主流，而马克思关于世界市场的利润率下降、比例失调的危机模型广

① ［法］雅克·阿塔利. 卡尔·马克思 [M]. 刘成富，等译. 上海：上海人民出版社，2010.

② ［韩］丁声振，刘海静. 马克思的危机理论：作为一种世界市场危机理论 [J]. 马克思主义与现实，2013（02）：36-47.

③ 马克思主义研究资料（第九卷）[M]. 北京：中央编译出版社，2014：23.

受怀疑。①

最后是国外学者关于世界市场的一些当代研究进展，有以下代表成果：麦克尔·哈特（Michael Hardt）与安东尼奥·奈格里（Antonio Negri）在其所著的《帝国》一书中，将世界市场与帝国主义的发展相联系。他们认为，由于世界市场的存在，"帝国式"的影响将无处不在，他们对于世界市场的发展所带来的后果做出了预言：世界市场的实现使这种趋向最终到达预定点，最理想的形式是：在世界市场之外再无其他，整个地球都成了它的领域。因此，世界市场可以说是帝国力量的图示。② 威廉·罗宾逊（William Robinson）在《全球资本主义论》一书中提出，21 世纪的世界市场从本质上来看，将会是资本主义的世界市场，全世界绝大多数的人已经被整合进资本主义的世界市场，并且被纳入资本主义的生产关系之中。在此情况下，罗宾逊认为两个全新的阶级即"全球阶级"与"跨国资本家阶级"开始形成，在这种矛盾碰撞的态势下，历史并不会"终结"，相反，资本主义积累过剩的困境以及国际社会的霸权之争还将会长期存在，而"联盟"性质的霸权将会急剧瓦解。③ 伊曼纽尔·沃勒斯坦（Immanuel Wallerstein）在《现代世界体系》一书中，根据世界市场的当代分工趋势，提出了著名的"中心—外围间的劳动分工"模式，根据这一劳动分工的新进展，沃勒斯坦指出，世界经济已经形成了不同的区域，也就是中心区、边缘区和半边缘区。事实上，沃勒斯坦构建其理论模式的核心概念就在于世界市场的"不平等交换"。④ 除此之外，法国年鉴学派的代表人物费尔南·布罗代尔（Fernand Braudel）在《为市场定位》一文中，不同意将世界市场的观点一概而论，他重点描述了世界市场背后的三个"不同世界"，即最上层的"反市场区域"，其中多是巧取豪夺、弱肉强食的区域，资本主义最后的归宿即如此。中间层的"市场经济层域"，这是我们最为熟悉、最为表象的世界市场，即沟通、交往、供需自我调节的一个世界市场。最下层的"非经济区域"，这是一种日常生活领域的市场活动，也是资本主义扎根但却始终无法真正渗透的一个区域。⑤

---

① ［加］M. C. 霍华德，［澳］J. E. 金. 马克思主义经济学史（1883—1929）［M］. 顾海良，等译. 北京：中央编译出版社，2014：83.

② ［美］麦克尔·哈特，［意］安东尼奥·奈格里. 帝国［M］. 杨建国，等译. 南京：江苏人民出版社，2011.

③ ［美］威廉·罗宾逊. 全球资本主义论［M］. 高秀明，译. 北京：社会科学文献出版社，2009.

④ ［美］伊曼纽尔·沃勒斯坦. 现代世界体系：第四卷［M］. 郭方，等译. 北京：社会科学文献出版社，2013.

⑤ 许宝强，渠敬东选编. 反市场的资本主义［M］. 北京：中央编译出版社，2000.

二、对国外相关研究的评价与思考

总而言之，国外学者对于马克思政治经济学批判的"六册计划"同样有着比较浓厚的学术兴趣，但是有的国外学者关于"六册计划"的考证完全是根据马克思个人活动的轨迹得来的，所以并不全然认同"六册计划"以及"世界市场册"存在的意义。同时，关于马克思世界市场理论的研究，绝大部分是由苏联和东德的学者展开的，但此类研究的侧重点往往在于"还原《资本论》"或者"续写《资本论》"，并不注意对马克思世界市场理论发展轨迹的考察。同时，现有的国外学者关于马克思世界市场理论的梳理，也是在"通史"的研究背景下展开的，并不能很好地呈现马克思世界市场理论的发展线索。而进入当代，有的学者将世界市场的研究置于帝国主义以及后帝国主义的背景下进行探讨，以一种后现代性的视角分析世界市场问题；也有的学者，从研究范式的转换出发，致力于提出一种与以往政治经济学不同的研究框架，来分析世界市场中权力的博弈。而国外的研究，大部分学者对于政府与市场之间的博弈显示出浓厚的兴趣。同时，外国学者认为马克思世界市场理论的研究与资本主义本身的兴亡有着紧密的联系，在某种意义上，马克思世界市场理论属于"资本主义之后"的相关内容，散发着模糊但强烈的魅力。但是在方法论上，西方学者却很少有人能坚持以一贯的马克思主义方法论来分析世界市场，这样就会越发使得"资本主义之后"的命题显得扑朔迷离。通过对国外相关研究文献的整理与分析，可以得出以下有助于本书研究的观点及问题：

1. 应该认识到马克思政治经济学批判构想中的"五篇"乃至"六册计划"都是马克思深思熟虑的一个批判的构想，具有研究意义。特别是对于马克思世界市场理论而言，可以说马克思自始至终都没有放弃过关于世界市场的思考，在本书的研究中，应该通过论述与分析，凸显马克思世界市场理论是马克思主义的一个重要组成部分，有巨大的理论意义与实践意义。

2. 国外的一些学者将世界市场的新发展和新动态与帝国主义的发展相联系，这是值得重点关注的视角。然而对于帝国主义的理解，不同的学者又有不同的观点，所以其研究又与马克思的研究相去甚远。而从马克思主义发展史的角度来看，列宁关于帝国主义的论述是重要的内容。在本书的研究中，也应该将世界市场的发展与帝国主义的相关理论相联系来进行探索。

3. 国外的学者对于世界市场研究的进入路径，或者说是研究的范式，涌现出一批相当有新意的研究范式，这是对本研究宝贵的借鉴。但是，必须注意的是，随着研究范式的转变，在很大程度上已经偏离了马克思原本政治经济学研究的结构，在本书的分析论证中，要以马克思主义的观点对世界市场的内部结构进行剖析。

第三节　本书核心概念的界定

本书以"马克思世界市场理论发展史"为题，结合已有的相关研究，在研究之初，也有必要对世界市场这一核心概念予以说明与界定，以便能够更为准确地展开分析与论证。目前来看，国内外学者都一致认为在马克思主义的背景下，世界市场可以从两个不同的论域来理解，也就是"狭义世界市场"与"广义世界市场"，如汤在新在《〈资本论〉续篇探索》中提道："狭义的世界市场概念，就是通常所使用的世界市场的概念。它是指世界各国相互通过对外贸易和经济合作关系建立起来的进行商品交换的场所和领域。"而所谓广义的世界市场，"是马克思所特别使用的一种概念，与狭义的世界市场不同，马克思在这里用世界市场表示发展为资本世界规模的资本主义经济关系的整体和总和"。① 有的学者认为："狭义的世界市场是指商品的交换场所；广义的世界市场表示为世界规模的资本主义经济社会的整体。前者是后者发展的前提和条件，后者是其发展的结果。"② 也有学者指出：狭义的世界市场应该理解为，"国际间商品交换的领域；同国际分工相联系的各国间商品流通的总和"。③ 还有学者指出："狭义的世界市场是指世界各国通过对外贸易而形成的商品市场，广义的世界市场是指由资本主义经济所形成的世界资本主义经济体系。"④

根据以上一些学者阐述的观点来看，绝大部分学者所理解的是狭义世界市场，主要是从"商品交换"和"国际分工"来理解的，也就是说，"狭义世界市场"是对外贸易活动中商品、资金、技术等经济要素进行交换的领域与场所。而广义的世界市场则主要与资本主义相联系，它是指整个资本主义经济所形成的一种世界范围内的经济体系，这种经济体系所涵盖的内容非常广泛，涉及多个层面，由此构成狭义与广义上的逻辑关系。但是，从马克思对世界市场的研究来看，马克思在研究世界市场之时，事实上采取了一种人类间交往关系发展

① 汤在新.《资本论》续篇探索 [M]. 北京：中国金融出版社，1995：501.
② 栾文莲. 全球的脉动——马克思主义世界市场理论与经济全球化问题 [M]. 北京：人民出版社，2005：11.
③ 程恩富，等. 现代政治经济学新编 [M]. 上海：上海财经大学出版社，2008：321.
④ 李翀. 马克思主义国际经济学的构建 [M]. 北京：商务印书馆，2009：768.

的独特视角，而商品交换、国际分工都是人类交往关系的体现，但不是全部。换言之，资本主义固然宏大且包罗万象，但如果将资本主义放置在人类间交往的发展视角中来考察的话，资本主义显然又是相当渺小的。为此本研究认为，狭义的世界市场反而应该结合"资本主义经济"来理解，而广义的世界市场应该结合人类的发展来理解。进一步来说，狭义的世界市场主要是指资本主义经济占主导地位的情况下国际间商品流通与分工的重要领域与场所，它的形成是资产阶级社会越出国家的界限，从而开始在世界市场中占据主导地位，进而实现的资本主义经济整合与完善的结果。而广义的世界市场，主要是指人类社会交往活动的外在表现，涉及多个方面，既有物质上的交换，也有精神上的交流。它的形成是人类社会发展客观规律的体现，其存在也是人类社会进步的必要物质基础与手段。由此构成本研究狭义与广义上的概念关系，即广义的世界市场是人类交往与发展的必要平台，有且只有一个，而狭义的世界市场是广义的世界市场在特定时期与阶段的特殊表现，这种表现与资本主义兴起有着直接的联系。

在对本研究核心概念予以认定的同时，也有必要对相关概念予以辨析。1. "对外贸易"与"世界市场"。通常来说，世界市场是对外贸易的载体，对外贸易主要是与广义的世界市场产生关联的一个概念，它是广义的世界市场中最主要的表现，同时在狭义的世界市场中，这种对外贸易的意义尤为突出，几乎成为世界市场的全部。2. "国外市场"与"世界市场"。"国外市场"是相对于"国内市场"而言的，从经济学的意义上来说，"国外市场"与"世界市场"是两个同质的概念，"国外市场"的立足点是国家政权以外的范围，而在马克思的理解中，在世界市场中探讨哪些是国外市场、哪些是国内市场，"这类问题是没有意义的"。① 主要是在这一论域下，马克思的分析是对资本主义制度与生产方式而言的，而对于资本主义来说，永远是在扩大市场的运动中而存在的，可见世界市场是动态的概念，而国外市场则是静态的概念。3. "世界历史"与"世界市场"。世界历史的范畴要大于世界市场，而从世界历史所表述的内容来看，世界历史主要是与广义世界市场相关联的概念，广义的世界市场所体现的也是属于世界历史的范畴，在马克思与恩格斯的经典著作中，世界历史与世界市场有着密切的联系，世界历史进程的反映不在理性与精神中，而在现实的社会生活中，世界市场是其最重要的依托与载体。4. "经济全球化"与"世界市场"。"经济全球化"是一个富有现代意义的概念，在马克思的著作中并没有直

---

① 列宁选集：第一卷 ［M］．北京：人民出版社，2012：232.

接的表述，但目前学界一致认为，马克思已经形成了关于经济全球化的丰富思想，"经济全球化"与广义和狭义的世界市场都有关联，"经济全球化"与广义的世界市场是一个相通的概念，其中的客观历史规律性是共同点。但是，"经济全球化"自资本主义制度兴起以来，也受到了资本主义经济，即狭义世界市场的影响，它在很大程度上改变了"经济全球化"的面貌。

第二篇
马克思世界市场理论的理论背景

▼

▼

马克思世界市场理论并不是其本人的主观臆想，或是随意草列的"研究计划"，而是在充分学习与借鉴前人相关研究成果之上得以形成的。其中既包括前人已有的世界市场研究的正确观点，也有关于世界市场研究的一些误区，马克思世界市场理论正是在不断学习与批判这些研究成果的基础上深入发展的，为此，在阐述马克思世界市场理论的发展历程与主要观点之前，有必要对马克思之前关于世界市场的相关代表性研究予以分析，阐明马克思世界市场理论的理论背景。而学界长期以来关于此方面的研究，多局限于马克思相关经济思想与古典政治经济学之间的内在联系的考察，毫无疑问，古典政治经济学对于马克思世界市场的研究产生了直接而深远的影响，应该作为一个重要的思考路径予以分析。但是，如果将研究视角进一步扩大，以一种更为广泛的研究视角来审视马克思世界市场的理论背景，即从马克思主义的"三大来源"入手，会发现马克思世界市场理论本身不仅仅局限于古典政治经济学，对于德国古典哲学、英法空想社会主义世界市场的相关内容，马克思也进行了深入的研究与学习。事实上，正是马克思广泛的涉猎与研究，才最终使得马克思世界市场理论不仅仅是一种单纯意义上的政治经济学研究，还拥有了多重内涵，显现出别样的理论样态。所以，在本书中首先从马克思主义的"三大来源"入手，结合马克思等人的分析，尝试说明对马克思世界市场理论产生重要影响的一些人物与观点。①

---

① 在此必须说明的是，此处所论及的"古典政治经济学""德国古典哲学""空想社会主义"是一种较为宽泛的概念内涵，其中有相当多的学者，如弗里德里希·李斯特、尤斯图斯·默泽等人，最终都成为"庸俗政治经济学""保守主义"等流派的代表，马克思对其也进行了批判。出于研究的需要，在论述中仍然把其放入"三大来源"的门类之中进行论述，并在文中加以说明。

第一章

古典政治经济学对世界市场问题的论述

第一节 亚当·斯密：世界市场的分工与交换

英国杰出的古典政治经济学家亚当·斯密在其所著的《国富论》之中，率先对世界市场进行了研究，突出表现在亚当·斯密在对市场的分工与交换的研究中，点明了现代社会市场的基本运行原则与体系。具体而言，斯密在《国富论》的上卷，首先就论述了社会发展的分工效应，在对分工原理进行了阐述之后，斯密提出"分工受限制于市场的范围"这一论题，斯密论述道，"分工之起，由于交换力，分工的范围常为市场范围所局限，在这种状态下，他不能用自己消费不了的自己劳动的剩余生产物，随意换得自己需要别人劳动的剩余生产物"。① 斯密在此正确地指出，市场的大小是"交换力"的一个缩影，而这种"交换力"最早是与人的剩余产品的多寡直接相联系的。同时，斯密指出，由于地理的特殊因素的作用，事实上，传统的国力强盛的封建国家，往往是能够优先依靠"内河贸易"而崛起的国家，而这种有限的市场进一步发展的最大阻碍便是海运的技术条件，而当海运技术发展成熟之时，世界市场将会以更快的速度扩张，"水运之便，即可开拓全世界，使之成为各种劳动生产物的市场"。② 斯密在此实质上言明了科学技术对于世界市场发展的重要影响，也预示了人类社会的商业活动从内河走向海洋的大趋势。

而在《国富论》的下篇，斯密则重点探讨了在相当长的时间内世界市场之中的指导思想，即"重商主义"学说。斯密认为重商主义将金银等贵重金属视

---

① ［英］亚当·斯密. 国富论（上卷）［M］. 郭大力，王亚南，译. 南京：译林出版社，2011：13.

② ［英］亚当·斯密. 国富论（上卷）［M］. 郭大力，王亚南，译. 南京：译林出版社，2011：15.

为唯一的财富，进而对世界市场之上各国的贸易行为赋予了多重限制，比如"限制从外国输入国内能生产的货物"和因"贸易差额的不利而限制进口"，这是斯密重点批驳的观点。斯密认为，从本质上而言，重商主义所持有的观点极大地损害了斯密笔下的普通"消费者"的权利，因为"凡能加入本国而与本国生产物制造品竞争的一切国外商品，在其输入时加以限制，就明显是牺牲国内消费者的利益，来满足生产者的利益。为了后者的利益，前者遂不得不支付此种独占所引起的追加价格"。① 至于重商主义者所秉持的"贸易差额学说"，斯密认为，这种思想是传统市井生活社会中"独占"精神作祟，"他们的利益在于使一切邻人乞食"，② 进而导致对世界市场中货品的多样性，以及货物流通的速度与范围都估计不足。自此，斯密阐述了自身对自由贸易政策的坚持，并认为"一切实行开放门户并允许自由贸易的国家与都市，不但不曾因此种自由贸易而致没落，且因此而日臻于富"。③

亚当·斯密对于英国古典政治经济学影响深远，具体到世界市场的分析之中，斯密的分析对于马克思世界市场理论的研究与创建也产生了深远的影响。首先，斯密关于分工与市场的发展的论述，直接决定了马克思研究"市场问题"的"起点"是从社会化的分工来认识市场的发展，这一思路在后来逐渐成为马克思分析世界市场问题典型的研究方法，在此必须说明的是，斯密对于分工的认识本质上是一种"非历史"的观点，在斯密的认知中，人类社会分工的深入是自然而然的一种过程，是一个本身不需多加说明的问题。因此，马克思在《资本论》第一卷的注释中评论道："关于分工，亚当·斯密没有提出任何一个新原理。人们把他看作工厂手工业时期集大成的政治经济学家，是因为他特别强调分工。"④ 也正是斯密对于分工的强调，以及斯密对于分工令人不甚满意的解释，使得马克思对于分工问题格外注重，也因此在马克思的研究中，社会化分工的历史性和其中所蕴含的唯物史观得以真正说明。顺着斯密的思路，马克思在其世界市场理论的构建中，将分工置于一个十分显著的地位，以至于马克思日后批驳蒲鲁东在大谈特谈分工却不谈世界市场的发展之时，写道："亚当·

---

① ［英］亚当·斯密．国富论（上卷）［M］．郭大力，王亚南，译．南京：译林出版社，2011：216.

② ［英］亚当·斯密．国富论（上卷）［M］．郭大力，王亚南，译．南京：译林出版社，2011：61.

③ ［英］亚当·斯密．国富论（上卷）［M］．郭大力，王亚南，译．南京：译林出版社，2011：64.

④ 马克思恩格斯文集：第五卷［M］．北京：人民出版社，2009：404.

斯密比蒲鲁东现实所想象的要看得更远。"① 斯密的分工与世界市场发展的论述，对于马克思的影响由此可见一斑。其次，亚当·斯密对于世界市场中交换问题的论述也影响了马克思。正是在《国富论》中，斯密促使新兴的资产阶级将目光由贵重金属转移到商品交换价值的实现之上，斯密认为，商品交换价值的实现才是真正应该关注的"利益"，他言道："所谓利益或利得，我的解释是，不是金银量的增加，只是一国土地劳动年产物的交换价值的增加。"② 这比重商主义者的学说又更进了一步。但是值得深思的是，正是斯密对于实现商品交换价值的"痴迷"，从思想上推动了在斯密之后相当长的时期之内世界市场之中商品交换的长足发展，但是马克思却敏锐地认识到，新兴资产阶级对于商品交换价值的实现，实质上完全是自身发展的需要，而商品交换价值的实现又具有拜物教的特点，马克思也正是由此进一步发展了"三大拜物教"的批判理论，可以说，自亚当·斯密以后，世界市场就被拜物教的阴影所笼罩。最后，斯密在其研究中所奠定的世界市场的"自由贸易"的法则，也引发了马克思与恩格斯的思考，日后马克思与恩格斯对世界市场的自由贸易法则进行了更为深入的研究与批判。当然，亚当·斯密的自由贸易学说，其本身还有相当的缺陷，突出地表现在亚当·斯密对世界市场贸易的考察还停留在工厂手工业时期，对于现代国际贸易的特点认识不足，缺乏世界市场的宏观研究，而这种理论研究上的不足，为亚当·斯密的后来人，即大卫·李嘉图所补充。

第二节　大卫·李嘉图：世界市场的"比较优势原理"

亚当·斯密对世界市场"自由贸易"运行机制的推崇，代表了英国新兴资产阶级要求获得发展权利的历史背景。而"自由贸易"的法则一经提出，如恩格斯所言："政治经济学家的下一个任务是，使其他一切国家都改信自由贸易的宗教，从而建立一个以英国为大工业中心的世界。"③ 基于此，大卫·李嘉图关于世界市场的"比较优势原理"的论述，在理论上完成了恩格斯所言的"任务"。根据大卫·李嘉图的观点，参与世界市场贸易的国家应该致力于生产本国

---

① 马克思恩格斯文集：第五卷 [M]. 北京：人民出版社，2009：144.

② ［英］亚当·斯密. 国富论（上卷）［M］. 郭大力，王亚南，译. 南京：译林出版社，2011：56.

③ 马克思恩格斯全集：第二十一卷 [M]. 北京：人民出版社，1965：415.

生产效率最高的商品，并扩大此类商品的出口额，同时进口本国生产效率低的劣势产品，在这种情况下，双方都能够节省大量的劳动力，同时由于专业化分工程度的不断加深进而提高劳动生产率，最终参与世界市场贸易的双方都能够获得"比较优势"。根据李嘉图的论述，英国如果生产呢绒需要八十人一年的劳动，酿制葡萄酒需要一百二十人一年的劳动，那么英国就应该输出呢绒而输入葡萄酒；如果葡萄牙葡萄酒的酿造需要一百人劳动一年，而生产呢绒需要九十人劳动一年，那么葡萄牙就应该输出葡萄酒以交换呢绒。李嘉图认为在世界市场上，"比较优势"取得的前提必须是自由竞争，也就是不应该有贸易的壁垒存在，由此世界市场上的商品也可能实现顺利交换与流通，所以在李嘉图的认识中，只要自由贸易的法则持续，世界市场是绝对不会有危机的。李嘉图的"比较优势原理"产生了深远的影响，在相当的程度上影响了当时欧洲各国的对外贸易政策，并且也正是在此原理下，英国最终确立了世界市场的霸主地位。

马克思对于李嘉图的学说也进行了深入的研究，并称李嘉图为"英国自由贸易的传道者"。马克思在《剩余价值理论》中一针见血地指出，李嘉图所维护的历史利益，实际上是"反对土地所有权的产业资本的利益"。① 而对于李嘉图的"比较优势原理"，马克思在 1848 年 1 月 9 日布鲁塞尔民主协会成立的演讲中专门批驳道："把世界范围的剥削美其名曰普遍的友爱，这种观念只有资产阶级才想得出来。自由竞争在一个国家内部所引起的一切破坏现象，都会在世界市场上以更大的规模再现出来。"② 李嘉图提出："正是这一原理（比较优势原理），决定葡萄酒应在法国和葡萄牙酿制，谷物应在美国和波兰种植，金属制品以及其他商品应在英国制造。"③ 马克思则嘲讽道："先生们，你们也许认为生产咖啡和砂糖是'西印度'的自然禀赋吧！"④ 马克思进一步论述道，之所以李嘉图在这个问题上会犯严重错误，主要是因为在李嘉图的学说中"有意识地把阶级利益的对立，当作他的研究的出发点，因为他天真地把这种对立看作社会的自然规律"。⑤ 基于此，"如果说自由贸易的信徒不懂一国如何牺牲别国而致富，那么我们对此不应该感到意外，因为这些先生们同样不懂得，在每一个国

① 马克思恩格斯全集：第二十六卷（2）[M]. 北京：人民出版社，1973：134.
② 马克思恩格斯文集：第一卷 [M]. 北京：人民出版社，2009：757.
③ [英] 大卫·李嘉图. 政治经济学与赋税原理 [M]. 郭大力，王亚南，译. 南京：译林出版社，2014：264.
④ 马克思恩格斯文集：第一卷 [M]. 北京：人民出版社，2009：757.
⑤ 马克思恩格斯文集：第五卷 [M]. 北京：人民出版社，2009：16.

家内，一个阶级是如何牺牲另一个阶级而致富的"。① 马克思对李嘉图学说的这一批判可谓一针见血，而由此也促使马克思日后深入思考世界市场中的利益格局与秩序到底应该走向何方。

马克思在对李嘉图的研究中，对于李嘉图得出的世界市场绝不可能有危机的观点也进行了回击。马克思评论道："李嘉图自己对于危机，对于普遍的、由生产过剩本身产生的世界市场危机，确实一无所知。"② 马克思认为，李嘉图对世界市场的分析实际上完全跟随了庸俗政治经济学家萨伊的脚步，"大卫·李嘉图接受了庸俗的萨伊的观点，认为生产过剩，至少市场商品充斥是不可能的"。③ 马克思指出这种观点的错误之处就在于，它认为商品与产品本身没有什么差别，所谓的商品交换不过是产品的交换，将商品本身所内含的社会历史性抽离出去，而仅仅从资本主义简单的商品交换出发，自然得出需求与供给完全一致的结论。李嘉图的表述为"任何数额的资本在任何国家都能够生产地加以使用"④，而这样思考带来的结果只会是"通过否定资本主义生产的第一个条件，即产品必须是商品，因而必须表现为货币并完成形态的变化，来否定资本主义生产最复杂的现象——世界市场危机"⑤。马克思对李嘉图以及之后的庸俗政治经济学家用偶然性的原因来遮盖世界市场危机必然性的观点极其反感，因为这完全是对世界市场实践的忽略。"后来的历史现象，特别是世界市场危机几乎有规律的周期性，不容许李嘉图的门徒们再否认事实或者把事实解释成偶然现象。"⑥ 那么，世界市场的危机究竟应该如何认识？由此，也大大促进了马克思对于世界市场危机的思考。

第三节　弗里德里希·李斯特：世界市场中的"德国方案"

弗里德里希·李斯特是德国著名的资产阶级学者，是德国"政治经济学历史学派"的代表人物，李斯特的学说在当时的欧洲，特别是在德国产生了非常

---

① 马克思恩格斯文集：第一卷［M］．北京：人民出版社，2009：758.
② 马克思恩格斯全集：第二十六卷（2）［M］．北京：人民出版社，1973：566.
③ 马克思恩格斯全集：第二十六卷（2）［M］．北京：人民出版社，1973：563.
④ 马克思恩格斯全集：第二十六卷（2）［M］．北京：人民出版社，1973：563.
⑤ 马克思恩格斯全集：第二十六卷（2）［M］．北京：人民出版社，1973：572.
⑥ 马克思恩格斯全集：第二十六卷（2）［M］．北京：人民出版社，1973：568.

大的影响。之所以将李斯特的相关理论纳入考察，主要是因为李斯特可以说是那个时代专门研究国际经济与世界市场问题的一位德国学者，其对于世界市场有大量代表性的观点，最为重要的是，马克思对于李斯特也给予了足够的关注度，突出地表现在马克思在1845年3月曾对李斯特的《政治经济学的国民体系》一书进行了专门的评述，而本书正是李斯特关于世界市场相关研究的代表作，故有必要分析与研究李斯特对马克思世界市场理论的影响。

在《政治经济学的国民体系》一书中，李斯特用了相当大的篇幅来论述世界市场中各个势力的兴衰，从早期的霸主意大利、汉撒同盟①、荷兰，到当时的霸主英国，再到世界市场的"后来者"法、德、俄、美等国家，李斯特都对这些势力在世界市场中的政策予以评价。李斯特在论述英国的崛起之时，特别提出了"生产力理论"②，李斯特认为，英国在世界市场的崛起主要是因为英国的生产力要远远高于其他国家，生产力是一个复合的概念，并不专指商品的制造能力，其内涵相当广泛，是一个动态的概念，一个国家的地域文化、国家政策乃至人群的精神面貌都可以视为其生产力的组成部分。"历史到处向我们指出的就是社会与个人力量及条件之间起着交互作用的这种动人的过程。"③ 李斯特由此出发，对以斯密为代表的"流行经济学"进行了批驳，李斯特指出亚当·斯密实质上是以一种"世界主义或世界范围的经济学"来替代"政治的"或"国家的"经济学，"流行学派把那些还没有出现的情况假定为已经实际存在的情况，它假定世界联盟与持久和平的形势是已经存在的，然后推定自由贸易的巨大利益，这样就因果混淆了"。④ 由此，李斯特对于英国古典政治经济学所倡导的世界市场的自由贸易法则产生了质疑，认为此种自由贸易的法则只能使得英国一家独大，而作为世界市场"后来者"的德国，如果随波逐流卷入世界市

---

① 汉撒同盟是历史上德意志北部沿海地区的贸易联盟，中世纪时德语汉撒（Hansa）是行业协会之意。该同盟兴起于12世纪，主要是一个对外贸易的联合组织，该同盟在14世纪后半叶至15世纪前半叶达到了顶峰，于1669年解体。恩格斯在《德国农民战争》一文中曾谈道："汉撒同盟垄断海上航路达百年之久，从而确保整个德国北部脱离了中世纪的野蛮状态。"恩格斯认为，汉撒同盟在世界市场中保持百年的霸主地位，客观上刺激了德国资本主义的兴起。详见《马克思恩格斯文集》第二卷，人民出版社2009年版，第221-222页。

② ［德］弗里德里希·李斯特. 政治经济学的国民体系［M］. 陈万煦，译. 北京：商务印书馆，1997：45.

③ ［德］弗里德里希·李斯特. 政治经济学的国民体系［M］. 陈万煦，译. 北京：商务印书馆，1997：98.

④ ［德］弗里德里希·李斯特. 政治经济学的国民体系［M］. 陈万煦，译. 北京：商务印书馆，1997：113.

场的活动中，那么就只能沦为英国这一"世界工厂"的附属地区。为此，李斯特提出，世界市场中的"德国方案"，即德国应该加强贸易壁垒，限制本国在世界市场中的活动，推行国家关税保护主义，建立全德关税同盟①，消除国内贸易的壁垒，进而加快发展本国相关产业，特别是农业，而待到德国发展水平成熟之际，也就是李斯特所言的"生产力"显著提高之时，再次"重返"世界市场，那时，由于德国的"生产力"基本与英国对等（其他大国也效仿德国的政策），世界联盟与持久和平的愿望也就不再是空想，那时的世界市场才能够真正实行自由贸易的政策。

李斯特的观点，代表了德国新兴资产阶级要求政府干预对外贸易，保护本国产业，以推动自身发展的诉求。同时，李斯特"生产力理论"的相关学说，也预示了这样一个问题：在世界市场中，不能仅仅依据商品交换的多寡，或者说用单纯的贸易量来衡量一个国家，因为毕竟不同国家的特点与国情迥异，所以应该采取一种复合的分析标准，在李斯特认知中的"生产力"，从某种意义上来说，更像是对一个国家"综合国力"的表述。李斯特认为，流行经济学是以"交换价值"为核心而建构其学说的，而他的理论则是以"生产力"为核心而构建自身的学说的，李斯特的学说在当时的德国拥有相当多的追随者。而对于马克思来说，李斯特的学说促使了马克思对于世界市场研究方法的坚持，因为马克思在其研究中意识到李斯特本人的"生产力理论"，只不过是"幻想和理想化的诗句"，其理论水平完全无法与古典政治经济学的成就相提并论，马克思指出"他（李斯特）表明，他猎取的不是非精神的物质财富，不是恶的有限的价值交换，而是精神本质，无限的生产力"，而实际上"这种精神本质会导致以下情况：'市民'借此机会把世俗的交换价值装满自己的口袋"。② 马克思正是通过对李斯特学说的批判，越发认识到古典政治经济学的内在科学性，坚定了马克思继续从古典政治经济学入手研究世界市场问题，马克思认为，分析问题的起点应该从分工以及"它的创造性的原则"出发，这一思路同样也适用于世界市场的分析，而不是空谈对李斯特所言的"工业力"与"生产力"，这样无助于问题的解决。当然，李斯特的"生产力理论"在后期马克思的研究中也多次出现，其重要意义不言而喻，但那时"生产力"已经有了全新的内涵。而所谓

---

① 李斯特所处时代的德国，经过拿破仑战争之后，德意志地区的邦数已由三百多个减少到三十八个，但是各邦在政治与经济上比较独立，各邦都有自己的关税壁垒，甚至各邦内部的省区也有不同的地方税率。所以李斯特强烈呼吁，取消各邦的关税壁垒，实现统一的国内市场。

② 马克思恩格斯全集：第四十二卷 [M]．北京：人民出版社，1979：250.

的"德国方案"，马克思指出，这样的结果只会是："不再是英国人而是德国资产者对同胞进行剥削，而且剥削得甚至比外国人对他们的剥削更加厉害。"①

最后，还有一点值得注意的是，马克思认为世界市场的发展与其说是一种经济进程，不如说是一种历史进程，是人类社会发展的一个客观规律，而马克思对于李斯特对世界市场发展的客观规律的阐述视而不见，却空谈对生产力与意识形态的做法非常不满。马克思认为李斯特可谓"愁容骑士"，"他恰恰在到处涌现警察和货币的时候，企图提倡游侠风尚"。② 在马克思的认识中，世界市场从来不单纯是一个政治经济学的问题，这种对世界市场发展的认识与拔高，远比古典政治经济学家的认识更为深刻，而这与马克思世界市场的另一个理论来源，即德国古典哲学有关。

① 马克思恩格斯全集：第四十二卷［M］. 北京：人民出版社，1979：250.
② 马克思恩格斯全集：第四十二卷［M］. 北京：人民出版社，1979：239.

第二章

德国古典哲学对马克思世界市场研究的影响

第一节　黑格尔：政治经济学的内在规律性与世界历史

　　黑格尔作为德国古典哲学的集大成者，对马克思的学说产生了深远的影响。长期以来，学界将对黑格尔的研究目光主要聚焦于其对马克思哲学观点影响的研究，但事实上，黑格尔对于马克思政治经济学的研究，也产生了深远的影响。而进入马克思世界市场理论当中，黑格尔的论述直接影响了马克思世界市场理论的思维高度与方法，所以有必要进行简要的陈述。黑格尔关于政治经济学的相关内容，主要集中在黑格尔的《法哲学原理》一书中，在本书中，黑格尔用哲学化的语言论述了自身对政治经济学中"所有权""契约"等核心观点的理解，而将市场问题的相关研究置于"市民社会"的章节之中，在黑格尔的论述中往往并不言称"市场"，而是以"需要的体系"这一特定的名词来陈述市场的活动，黑格尔对于市场之中的交换行为有一段精妙的论述："需要的目的是满足主观特殊性，但普遍性就在这种满足跟别人的需要和自由任性的关系中肯定了自己。因此，发生在这一有限的领域中的合理性，就是理智。"① 在此黑格尔从主观需要的特殊性与交换价值的普遍性出发论述了市场行为，显示出其深厚的哲学思辨力。黑格尔认为政治经济学"这门学科使得思想感到荣幸，因为它替一大堆的偶然性找出了规律"，"它（政治经济学）同太阳系相似，在我们眼前太阳系总是表现出不规则的运动，但是它的规律毕竟是可以认识到的"。② 黑格尔从辩证法的角度指出政治经济学的内在规律性，也就加强了世界市场研究的理论基础，是其成为一个"真命题"而不是"伪命题"的重要所在。当然，

---

① ［德］黑格尔. 法哲学原理［M］. 范扬，张企泰，译. 北京：商务印书馆，1961：232.
② ［德］黑格尔. 法哲学原理［M］. 范扬，张企泰，译. 北京：商务印书馆，1961：233.

黑格尔语境之中的"规律"与古典政治经济学的"规律"还有相当大的异质性，黑格尔所言的规律更多的是要从政治经济学的研究之中，抽离出人类社会发展的绝对规律，而不是一般的经济规律。黑格尔的论断大大加强了马克思研究政治经济学的决心与方向，在日后马克思的世界市场理论中，也不仅仅是对经济现象的分析，更包含人类社会发展规律的表述。可以说，正是黑格尔为马克思打开了世界市场理论中更为广阔的一片天地，是马克思发展"广义世界市场"理论的源头。

而马克思对黑格尔"世界历史"的批驳，则率先为这种理论的拓展提供了可能性。黑格尔"世界历史"的学说庞杂，但从根本上来说，黑格尔将世界精神与世界历史"等同"起来，黑格尔认为，所谓的世界历史不外是世界精神的"再现"，世界历史的发展过程是世界精神的发展，而世界历史的目的则是世界精神的实现。在黑格尔那里，抽象化的世界精神高于一切，"它（世界精神）既不受限制，同时又创造着自己；正是这种精神，在作为世界法庭的世界历史中，对这些有限精神行使着它的权利，它高于一切的权利"。① 而市民社会其本身，也不外是这种世界精神的一种外在的表现形式，作为市民社会重要领域的世界市场，也不过是这种绝对化规律的一种体现，那么世界市场中的种种争端，都可以理解为世界精神理性发展的产物，都应该在理性的"绝对精神"或"世界精神"中寻找原因。用恩格斯的话来说："在黑格尔看来，历史不过是检验他的逻辑结构的工具。"② 黑格尔很形象地写道："各种具体理念，它们侍立在世界精神王座的周围，作为它的现实化的执行者和它的庄严的见证和饰物而出现。"③ 马克思认为，问题的关键还是应该回到"市民社会"之中，"市民社会"的生活决定国家，也同样影响并决定世界市场的走向，而正是世界市场之中的力量态势与其发展历程，才真正决定了世界历史的面貌，如马克思所言："历史向世界历史的转变，不是'自我意识''世界精神'或某个形而上学的某种纯粹的抽象行动，而是完全物质的、可以通过经验证明的行动。"④ 形象地说，在马克思的理解中，在世界历史的研究中真正应该被推上"王座"的与其说是世界精神，不如说是世界市场，因为世界市场是市民社会的一个重要组成部分，可谓市民社会的缩影，而只有世界市场才能真正决定世界历史的发展。世界市场是从市民社会出发，进而理解世界历史的中间一环，由此，马克思世界市场

① ［德］黑格尔. 法哲学原理［M］. 范扬，张企泰，译. 北京：商务印书馆，1961：398.
② 马克思恩格斯全集：第一卷［M］. 北京：人民出版社，1953：650.
③ ［德］黑格尔. 法哲学原理［M］. 范扬，张企泰，译. 北京：商务印书馆，1961：404.
④ 马克思恩格斯文集：第一卷［M］. 北京：人民出版社，2009：541.

理论就完全获得了另一维度的理解与诠释。

虽然黑格尔的世界历史学说本质上是一种唯心史观，但是"黑格尔第一次为全部历史和现代世界创造了一个全面的结构"①。黑格尔将辩证法运用于世界历史的研究中，体现了世界历史发展的内在规律性，马克思在日后对世界市场的研究中将这种对世界历史发展的规律性贯彻其中，这就能解释为什么马克思在其日后的世界市场的研究中，一方面对世界市场中近乎动物般的竞争深恶痛绝，而在另一方面却对世界市场存在与发展的必要性多加肯定，也能够解释为什么马克思对前文所述的弗里德里希·李斯特要求德国退出世界市场的构想多加批评，这都是因为马克思已经认识到世界市场作为世界历史载体其本身的规律性，而这种规律是人类社会发展潮流的代表。最后，在黑格尔的著作中，黑格尔从"精神的解放"出发，认为在"尘世王国"肩负有世界历史发展"调节"作用的群体只能是日耳曼民族，"历史的最后阶段就是我们的世界，我们的时代"。② 马克思显然并不同意黑格尔的论断，为此，也促使马克思在日后深入思考面对世界市场日趋白热化的竞争，到底应该由哪一个群体来实现世界历史的"解放"。

第二节　费尔巴哈：人的本质与人的交往

费尔巴哈是基本上与马克思同时代的德国哲学家，费尔巴哈的唯物主义学说对马克思产生了深刻的影响，也使得马克思对世界市场问题有了更深入的思考。具体而言，费尔巴哈首要的功绩就是批判了黑格尔哲学中的唯心主义思想，为世界市场的研究指明了方向。在费尔巴哈早年的《逻辑学与形而上学讲义》之中就写道："我不像黑格尔那样，把逻辑作为绝对的、最高的、最后的哲学，而只是把它作为哲学的组成部分讲授的。"③ 费尔巴哈反对黑格尔在绝对精神与抽象的逻辑中来寻找人类社会的发展规律，费尔巴哈写道："现在的主要问题是如何消除人类由来已久的关于彼岸和此岸的矛盾心理，以使人类能全心全意把

---

① 马克思恩格斯全集：第三卷 [M]．北京：人民出版社，1960：190.

② [德] 黑格尔．历史哲学 [M]．张造时，译．上海：上海书店出版社，2010：454.

③ [德] 费尔巴哈．费尔巴哈哲学著作选集：上卷 [M]．荣震华，译．北京：商务印书馆，1984：227.

注意力集中于自己、现世和现在。"① 费尔巴哈在这一问题上持续深入，在《未来哲学原理》中费尔巴哈认为："未来哲学应有的任务，就是将哲学从'僵死的精神境界'重新引导到有血有肉的、活生生的精神境界，使它从美满神圣的虚幻的精神乐园下降到多灾多难的现实人间。"② 从某种意义上讲，马克思所创立的学说正是此种语境中的"未来哲学"，因为马克思的目光从未离开过"多灾多难的人间"。

费尔巴哈特别注意对人的交往的研究，但在费尔巴哈的理解中，人的交往是由人的本质所决定的，具体而言是由人的"类"本质而决定的，"人的形象……它是多种多样的动物的类，但是这个类在人中间不再是作为'属'，而是作为'类'而存在的"。③ 在《基督教的本质》中，费尔巴哈进一步论述道："人的内在生活，是对他的类、他的本质发生关系的生活……人本身既是'我'又是'你'，他就能够将自己假设成别人。"④ 费尔巴哈关于人的类本质的观点，构成了其关于人的交往学说的理论基点。费尔巴哈从这种抽象性的"类"出发，认为人类社会的交往必然越发繁盛，因为这是人的自然属性所决定的。而在费尔巴哈那里，人类社会中的种种不幸都是人偏离人的本质所造成的，所以费尔巴哈特别强调从道德、伦理上调控人群之间的关系，力图在个人的幸福与对他人的义务之间实现某种平衡，从某种意义上来看，这是正确的。但是，费尔巴哈在解决的方法上却大大地倒退了一步，他认为："这个问题老早已经由人性本身解决了，因为人性不只创造了单方的、排他的对幸福的追求，且也创造了双方的、相互的对幸福的追求。"⑤ 所以，费尔巴哈号召"只有回到自然，才是幸福的源泉"，此处的自然正是费尔巴哈对抽象的人性的呼应，换句话说，在费尔巴哈那里，人类社会的和谐与解放，只能在人的那种与生俱来的自然属性中得以体现。

马克思在《关于费尔巴哈的提纲》中，率先对费尔巴哈关于人的"类"本

---

① ［德］费尔巴哈. 费尔巴哈哲学著作选集：上卷 ［M］. 荣震华，译. 北京：商务印书馆，1984：227.
② ［德］费尔巴哈. 费尔巴哈哲学著作选集：上卷 ［M］. 荣震华，译. 北京：商务印书馆，1984：120.
③ ［德］费尔巴哈. 费尔巴哈哲学著作选集：上卷 ［M］. 荣震华，译. 北京：商务印书馆，1984：83.
④ ［德］费尔巴哈. 费尔巴哈哲学著作选集：上卷 ［M］. 荣震华，译. 北京：商务印书馆，1984：26-27.
⑤ ［德］费尔巴哈. 费尔巴哈哲学著作选集：上卷 ［M］. 荣震华，译. 北京：商务印书馆，1984：573.

质学说进行了批判，马克思直接指出："人的本质，在其现实性上，它是一切社会关系的总和。"① 费尔巴哈正是对这一真正意义上的人的本质不甚了解，才会撇开历史进程，去假想一种抽象、孤立的人，马克思进而指出，在费尔巴哈那里："本质只能被理解为'类'，理解为一种内在的、无声的、把许多个人自然地联系起来的普遍性。"② 马克思通过批判费尔巴哈人的本质的学说，对其世界市场研究产生了积极影响。马克思认识到，在现代社会，人与人之间的联系或者人与人之间的交往，起主导作用的并不是个人本身的自然属性，而是由社会历史的发展造成的，而世界市场本身就是人群之间交往的一个重要载体。毫无疑问，费尔巴哈与马克思都认为，对于人的研究，应该从尘世中展开，而二人的研究之间的巨大差异则是，是从人的自然本性出发，还是从社会化的人出发。费尔巴哈坚持前一种思维路径，而马克思则坚持后者。由此，费尔巴哈认为，尘世间的不幸是由人没有充分认识到人的本性而造成的，是一个类似人是否能够"觉醒"的伦理问题，而人与人之间交往的扩展为人重新发现自我提供了可能。马克思则认为，人的不幸其实是由资本主义的生产生活状况决定的，在《德意志意识形态》中，马克思写道："单个人随着自己的活动扩大为世界历史性的活动，越来越受到对他们来说是异己的力量的支配，受到日益扩大的、归根结底表现为世界市场的力量的支配。"③ 在此，马克思一方面指出，人的交往是一种"世界历史性"的活动，而非绝对的自然行为。同时，马克思指出，对于人来说，真正的"异己的力量"不是精神，而是世界市场的力量。可以说，马克思本人并没有完全否定费尔巴哈关于人的交往的观点，相反，赋予了人的交往一种全新的思维方式与平台，即从世界市场来认识人类社会的交往，也就是从社会生活的角度来考察人的交往。对于马克思而言，现代社会人类交往的历史，正是一部世界市场的历史。当然，在这一时期，马克思关于世界市场究竟如何变成一种"异己的力量"尚未展开深入的研究，但是通过对费尔巴哈研究的借鉴与批判，马克思深入理解了他以世界市场为研究目标的必要性。

---

①　马克思恩格斯文集：第一卷［M］. 北京：人民出版社，2009：501.
②　马克思恩格斯文集：第一卷［M］. 北京：人民出版社，2009：501.
③　马克思恩格斯文集：第一卷［M］. 北京：人民出版社，2009：541.

第三节　尤斯图斯·默泽：世界市场湮灭生活秩序

　　尤斯图斯·默泽①，是早于马克思生活年代的德国著名历史学家与政论家，严格意义上讲，默泽并不是一位典型的德国哲学家，也难以定义为一位政治经济学者，因为默泽的著作往往夹杂着多种观点学说。在此将默泽列入研究内容，主要是因为默泽是那个时代少有的从一种比较少见的角度，即从文化、社会生活的角度对世界市场进行研究的德国学者。而在马克思的学习历程中，也接触过默泽的代表作《爱国主义的幻想》与《奥斯纳布吕克史》，并对其进行了评价。总体而言，马克思对于默泽的著作及其观点是持否定态度的，但马克思也正是通过对默泽的批判，引申出世界市场研究的一些至关重要的问题。

　　默泽于1720年出生于德国的奥斯纳布吕克，并在这个德国西部的小城度过了一生中的大部分时光，默泽的著作往往从奥斯纳布吕克出发，极力维护这个小城传统的、带有封建性质的社会制度。根据默泽的观点，世界市场的兴起，对于奥斯纳布吕克这个小城而言，简直就是一场文化与社会制度的灾难，世界市场正在湮灭传统的生活秩序，而默泽的这一观点主要通过两个叙述逻辑来呈现。首先，默泽指出，世界市场兴起最为直接的一个结果，就是创造了大量新兴的产品需求，而这些新兴的产品需求，在多大程度上能够真正投入现实生活中，尚不可而知，但是却极大地改变了奥斯纳布吕克居民的消费行为，相当多的本地人都被奇特的产品所吸引，成为那些华而不实的物品的簇拥者。其次，通过世界市场流入奥斯纳布吕克的大量廉价工业产品，也压垮了本地的传统生产模式，使得本地产业的发展蒙受了重大损失。在第一个叙述逻辑上，默泽认为人类社会中的核心伦理思想应该是"荣誉"，而世界市场的兴盛正在侵蚀人的"荣誉"感，默泽笔下的个人的"荣誉"直接与人的社会地位相联系："在默泽看来，真实的自我是被社会牵制的自我，以社会地位、历史和地方特质、财产为基础，这一自我首要的美德是荣誉。"② 世界市场的繁荣，使得奥斯纳布吕克出现了一个全新的零售商群体，在默泽的认知中，零售商群体颇像伊甸园中的撒旦，唤醒了本地居民，特别是社会中低阶层居民的新的需求与欲望，使得人

---

　　① 原译"尤斯图斯·麦捷尔"，今译"尤斯图斯·默泽"，又译"尤斯图斯·麦瑟尔"。

　　② [美]杰瑞·穆勒. 市场与大师 [M].佘晓成，等译. 北京：社会科学文献出版社，2016：120.

们不安于现有的生活，纷纷去购买与自己身份不甚相符的产品，结果是不少家庭远离了原有平静的生活，忽视了很多责任与义务，最终破坏了人的"荣誉"。默泽希望人们能够理解奥斯纳布吕克的"祖先"之所以隔绝世界市场及外国商人的"深意"所在，即"（祖先）当然是为了不让居民们整日被刺激、诱惑、欺骗和引入歧途。他们遵循一条实用原则，即我们看不到的东西不会让我们迷路"。① 在第二个叙事逻辑上，默泽认为，世界市场的兴起，对于本地区的行业协会有着致命打击，而传统的行业协会才是日常生活的真正秩序所在，在传统模式下，大量的手工业者、社团组织各司其职，充分体现了社会的秩序化。而世界市场的发展，使得传统的集市贸易迅速萎缩，大量手工业者脱离原有的行业协会，原先每个手工业者的精细化工作被简单化的生产程序所取代，而脱离行业的手工业者，又往往会成为新的贫困群体，届时奥斯纳布吕克的价值观念与市井生活都将坍塌。

　　总的来看，默泽与李斯特一样，都是当时德国保守主义的代表。李斯特代表了德国刚刚兴起的资产阶级的发展意愿，而默泽则是德国传统地主阶级的代表。马克思在《1844 年经济学哲学手稿》之中，就指出默泽的《爱国主义的幻想》一书，充斥着"一本正经的、小市民的、'凡俗的'、平庸的狭隘眼界"。作为奥斯布纳吕克的传统贵族的默泽，处处想要体现他作为"土地所有者"应该享受的特权，"土地所有者炫耀他的财产的贵族渊源，夸示封建时代留下的纪念物"。② 马克思认为，默泽忽视世界市场的发展趋势，从所谓的民族特性出发，强行推行地区保守主义的思想十分幼稚，它忽视了人类交往发展的历史规律，这一点与同为德国学者的李斯特所犯的错误一样。在马克思日后阅读到关于德国马尔克、乡村等制度的著作后③，马克思认识到人类交往的现实事实上早已经产生，在 1868 年 3 月 14 日马克思致恩格斯的信中，马克思谈道："威斯特伐利亚的容克们（默泽等人）认为，德意志人都是各自单独定居的，只是后来才形成了乡村、区等，这种愚蠢见解完全被驳倒了。"④ 而默泽的前文那种"祖宗之法不可变"的观点，就显得有些可笑了。就现有文献而言，默泽的这种从文化、社会生活的视角来批驳世界市场的观点，其相关内容是否影响了马克思，目前尚没有明确的文献支撑。但值得注意的是，在马克思后期世界市场的

---

① ［美］杰瑞·穆勒. 市场与大师［M］. 佘晓成，等译. 北京：社会科学文献出版社，2016：128.

② 马克思恩格斯文集：第一卷［M］. 北京：人民出版社，2009：174.

③ 主要是指格·毛勒的《德国领主庄园、农户和农户制度史》以及《德国乡村制度史》。

④ 马克思恩格斯文集：第十卷［M］. 北京：人民出版社，2009：281.

理论构建之中，出现了从拜物教的角度来阐述世界市场发展的观点，可以说马克思已经充分注意到世界市场的兴起对个人行为模式的深刻改变，马克思日后从人的异化与压制、文明的湮灭与虚无的角度来谈论世界市场的观点，远比默泽的认识更为深入。但默泽在德国的影响是巨大的，甚至是在马克思生活的年代，马克思与恩格斯也不得不与默泽的"继承者"继续斗争。① 但是不管如何，"默泽是第一位表明市场崛起文化效应的困境之人：人们如何恢复荣誉、美德和对大众福利的追求？"② 事实上，默泽的研究日后也逐渐构成一种以文化、社会生活来批判市场，乃至资本主义发展的重要理论来源。

---

① 此部分主要是指马克思 1865 年 12 月 26 日致恩格斯的信，详见《马克思恩格斯全集》第三十一卷，人民出版社 1972 年版，第 165~167 页。

② ［美］杰瑞·穆勒．市场与大师［M］．佘晓成，等译．北京：社会科学文献出版社，2016：135.

第三章

空想社会主义者对世界市场的探索与实践

第一节　圣西门及其学派："世界协作"的构想

圣西门是法国杰出的空想社会主义者，在圣西门传奇的一生中，创作了不少不同种类与题材的相关著作。而就世界市场的问题而言，圣西门比较突出的思想是"协作制"，"圣西门认为，在实业制度下，要有计划地组织生产，在社会生活的各方面都实行计划"。① 圣西门在《一个日内瓦人给当代居民的信》中，通过陈述他的"梦境"，阐发了这种在全球范围内进行协作生产的初步设想。根据圣西门的论述，地球上应该首先由 21 人组成"牛顿会议（总会）"，下辖四个分部即英国部、法国部、德国部与意大利部，而地球上所有有人类定居的地区，都有权也必须成立分部之下的支会（部），牛顿会议（总会）通过层级管理指导各个支部的生产与生活，圣西门认为，所有参加牛顿会议的人群，"一切人都应当劳动，都要把自己看成某一工场的人，这个工场的目的，是使人类理智接近神明的预见"。② 在圣西门的构想中，全世界范围内有计划地生产协作，国家就将演变为一种生产性的组织，进而最终消亡。在这种制度之下，实行义务劳动，按人的能力与水平划定不同级别的劳动种类，由学者掌握社会的权力。严格意义上讲，圣西门的相关学说庞杂，而关于这种全世界范围内的计划性协作着墨不多，圣西门其实并未提出"世界协作"的设想，因为在圣西门的著作中，这种关于未来世界市场组织的构想往往被圣西门冠以"实业体系"的字眼。但在圣西门逝世后，圣西门的弟子却将其学说进一步发展，进而提出

① 吴易风. 空想社会主义经济学简史［M］. 北京：商务印书馆，1975：86.
② ［法］昂利·圣西门. 圣西门选集：第一卷［M］. 王燕生，等译. 北京：商务印书馆，2011：25.

"世界协作"的构想，极大地拓展了圣西门关于世界市场的相关认识，对后世产生了深远的影响。

圣西门逝世后，圣西门的弟子巴扎尔、安凡丹、罗德里格等人进一步阐发了圣西门的相关学说，在《圣西门学说释义》中，巴扎尔等人认为，人类社会发展的终极目标就是"世界协作"，"即一切地区的人们、一切领域中的所有人的协作相互关系"①。并认为"人类的持续发展只承认一条规律，而这条规律就是协作的不断进步"。② 巴扎尔等人论述道：人类社会已经经历了三次"协作大发展"，第一次是家庭联合成为一个城市，第二次是若干的城市联合而成为一个"民族有机体"，第三次是若干的民族又通过互相之间的协作，进而融合成为一个国家。人类社会当前所处的时代，应该是人类社会迈向第四次"协作大发展"的时代，即全世界联合成为一个有机的整体。巴扎尔等人总结道："协作的范围是随着人类的发展过程而不断扩大的，同时，秩序、和谐和统一的内在原则也在协作中扎下越来越深的根。"③ 与圣西门主要将这种世界协作的构想赋予实业家不同，巴扎尔等人更倾向于利用银行家来实现这种世界协作，在巴扎尔等人的认识中，银行及其信用制度可以促使资本与生产资料更为合理地使用。于是"中央银行"代替了"牛顿会议（总部）"，"二级银行"代替了原"牛顿会议（分部）"，并依此类推，构建一个庞大的银行网络，调节全世界的生产。

总的来看，圣西门及圣西门学派认为，人类社会发展的趋势必然是向更高级别的生产与生活迈进，那是一个人类真正辉煌的时代。我国早期的马克思主义者李大钊先生将圣西门学派的这种历史观概括为："历史的发展，是由孤立向联合进动，由战争向平和进动，由反抗向协合进动，将来的计划，是依科学的原理组织成的协合。"④ 这种历史观，总体上是正确的。圣西门学派所持有的世界协作的观点，本质上来看其实是世界市场发展的一个更高级阶段的表述，这一发展阶段下的世界市场，已经逐渐脱离了原有的以商品经济、市场经济为原则的旧有模式，而采用计划经济的模式来调节生产。应该说，这确实是未来世界市场的一个发展方向，而这一发展方向是从人类社会发展趋势中所引申的一

---

① ［法］巴扎尔，安凡丹，罗德里格.圣西门学说释义［M］.王永江，等译.北京：商务印书馆，1986：88.

② ［法］巴扎尔，安凡丹，罗德里格.圣西门学说释义［M］.王永江，等译.北京：商务印书馆，1986：89.

③ ［法］巴扎尔，安凡丹，罗德里格.圣西门学说释义［M］.王永江，等译.北京：商务印书馆，1986：93.

④ 李大钊.李大钊选集［M］.北京：人民出版社，1959：473.

个必然规律。但突出的问题是，圣西门及圣西门学派在如何迈向这种"世界协作"的理想时都犯了错误，圣西门把希望寄托于新兴的产业家，事实上也就是法国新兴的实业资本家，这显然不可能。而在圣西门逝世之后，声名大噪的圣西门学派虽然提出一个看似可行的方案，通过银行业与金融资本家来组织全球范围内的生产，却更加坚定地将资本与劳动等同起来，抹杀了世界市场中现存的尖锐的阶级对立与冲突，对资本不加限制地利用、不断以"资本创造资本"，只会使得世界市场产生严重的信用危机。对此，马克思有一段很经典的评价："这个学派在产生和衰落的时期都沉湎于一种幻想，以为随着普遍的幸福生活的到来，一切阶级矛盾就必定会消失，而这种幸福生活是可以靠某种新发明的社会信贷计划获得的。"① 而后期，马克思在《资本论》中从由信用而产生的虚拟资本出发，构建了较为完整的世界市场信用危机的观点，在理论上印证了圣西门学派的空想色彩。当然，圣西门学派在实践上的破产则来得更快，恩格斯在修订《资本论》第三卷时，在马克思关于圣西门观点的页下注中写道："这个学派的救世的信用幻想，由于历史的讽刺，作为空前的骗局得到了实现。"以至于恩格斯不得不感叹道："如果马克思来得及修订这个手稿，他无疑会把这一段话（文中关于圣西门的评价）大加修改。"② 单就是马克思与恩格斯所处的年代，在世界市场上就已经产生了严重的信用危机，这种世界市场的信用危机在我们生活的当代也曾不止一次出现。

　　然而，我们也必须看到，作为空想社会主义者的圣西门无疑是伟大的，马克思与恩格斯在其研究中对圣西门虽有批判，但总是充满敬意。他的观点之所以有些"匪夷所思"，往往是社会环境所造成的，"特别是银行家应当担负起通过信用来调节整个社会生产的使命。这样的见解完全适应法国刚刚产生大工业以及随之产生资产阶级和无产阶级的对立的那个时代"。③ 圣西门以及圣西门学派，关于世界市场的发展阶段，关于与信用、与国家消亡的观点等，都被马克思借鉴与学习，进一步激发了马克思对世界市场的研究。恩格斯评价道："后来的社会主义者的几乎所有并非严格意义上的经济学思想，都以萌芽状态包含在他（圣西门）的思想中。"④ 圣西门的影响异常深远，特别是作为圣西门众多门生之一的奥古斯特·孔德，也将在日后对第二国际的理论家们产生前所未有的影响，而这将在之后的章节论述。

---

① 马克思恩格斯全集：第十二卷 [M]．北京：人民出版社，1962：31．
② 马克思恩格斯文集：第七卷 [M]．北京：人民出版社，2009：684．
③ 马克思恩格斯文集：第九卷 [M]．北京：人民出版社，2009：391．
④ 马克思恩格斯文集：第九卷 [M]．北京：人民出版社，2009：275．

第二节 欧文：世界市场的“衰退”与“飞地”

罗伯特·欧文是英国知名的空想社会主义者，恩格斯称赞他：“这个人具有像孩子一样单纯的高尚性格，同时又是一个少有的天生的领导者。”① 欧文对于马克思世界市场理论发展的影响，可以从两个方面进行阐述，一个是理论层面，另一个是实践层面。首先，从理论层面来看，欧文提出了这样一个观点，即人类当前所处的时代，是一个世界市场“衰退”的时代，而真正意义上的世界市场已经不复存在了。在欧文的代表作《致拉纳克郡报告》中，欧文认为，人类社会的产生与消费活动，必须有一个与之完美“配套”的市场体系。欧文论述道：“世界上一切市场完全是劳动阶级的劳动报酬造成的，市场的范围和利润都随着劳动阶级的劳动报酬的多寡而增减。”② 可见，欧文所认知的市场，是劳动阶级在生产活动之后，能够完全消费其劳动报酬的场所，简言之，市场是为社会的劳动阶级而服务的。而现实却是，“现有的社会制度不允许劳动者（通过）劳动而获得报酬，因此一切市场便都衰退了”。③ 这里并不是说，在资本主义制度下，劳动者做工完全没有任何报酬，而是指在资本主义的生产方式下，劳动者的劳动报酬与劳动量是完全不对等的，劳动者除了能够拿到保障生活的最低报酬之外，几乎“一无所有”，在这种情况下，又怎么可能寄希望于劳动者在市场上消费其他呢？所以，欧文认为，真正的市场正在“衰退”，而当前世界市场发展的繁荣，也只是一种“假象”，因为现有的世界市场是以商品经济为运行基础的，而欧文的核心思想是“从原则上讲，人类劳动或人类运用体力与脑力的结合是自然价值的标准”④。欧文力图使得世界市场恢复到以“劳动的自然标准”为原则的运作体系之上，进而提出世界市场的改造方案，“在交换商品时完全按照商品的主要成本，也就是根据每种商品所包含的劳动量（这种劳动量可以公平地确定），并通过一种代表这种价值的方便的媒介进行交换；这种媒介将

① 马克思恩格斯文集：第三卷 [M]. 北京：人民出版社，2009：533.
② [英] 罗伯特·欧文. 欧文选集：第一卷 [M]. 柯象峰，等译. 北京：商务印书馆，1979：312.
③ [英] 罗伯特·欧文. 欧文选集：第一卷 [M]. 柯象峰，等译. 北京：商务印书馆，1979：312.
④ [英] 罗伯特·欧文. 欧文选集：第一卷 [M]. 柯象峰，等译. 北京：商务印书馆，1979：309-310.

因此而代表真正的不变的价值，而且只有当实际财富增加时才发行"。① 而一旦实现这种市场体系的改革之后，"现在实际上已经不能作为为生产财富的人提供任何利润的世界各个市场，就可以无限地开放"。② 在欧文的认识中，只有在这种状态下，才是符合人类发展本性的世界市场，才可以说是真正的世界市场的新发展。

同时，欧文作为杰出的空想社会主义者，与其他空想社会主义者最显著的不同点是，欧文是少有进行了大量社会主义实践的学者。从世界市场的研究来看，在欧文的实践历程中，有两个实践活动值得注意，首先是欧文于1824年到1828年，在美国印第安纳州试验的"新和谐公社"，其次是欧文于1832年到1834年，在英国伦敦举办的"交换银行"。总的来看，这两项实践活动的侧重点虽有不同，但是却有一个共同的特点，即这两项实践活动都是欧文力图在现有世界市场之外开辟某种"飞地"的尝试。也就是欧文开始尝试在现有的世界市场的体系之中，建立一个以计划手段调节生产、以劳动自然价值为交换尺度的全新市场。当时，这种在世界市场之外寻求"飞地"与"孤岛"的活动屡见不鲜，但最终都流于空想，马克思在《共产党宣言》中就批驳道："他们还总是用试验的办法来实现自己的社会空想，创办单个的法伦斯泰尔，建立国内移民区，创立小伊加利亚③，即袖珍版的耶路撒冷。而为了建造这一切空中楼阁，他们不得不呼吁资产阶级发善心和慷慨解囊。"④ 而从欧文的观点来看，欧文之所以尝试在世界市场中构建"飞地"，是因为欧文已经发现现有的世界市场已经成为人类生活的现实压迫，而更难能可贵的是，欧文已经直接指出，世界市场的危机是生产过剩的危机，欧文在回答为什么创办"交换银行"的问题之时，就直接指出，"他们大概要问：是什么东西在促使你们成立这种机构呢？我们回答说：是毁灭性的竞争和生产过剩所引起的普遍灾难"⑤。客观来看，欧文的这

---

① ［英］罗伯特·欧文. 欧文选集：第一卷 ［M］. 柯象峰，等译. 北京：商务印书馆，1979：324.

② ［英］罗伯特·欧文. 欧文选集：第一卷 ［M］. 柯象峰，等译. 北京：商务印书馆，1979：325.

③ 此处恩格斯在1890年《共产党宣言》德文版上加了一个注释，以便于读者理解："国内移民区是欧文给他的共产主义的模范社会所起的名字。法伦斯泰尔是傅立叶所设计的社会宫的名称。伊加利亚是卡贝所描绘的那种共产主义制度的乌托邦幻想国。"详见《马克思恩格斯文集》第二卷，2009年版，第64页。

④ 马克思恩格斯文集：第二卷 ［M］. 北京：人民出版社，2009：64.

⑤ ［英］罗伯特·欧文. 欧文选集：第一卷 ［M］. 柯象峰，等译. 北京：商务印书馆，1979：202.

一认识要比同期的政治经济学家以及哲学家的认识更为直接与深刻，就结论而言，这与马克思日后研究世界市场的重要结论是一致的。当然，欧文所看到的生产过剩，更多还停留在直观感受的层面，而世界市场上的生产过剩是如何产生的、其影响为何，在欧文那里还缺乏进一步的论证，这一问题在日后由马克思进一步阐发。

欧文作为空想社会主义者的代表，在当时的社会产生了非常大的影响，以至于恩格斯日后总结道："当时英国的有利于工人的一切社会运动、一切实际进步，都是和欧文的名字连在一起的。"① 欧文对于未来社会的探索，对世界市场的研究，事实上是在这样的一个矛盾下展开的：一方面，"商业原则刺激的发明，它使人变得勤勉而有才干，同时还可以使某些在其他情况下可能限制而不为人所知的力量在将来发挥作用"。另一方面，却又是"商业原则使人愚蠢的自私自利，使他和其他人对立；它制造了欺诈和虚伪；它盲目地促使人生产，却又剥夺了他享受的智慧"② 。欧文在这个矛盾中提出了他的空想方案。总的来看，欧文所认识的世界市场的"衰退"是从人性的发展层面上立论的，对于世界市场的"文明面"反而有些认识不足，所以一味地寻求在此之外的"新大陆"，反而违背了人类社会的发展规律，从这点认识出发，欧文与黑格尔等人相比，倒又退步了一大截。同时，欧文的观点与学说，在马克思的生活年代依然有相当的"信徒"，比如蒲鲁东等人，马克思也不得不再次进行批判。甚至在日后的苏联，在"两个平行的世界市场理论"之中，我们依然能够看到欧文的身影，而在那时，正如马克思所言："第一次是以悲剧出现，第二次是作为笑剧出现。"③

第三节　威廉·莫里斯：世界市场理论的"预演"

威廉·莫里斯是英国著名的诗人、作家与艺术家，同时也是英国 19 世纪中后期著名的社会主义者。威廉·莫里斯是与马克思、恩格斯同时代的人，而且与恩格斯在相当长的一段时间内保持着密切联系，这与莫里斯投身社会主义运动的经历有关。莫里斯于 1883 年加入了由海德门格所建立的英国社会主义组

---

① 马克思恩格斯文集：第九卷 [M]．北京：人民出版社，2009：280.
② [英] 罗伯特·欧文．欧文选集：第一卷 [M]．柯象峰，等译．北京：商务印书馆，1979：324.
③ 马克思恩格斯文集：第二卷 [M]．北京：人民出版社，2009：470.

织——社会民主联盟，但是不久之后，由于莫里斯不同意海德门格在联盟内部
所推行的机会主义路线，莫里斯便与马克思的女儿——爱琳娜·马克思以及其
丈夫爱德华·艾威林等人退出该联盟，在恩格斯的支持下，组建了"社会主义
同盟"，并由莫里斯担任该同盟机关报《公共福利》的主编，刊发了大量马克思
的著作以及莫里斯关于社会主义的文章。恩格斯非常重视"社会主义同盟"的
活动，曾多次致信指导同盟的具体工作。显而易见的是，莫里斯与马克思在
1883 年这个重要节点"擦肩而过"，也就是莫里斯是在马克思逝世后的同一年，
才投身于社会主义运动的。在此之所以将莫里斯纳入考察范围，首先是因为莫
里斯的代表作《乌有乡消息》，是空想社会主义史上的一个全新的高峰，包含着
关于世界市场的新观点与认识。其次，也是最为重要的，莫里斯本人在投身于
社会主义运动之后，受到了马克思主义，特别是马克思《资本论》的相关影响，
莫里斯曾言他"极其喜欢《资本论》的历史部分"，并希望在阅读中能够最大
限度地学到新的信息。① 莫里斯借助马克思的学说与方法，大大发展了其空想
社会主义学说，也使得空想社会主义的世界市场理论前进了一大步。所以，准
确地说，马克思反而是莫里斯思想的理论来源，而《乌有乡消息》这本书，倒
更像是马克思世界市场理论的一个"预演"以及未来的"预言"，所以在此有
必要予以简要分析。

　　《乌有乡消息》一书，成书于 1891 年。在这部书中，莫里斯依托自身的
"梦境"，阐述了他只身回到 21 世纪的英国，与 21 世纪的人们所发生的种种奇
妙的经历。这一题材的作品其实在空想社会主义的历史上并不鲜见，但《乌有
乡消息》一书却是少有的为读者进一步陈述了人类是如何步入这种新世界的书。
也就是说，在《乌有乡消息》之中，为读者展示了旧制度的灭亡与新制度的建
立这二者之间的关键点。莫里斯在此把这一过渡的关键问题，直接指向了世界
市场。在《乌有乡消息》中，莫里斯通过询问 21 世纪的"当代人"，从一位名

---

　　① 关于莫里斯与马克思之间的联系，有一个有趣的细节佐证，莫里斯是英国非常有名的
　　　 工艺大师，经莫里斯之手重新装帧过的图书一直都是抢手的"工艺品"，而 1989 年，
　　　 由莫里斯装帧过的《资本论》第一卷就拍出了 5000 美元的价格。详见《马克思〈资本
　　　 论〉传》，中央编译出版社 2009 年版，第 133 页。

叫老哈德蒙的老者口中得知世界市场发展的最后阶段的样态①，同时"世界市场的胃口随着它所吞食的商品而胀大了。那些在'文明'（也就是有组织的灾难）圈子里的国家，正是市场上过剩商品的堵塞者，于是人们不惜使用武力和欺骗手段去'开拓'在这个圈子之外的国家"。"事实上，整个社会都被抛入这个贪得无厌的怪物——世界市场所造成的'廉价生产'——的血盆大口中。"②直到1952年，由于世界市场局势的恶化，工人们的生活进入了前所未有的窘境，于是工人们组织集会与罢工，在受到残酷血腥的镇压后，全球的革命意识高涨，爆发了革命，最终推翻了现有的社会制度，建立了一个全新的社会，而世界市场作为旧时商业体系的代表，也最终在这场革命之中彻底解体。在这个新社会之中，取消了财产权，同时，商品的生产完全根据需要，而商品的交换场地是一个个专属的市场，比如莫里斯在乌有乡游历之时，就路过了装饰华美的、以纪念莫里斯当年革命活动而命名的"汉默史密斯市场"。

莫里斯在对乌有乡社会主义革命过程的论述中，紧紧抓住世界市场这一分析问题的关键，使得《乌有乡消息》这部空想社会主义的小说，其内在的科学性大大提升。而莫里斯是如何具备如此深刻的关于世界市场的认识的？对于这一问题，学界很少予以关注。事实上，正是马克思的世界市场理论深深地影响了莫里斯。比如在《乌有乡消息》中，莫里斯论述道："冒险家去开辟市场，不管那边有什么样的传统社会，都加以破坏，不管那边的居民有什么样的闲暇或者欢乐，都加以摧毁。"③这一表述几乎就是《共产党宣言》中关于资产阶级开辟世界市场相关论述的进一步说明，莫里斯在《乌有乡消息》之中坚持这样一条认知逻辑："资本主义社会—世界市场的危机与革命—未来社会的到来"，这是与马克思和恩格斯相符合的观点，可以说莫里斯是在马克思学说的帮助下，认识到资产阶级市民生活的重要外延，即世界市场才是真正统治人的力量，唯

① 此处《乌有乡消息》中老哈蒙德对于世界市场的描述值得在此引述："在文明社会的最后阶段，人们显然已经陷入商品生产的恶性循环之中。他们在生产技术方面已经达到了极高的水平，为了尽量利用这种技术，他们逐渐创造了一种非常复杂的商品贸易体系，叫作世界市场。这个世界市场一旦发生作用以后，就迫使他们去继续生产更多的商品，不管他们是否需要。因此，他们一方面当然不能免除生产真正必需品的劳动，另一方面，又不断地创造了许多虚假的或者人为的必需品，在世界市场的严酷统治之下，这些虚假的或者人为的必需品对于人们来说，变得和维持生活的真正必需品同样重要。人们就这样把大量的工作压在自己身上，为的是使他们那祸害无穷的体系继续维持下去。"详见《乌有乡消息》，商务印书馆2011年版，第120-121页。
② ［英］威廉·莫里斯. 乌有乡消息［M］. 黄嘉德，译. 北京：商务印书馆，2011：121-122.
③ ［英］威廉·莫里斯. 乌有乡消息［M］. 黄嘉德，译. 北京：商务印书馆，2011：123.

有打碎旧有世界市场、旧有商业体系，而不是简单的社会改造方案，才能真正实现人的解放。而社会主义革命的必然性，只能从世界市场上危机的必然性来理解。莫里斯通过《乌有乡消息》为我们在一部空想社会主义的游记之中，提前"预演"了马克思世界市场理论。通过借助马克思的分析成果，莫里斯对于未来世界市场乃至未来社会的"预言"也都更为明确。当然，莫里斯的分析也有很多的欠缺，比如莫里斯虽然学习了马克思关于资本集中的必然趋势，但是在未来社会的构想之中，却采取了简单化的理解，在《乌有乡消息》之中，小哈蒙德就向莫里斯说道，之所以未来社会保留了大量的码头小集市，原因是"我们尽可能防止集中的倾向，而且我们早就放弃了成为世界市场的抱负"。[①] 在此，莫里斯认为只要能保证足够多的小集市，就能防止世界市场中资本集中的倾向，显然过于天真。最后，作为一名艺术家的莫里斯，对于世界市场之中的商品全然否定，认为"最好的商品是一些普通的下等货，最坏的商品简直就是冒充货"。在莫里斯看来，真正值得赞美的商品只有手工业的产品。对此，李大钊先生的观点非常精准："莫里斯所主张的社会主义是一种美感社会主义。"[②] 莫里斯在《乌有乡消息》中所谈论的打破原有世界市场的束缚，取而代之的却是一种传统手工业的生产模式，这就与马克思的观点相差万里了。马克思与恩格斯特别注重世界市场的发展对于人类社会的巨大推动力，所以一向反对不加考虑地、将旧世界市场匆匆地扔进历史的"垃圾堆"的革命行为。而在莫里斯的革命实践中，莫里斯过于感情用事，停留在"英国的社会主义正以巨人般的步伐前进"的幻想中，最终成了无政府主义者，与真正的社会主义事业分道扬镳了。以至于恩格斯在日后总结道："莫里斯纯粹是一个感情用事的空谈家，具有真正的善良意志，这种善良意志是如此善良，以致变成一种罪恶意志，不愿意学习任何东西。他落入了革命空谈的陷阱，成了无政府主义者的牺牲品。"[③] 通过对莫里斯著作的分析，一方面应该看到他关于世界市场的新发展，另一方面，也是更为重要的，他更加印证了应当全面、准确地理解马克思世界市场理论的必要性。

---

① ［英］威廉·莫里斯. 乌有乡消息［M］. 黄嘉德, 译. 北京：商务印书馆, 2011：88.
② 李大钊. 李大钊选集［M］. 北京：人民出版社, 1959：47.
③ 马克思恩格斯全集：第三十六卷［M］. 北京：人民出版社, 1974：501.

第三篇
马克思世界市场理论的探索之路

▼

▼

马克思虽然多次提及要在政治经济学的研究基础上创作出一本关于"世界市场"的专册，但遗憾的是，马克思最终并未完成这样一部著作。但是，马克思在其著作中阐发了大量关于世界市场的论述，甚至可以说马克思关于世界市场的思考伴随了其一生的革命斗争与理论研究活动，马克思世界市场理论的发展，体现了一条马克思艰苦卓绝的学术探索之路。所以，对马克思世界市场理论发展史的研究，就是对马克思世界市场理论发展演进之路的梳理，考察马克思在不同时期、不同阶段关于世界市场的一些重要的观点与事件。为此，结合马克思的著作，可以从三个方面来理解马克思世界市场理论的探索之路。首先是马克思早年对世界市场的研究，也就是从马克思最早展开政治经济学研究以及与恩格斯的首次会晤，直到《德意志意识形态》发表的这一历史时期，其所涉及的主要是马克思早期的文献与观点。其次是无产阶级革命视域下世界市场理论的探索，即从《共产党宣言》的发表，直到马克思晚年的相关笔记这一时间段，其所涉及的主要是马克思关于无产阶级革命以及在革命斗争中的论战文献与观点。最后是政治经济学批判视域下世界市场的发展，即从马克思本人政治经济学研究的视角出发，讨论马克思在政治经济学批判，特别是《资本论》的创作过程中对世界市场问题的思考，其所涉及的主要是关于《资本论》的相关文献与观点。

第一章

马克思早年对世界市场的研究

第一节　恩格斯率先展开世界市场的研究

　　纵观马克思早年对世界市场的研究与考察，一个不容忽视的事实是，恩格斯是率先展开世界市场研究的一位"先行者"，并且对马克思世界市场的研究产生了深远的影响。1840 年 11 月下旬，恩格斯在柏林服完志愿兵役之后，动身前往英国，去往曼彻斯特的"欧门—恩格斯"公司实习经商。此时的英国在世界市场上拥有绝对的统治力量，而随着英国资本主义的深入发展，所带来的是国内工人阶级生活处境的恶化，以及英国对于其他国家的殖民掠夺，这一切不能不深刻地影响着恩格斯。所以，在此之后，恩格斯相继发表了多篇关于资产阶级"国民经济学"的理论文章，通过对这一时期相关著作的梳理，不难发现，此时的恩格斯敏锐地以英国为研究对象，进而不断地深化自身政治经济学的研究。其中，英国在世界市场中的态势以及世界市场的危机，是恩格斯关注的重点。在《国内危机》一文中，恩格斯开篇就向所有人提出了"在英国发生革命是可能的吗"这个重大问题，值得注意的是，恩格斯对此问题的回答没有从国家、政党等传统的政治观念入手，也没有采用哲学式的话语，而是直接将英国的国内革命与英国在世界市场中的地位相联系，恩格斯谈道："英国就其自然条件来说，是一个贫穷国家""完全依靠贸易、航运和工业，它依靠这些有了今天的地位""一个国家既然走上了这条道路，就只有不断发展工业生产才能保持业已获得的地位，任何一种停滞不前都是退步"①。英国对于世界市场的依赖，使得其必须快速发展国内生产，才能在世界市场中保持不败地位，而这样反而会更加推动英国国内的革命进程。在《国民经济学批判大纲》中，恩格斯已不满

---

　　①　马克思恩格斯全集：第一卷 [M]．北京：人民出版社，1956：548.

足于仅仅从经济现象出发的直观叙述，而是已经开始涉及资本主义时期下的世界市场的运行规律，以及相应的政治经济学理论。如恩格斯谈道，亚当·斯密、大卫·李嘉图等古典政治经济学家所提倡的"自由贸易"法则，与重商主义所倡导的"垄断经营"相比，当然有其巨大的历史进步性，但由此带来的竞争却是异常残酷的，这皆是由于在"自由贸易"法则的遮蔽下，资产阶级私有制取得了巨大的生存空间，而"竞争的矛盾和私有制本身的矛盾是完全一样的。单个人的利益是要占有一切，而群体的利益是要使每个人所占有的都相等"。① 事实上，英国古典政治经济学家，特别是李嘉图等人在理论上的层层论述，正是英国资本主义发展的一个真实写照，他们对于英国在世界市场中的"霸主"地位显得相当"心安理得"，极力维护英国在世界市场中的优势。恩格斯则对此率先采取了批判的态度，在《英国状况》一文中，恩格斯对于18世纪的英国社会发展进行了集中的审视，在行文中无不体现着英国在世界市场中的强大实力，但恩格斯在充分肯定英国的发展之时，却敏锐地指出："这些理应属于全人类的力量便成为少数富有的资本家的垄断物，成为他们奴役群众的工具。"②

恩格斯早年对英国与世界市场的研究，对马克思也产生了深刻的影响：一方面，在马克思早期的经济学研究中，对于恩格斯的《国民经济学批判大纲》进行了阅读与摘录，并将其誉为"天才的大纲"；另一方面，也是更为重要的是，1845年7月至8月，马克思在恩格斯的陪同下，第一次去往英国，在伦敦与曼彻斯特进行了为期6周的旅行。这虽然不是马克思与恩格斯的第一次会晤，但却对马克思世界市场的研究构想产生了深远的影响，从某种意义上而言，这次"英国之行"可以看作是马克思对恩格斯早年世界市场相关研究的一个实践印证。这种影响在马克思早期的政治经济学研究中得到了体现，如在马克思的《雇佣劳动与资本》一文中，马克思曾提出考察资产阶级社会"经济关系"的三个部分的设想，而将这一政治经济学研究的最后内容锁定为："欧洲各国资产阶级在商业上受世界市场霸主英国的奴役和剥削的情况。"③ 马克思的这一研究内容的划定，几乎可以看作是恩格斯早年政治经济学研究的"总概括"与"切入点"。马克思在随后的《1848年至1850年的法兰西阶级斗争》中将英国比喻为"世界市场的暴君"，而恩格斯则是最早与这位"暴君"对话的革命者。在马克思与恩格斯共同开展"伟大的事业"之后，1847年，在《共产主义者和卡

① 马克思恩格斯文集：第一卷 [M]. 北京：人民出版社，2009：73.
② 马克思恩格斯文集：第一卷 [M]. 北京：人民出版社，2009：105.
③ 马克思恩格斯文集：第一卷 [M]. 北京：人民出版社，2009：712.

尔·海因岑》一文中，针对海因岑认为共产主义的产生仅仅来源于一些抽象的原则概念而非现实生活的怪想，恩格斯掷地有声地回应道："共产主义的产生是由于大工业以及由大工业带来的后果，是由于世界市场的形成，是由于随之而来的不可遏止的竞争，是由于目前已经完全成为世界市场危机的那种日趋严重和日益普遍的商业危机，是由于无产阶级的形成和资本的积聚，是由于由此产生的无产阶级和资产阶级之间的阶级斗争。"① "六个由于"深刻地揭示了共产主义运动与资本主义世界市场发展的直接联系，是恩格斯早年关于世界市场研究的精髓。

当然，我们也必须认识到，恩格斯早年对世界市场的研究也具有一定的局限性，马克思也在艰难地找寻更为深刻的论据。从方法论上来看，恩格斯此时的研究思路颇像马克思在之后的《〈政治经济学批判〉导言》中所指认的"完整的表象蒸发为抽象的规定"的政治经济学研究的"第一条道路"，还没有走上"抽象的规定在思维行程中导致具体的再现"的真正的政治经济学研究的方法。但如果以马克思本人的政治经济学为研究坐标，审视恩格斯早年关于世界市场的研究，会发现有两点对马克思产生了非常大的影响。首先，恩格斯率先跳过世界市场上不同国家、群体纷繁复杂的竞争态势，而将"资本"指认为资本主义时代下世界市场发展的内在推动力，"要是资本不最大限度地展开自己的活动，它就经不住其他资本的竞争"。② 世界市场中的斗争与其说是国家之间的竞争，不如说是各国资本的竞争，因为在这一时期的世界市场之中"个人的或国家的一切交往，都被溶化在商业交往中，这就等于说，财产、物升格为世界的统治者"。③ 世界市场的扩大与发展，没有了"传教士般"的精神，也少了"寻金热"的激情，而是由于一国资本运动增值的需要。如弗·梅林所言"（大纲）所谈到的东西包含着科学共产主义在经济学方面的苗壮根苗，而恩格斯确实是第一个发掘出这些根苗的人"。④ 而"资本"无疑是马克思政治经济学最重要的"根苗"。其次，恩格斯明确地将政治经济学研究的"参照物"设定为英国，以英国工业的发展来理解经济现象，进而解释经济现象，这可以说与恩格斯本人的生活经历有关，但更与当时世界市场中的力量态势有关，这一点对马克思本人政治经济学研究的影响也是深远的。之后，马克思关于世界市场的绝大多数观点以及政治经济学研究，都是以英国这一世界市场中的"暴君"作为研究对象的。

---

① 马克思恩格斯文集：第一卷 [M]. 北京：人民出版社，2009：672.
② 马克思恩格斯文集：第一卷 [M]. 北京：人民出版社，2009：77.
③ 马克思恩格斯文集：第一卷 [M]. 北京：人民出版社，2009：105.
④ ［德］弗·梅林. 马克思传（上）[M]. 樊集，译. 北京：人民出版社，1972：127.

第二节　早期文献中"世界主义"的能量与趋势

1843 年 10 月，马克思动身前往巴黎，在旅居巴黎期间，马克思首次尝试真正意义上的政治经济学批判，由此开始直到 1845 年秋马克思与恩格斯开始共同撰写《德意志意识形态》期间，可以视为马克思政治经济学批判的第一个时期，在这一时期，马克思对亚当·斯密、萨伊、大卫、李嘉图、麦克库洛赫等人的经济学著作进行了研究，由此也形成了马克思政治经济学批判的第一批相关文献，这些文献是马克思政治经济学研究的起点。以马克思世界市场研究为视角，在马克思早期政治经济学研究的文献中，以下相关文献与观点值得注意。第一，马克思于 1844 年对恩格斯《国民经济学批判大纲》一文撰写了摘要，马克思虽然对于世界市场尚未涉及，但如前文所指，此时的恩格斯在《国民经济学批判大纲》之中，已经展示了其对世界市场研究的相关成果，而马克思这篇摘要的出现，体现了马克思与恩格斯二人相关理论观点的"汇合"，是日后马克思对世界市场深入研究的必要保障。第二，马克思于 1845 年 3 月对李斯特《政治经济学的国民体系》一书撰写的评注，可以视为马克思与李斯特这位世界市场的专门学者之间的一次"对话"，这一内容前文也已论述，在此不再赘述。除此以外，还有两个值得关注的文献：首先是马克思对詹姆斯·穆勒《政治经济学原理》一书的摘要与评注（下文简称《穆勒评注》）。在《穆勒评注》之中，马克思沿用了穆勒《政治经济学原理》一书中的"生产""分配""交换""消费"的结构内容，摘录了穆勒大量的相关论述。在《穆勒评注》的"交换"章中，马克思论述道："国民经济学以交换和贸易的形式来探讨人们的社会联系或他们的积极实现着的人的本质。"① 虽然在《穆勒评注》中时常会出现"类活动""类生活"等"费尔巴哈式"的话语，但此处马克思已经明确指出"人的本质是人的真正的社会联系"②，并进一步指出这种社会联系的发展是一种客观规律，"有没有这种社会联系，是不以人为转移的；但是，只要人不承认自己是人，因而不按照人的样子来组织世界，这种社会联系就会以异化的形式出现。因为这种社会联系的主体，即人，是自身异化的存在物"③。这一论述对于理解

---

① 马克思恩格斯全集：第四十二卷［M］.北京：人民出版社，1979：25.
② 马克思恩格斯全集：第四十二卷［M］.北京：人民出版社，1979：24.
③ 马克思恩格斯全集：第四十二卷［M］.北京：人民出版社，1979：24.

马克思早期世界市场的观点相当重要，因为在马克思所处的时代，世界市场就是那个时代"组织世界"的方式，而这种"组织世界"的方式与形式，显然不是按照人的真正的社会本质出发的，因而这种世界市场是与人的本质相悖的，由此，世界市场的存在反而正是人不能按照人的样子来组织世界的一个重要原因。而国民经济学家的可笑之处就在于将这种已经违背人的本质的异化交往形式，当作同人的本质相适应的形式并予以研究。马克思在此的观点，与前文所述的空想社会主义者欧文关于世界市场"衰退"的观点相似，但这种相似也只是部分观点的趋同，因为在马克思随后的《1844 年经济学哲学手稿》（下文简称《1844 年手稿》）中，继续深入研究了这种人的异化的观点，并且全面超越了前人关于世界市场的研究思路。

由此出发，不难发现在马克思早期政治经济学研究的文献之中，尚没有真正开始世界市场的相关研究，但对于马克思世界市场的研究而言，却存在着一个如何学习与批判前人研究成果的问题，通过前文对马克思世界市场理论来源的论述，我们可以推论出，摆在马克思世界市场研究面前的三条可能的道路：第一条道路是沿着亚当·斯密、大卫·李嘉图等人的思想继续前进，对世界市场的兴起大加赞许，进而继续讨论现行世界市场之中的生产、交换、分配等问题。这一研究思路的特点是，现行的世界市场体制是最完美的，完全符合人类的发展趋势，并将继续长期存在下去，这是一种"无人之境"，但却存在着大量的客观规律。第二条道路是沿着费尔巴哈、默泽等人哲学批判的思想继续研究，对世界市场发展背后的理性规律，或是世界市场中的"人"进行一种哲学化理解。这一研究思路的特点是，剥离世界市场内在的经济规律性，而从世界市场种种表象入手进行哲学的批判，这是一种单纯、绝对意义上的"人的研究"，但却缺乏大量能够支持其观点的客观经济规律。第三条道路是沿着空想社会主义者的观点继续深入，构建一个全新意义上的世界市场以及其内在的运作体系。这一研究思路的特点是，认为现行世界市场的制度是完全不可取的，是对人类进步莫大的阻碍，必须对其进行彻底的否定，这是一种基本符合人类社会发展的总体趋势，但是具体细节却十分模糊、总是不能圆满地解决现实问题的研究思路。如何处理这三条道路？这一问题的回答将直接影响马克思世界市场理论的未来走向，也是马克思早期政治经济学研究中关于世界市场问题必须做出的解答，而这一问题的深入探索就在《1844 年手稿》之中。

具体而言，在《1844 年手稿》中，马克思认为以亚当·斯密、大卫·李嘉图为代表的国民经济学，在现实生活中所得到的"结果"，就是将私有财产的现实与观念移入人自身的本质之中，而这一过程超越了地域性与民族性，"从而发挥一种世界主义的、普遍的、摧毁一切界限和束缚的能量，以便自己作为唯一的政策、普遍性、界限和束缚取代这些规定"。① 在此，马克思十分肯定地认为，通过国民经济学家的研究，使得人类社会的新经济行为得以充分体现与阐释，对这种新的经济活动内部蕴含的"世界主义"的能量与趋势，应该给予充分的重视，从本质上来看，世界市场正是这种"世界主义"的载体与表现形式，以保守的观点来看待世界市场发展的话，无异于漠视这种"世界主义"的巨大历史推动作用。但是，马克思继而指出，国民经济学家却止步于此，进而表现为"十足的昔尼克主义"，国民经济学家满眼看到的只是财富，没有看到人生存状况的窘迫，所以马克思认为国民经济学是"敌视人的"。那么，是否应该从当下人的此种境遇出发，彻底否定现有的世界市场，完全构建一种全新的世界市场的运作模式呢？马克思在《1844年手稿》之中阐述了这样一个观点："自然科学却通过工业日益在实践上进入人的生活，改造人的生活，并为人的解放做准备，尽管它不得不直接地使非人化充分发展。"② 由此可见，马克思虽然强调人的异化生存状态，但却并不否认工业、世界市场发展对于社会与人的巨大推动作用，这是作为"世界主义"化身的世界市场本身所必然蕴含的力量与发展趋势。综上所述，通过《1844年手稿》至少可以得出以下观点：马克思对于前文三种研究世界市场的基本思路与方法都予以了否定。首先，马克思虽然肯定了古典政治经济学对经济行为中所蕴含的"世界主义"的研究与推崇，但马克思却显然不是一个"世界主义者"，因为马克思并不认同古典政治经济学家将世界市场视作一种完全符合人类本性，并且必将永久存在的制度。其次，马克思本人也不赞同从单纯意义上的人类进步出发认为现存的世界市场是人类发展停滞的"元凶"，从而全盘否定现存世界市场的意义，进而跳出当前的历史阶段，构建一套全新的世界市场体系。最后，从《1844年手稿》的行文方式与语言风格，特别是《1844年手稿》中非常著名的关于人的"异化"的论述，似乎印证着马克思正在按照一种黑格尔与费尔巴哈的哲学化思维模式来理解经济问题，马克思似乎即将开始采取前文所述的第二条的研究道路来展开世界市场的研究。实则不然，应该认识到，从马克思的学习经历来看，在马克思政治经济学研究的早期，必然会带着传统哲学的印记。其次，也是最重要的，在于马克思在《1844年手稿》之中曾写道："工业的历史和工业的已经生成的对象性的存在，

① 马克思恩格斯文集：第一卷 [M]．北京：人民出版社，2009：179．
② 马克思恩格斯文集：第一卷 [M]．北京：人民出版社，2009：193．

是一本打开了的关于人的本质力量的书"①，在此，是工业的历史打开了人的本质，马克思在《1844 年手稿》中关注的重点在于工业，或者说通过工业来研究人，而不是通过人来研究人，换言之，"世界主义"的真正能量与发展趋势，来自客观发展的工业，而不是抽象化的理性精神，而这种工业的历史，必须在世界市场之中去寻找。所以，马克思在此时更加意识到研究世界市场的必要性，也迫切需要客观的经济规律来支撑自己的研究。为此，马克思开始构思一个真正科学的关于世界市场的研究思路，而这种研究思路的确立，最早在马克思与恩格斯合著的《德意志意识形态》之中得到了回应。

在此还必须明确的是，虽然马克思通过早期政治经济学研究，摒弃了以往学者的研究思路，但这并不意味着马克思自此以后就对这些前人已有的成果完全不闻不问，而是经过早期政治经济学的刻苦努力，逐渐从理论上认识到研究世界市场的重要意义，这种理论上的"自觉"是马克思日后不断深入世界市场研究的重要推动力。与此同时，以往学者对于世界市场的优秀研究成果在马克思那里得到了充分的尊重与重视，成了马克思政治经济学研究的"批判的武器库"，与之相反，马克思的同时代人，如蒲鲁东、杜林等人依然徘徊、停留于这三条研究思路之中，导致日后依然在新的时代出现旧的问题。

第三节　《德意志意识形态》中世界市场存在价值的指正

1845 年秋天，马克思与恩格斯开始合著《德意志意识形态》（下文简称《形态》）一书，在这部著作中，马克思延续了《关于费尔巴哈的提纲》的思路，与恩格斯一并深入发展了唯物史观的理论。对于马克思世界市场理论本身而言，《形态》也是一部重要的著作。这种重要性可以从两个方面来理解：首先从直观的文献来看，在这部著作中马克思真正开始关注世界市场的研究，在《形态》中出现了大量关于世界市场的直接论述。其次，也是最重要的是，从理论上来看，马克思在《形态》中首次将世界市场的理解建立在唯物史观的基础之上，通过对世界市场存在价值的指正，形成了马克思世界市场理论中最早的一批研究成果。

具体而言，在《形态》中马克思首先通过对分工的唯物史观研究，将世界

---

① 马克思恩格斯文集：第一卷［M］．北京：人民出版社，2009：192．

市场与人类的分工发展相联系，续接了亚当·斯密关于世界市场与分工的论述，将马克思世界市场研究逐渐引入正轨，也使得马克思世界市场理论真正前进了一大步。在《形态》中，马克思通过对分工发展的历史性考察，认为人类社会的分工有其特定的历史范畴，如果将这种分工的历史性应用于特定的社会分析之中，那么"分工立即给我们提供了第一个例证"，即"只要分工还不是出于自愿，而是自然形成的，那么人本身的活动对人来说就成为一种异己的、同他对立的力量，这种力量压迫着人，而不是人驾驭着这种力量"。① 马克思的这一论述，与前文《穆勒评注》中关于人的异化的论述有相似之处，但却有一个巨大的前进。在《形态》中，马克思本人已不满足于早期手稿之中用人类的"交往""组织"等话语来理解世界市场，而是用直接的经济现象——分工来理解世界市场。马克思在此之后论述道人类分工的现状是因为"受分工制约的不同个人的共同活动产生了一种社会力量，即成倍增长的生产力""生产力的这种发展……地域性的个人为世界历史性的、经验上普遍的个人所代替"。② 而最终的结果是："单个人随着自己的活动扩大为世界历史性的活动，越来越受到对他们来说是异己的力量的支配自己把这种压迫想象为所谓世界精神等的圈套，受到日益扩大的、归根结底表现为世界市场的力量的支配。"③ 在此，马克思的思路是非常清晰的，世界市场的发展历程是与人类社会分工发展阶段相适应的，而世界市场对于人的统治力量，不是来自抽象的理性之中，而是来自现实的社会分工之中，要想真正进入世界市场的内部，就必须回到分工这一原始的"基点"，回到资本主义的生产之中。

其次，《形态》通过世界市场与共产主义的论述，指明了共产主义革命中必然蕴含的世界历史意义。马克思在《形态》中写道："许许多多人仅仅依靠自己劳动为生……他们陷于绝境，这种状况是以世界市场的存在为前提的。因此，无产阶级只有在世界历史意义上才能存在，就像共产主义——它的事业——只有作为'世界历史性的'存在才有可能实现一样。"④ 共产主义事业，其目标在于实现真正意义上人的解放，而马克思写道："'解放'是由历史的关系，是由工业状况、商业状况、农业状况、交往状况促成的。"⑤ 而人类所处的当下，世界市场的发展越发迅速，它是人类社会各种交往状况的集中体现。正是人类社

---

① 马克思恩格斯文集：第一卷 [M]．北京：人民出版社，2009：537．
② 马克思恩格斯文集：第一卷 [M]．北京：人民出版社，2009：537-538．
③ 马克思恩格斯文集：第一卷 [M]．北京：人民出版社，2009：541．
④ 马克思恩格斯文集：第一卷 [M]．北京：人民出版社，2009：539．
⑤ 马克思恩格斯文集：第一卷 [M]．北京：人民出版社，2009：527．

会交往所体现出的"世界历史性的"的意义，才决定了共产主义的事业必然也是具有世界历史性的巨大意义。由此，在马克思看来，世界市场存在的价值，不能像古典政治经济学家一样，认为仅仅是经济活动的一个场所或组成部分，而应该从人类社会历史的交替、制度的变更来认识世界市场。"历史不外是各个世代的依次交替。每一代都利用以前各代遗留下来的材料、资金和生产力。"①其中，生产力是最主要的，马克思认为生产力是全人类的巨大财富，而在以往的传统社会中，某些地域与人群创造的生产力，在日后能否保留下来，完全取决于人类社会交往的形成与水平，而资本主义的兴起加快了世界市场的发展，大大扩展了人的交往形式，马克思写道："只有当交往成为世界交往并且以大工业为基础的时候"，"保持已创造出来的生产力才有了保障"。②世界市场的发展，为人类社会通过革命掌握先进生产力提供了真正的可能。可见，共产主义事业中所必然蕴含的那种"世界历史性"的内在趋势与规律，来自"地域性的个人"被"世界历史性的个人"所替代，来源于人类社会交往发展的必然性。

最后，《形态》通过马克思的论述，首次较为完整地展示了马克思所理解的世界市场的发展阶段问题。在《形态》中，马克思开始尝试梳理世界市场的发展历史，进而认为世界市场的发展大致可以划分为以下三个阶段：第一个阶段是从新航路的开辟与东印度航线的发现开始，直到17世纪上半叶。马克思认为这一阶段的总趋势是"当时的市场已经可能扩大为而且日益扩大为世界市场"，而这一阶段最显著的特点则是"进入流通的大量金银完全改变了阶级之间的相互关系，并且沉重地打击了封建土地所有制和劳动者"。③第二个阶段是从17世纪中叶一直到18世纪中叶，马克思认为这一时期的特点是"商业和航运远比那些起次要作用的工场手工业发展得更快"，而结果是"各殖民地开始成为巨大的消费者；各国经过长期的斗争，彼此瓜分了已开辟出来的世界市场"。④第三个阶段是从18世纪下半叶首先在英国进行的工业革命开始到马克思所生活的年代，这一阶段的特点是"把自然力用于工业目的，采用机器生产以及实行最广泛的分工"。而此时的世界市场才真正进入发展的"现代时期"，马克思写道："大工业创造了交通工具和现代的世界市场，控制了商业，把所有的资本都变为工业资本，从而使流通加速货币制度得到发展、资本集中。"⑤马克思认为，只

---

① 马克思恩格斯文集：第一卷 [M]．北京：人民出版社，2009：540.
② 马克思恩格斯文集：第一卷 [M]．北京：人民出版社，2009：560.
③ 马克思恩格斯文集：第一卷 [M]．北京：人民出版社，2009：562.
④ 马克思恩格斯文集：第一卷 [M]．北京：人民出版社，2009：563.
⑤ 马克思恩格斯文集：第一卷 [M]．北京：人民出版社，2009：566.

有在世界市场的第三个发展阶段才算是一部全新的世界历史，人类社会才真正向前大跨步。马克思与恩格斯日后关于世界市场的研究，绝大多数情况下都是针对世界市场的第三个历史发展阶段，即马克思所言的"现代的世界市场"而展开的。马克思在《形态》中对于世界市场历史方位的界定，使得马克思的研究对象更加清晰也更加具有针对性。由此，世界市场这一原本早于资本主义与资产阶级发展的历史范畴，能够进一步服务于马克思的批判工作。

总而言之，《形态》通过对唯物史观的阐发，表明了马克思对世界市场展开了真正的研究，同时确立了以下关于研究方法的重要观点：一方面肯定现有世界市场存在的巨大历史意义，反对任何回到"田园诗"般生产、交换、消费生活的尝试。另一方面却深刻地认识到，现有世界市场的存在使人从此开始不得不在"夹缝中求生"，人只能在这种对人的压制下实现发展，这是与人的本质相矛盾的。而人走出这种困境的根本方法，应当回到现存的世界市场之中去寻找。具体而言，应该通过加强对世界市场经济规律的研究，逐步丰富关于人类解放的研究，这是马克思早年经过多方阅读与探索，进而确定的世界市场的重要研究思路。

第二章

无产阶级革命视域下世界市场理论的探索

第一节 《共产党宣言》中世界市场的时代性与革命性

在马克思思想的发展历程中,《共产党宣言》无疑是最为重要的一部著作。列宁曾言:"马克思恩格斯合著的,于 1848 年问世的《共产党宣言》,已对这个学说做了完整的、系统的、至今仍然是最好的阐述。"① 而就马克思世界市场理论来说,《共产党宣言》中关于世界市场的相关论述以及其凸显的核心思想与理论意义,堪称马克思世界市场理论发展的重要节点。总的来看,《共产党宣言》中马克思关于世界市场时代性与革命性的论述,成为马克思世界市场研究的一个重要指导思想。《共产党宣言》(下文简称《宣言》)中世界市场的时代性与革命性的相关内容,可以从以下三个方面来理解。

首先,《宣言》通过论述资产阶级的历史使命,凸显了世界市场的时代性。在《宣言》中,马克思关于资产阶级有一个非常有名的论断——"资产阶级在历史上曾经起过非常革命的作用"②,这种革命的作用是多方面的,有政治、经济、文化等不同领域,但马克思特别注重通过世界市场的分析来凸显资产阶级的革命性。马克思写道:"资产阶级,由于开拓了世界市场,使一切国家的生产和消费都成为世界性的了。"③ 事实上,马克思在此进一步发挥了其在《德意志意识形态》中关于世界市场的历史"分期"的思想。严格意义上讲,资产阶级绝不是世界市场的"缔造者",而只能称之为世界市场的"开拓者"。因为在资产阶级兴起之前,就已经客观存在着一个世界市场,虽然这一时期的世界市场

---

① 列宁选集:第二卷 [M]. 北京:人民出版社,2012:305.
② 马克思恩格斯文集:第二卷 [M]. 北京:人民出版社,2009:33.
③ 马克思恩格斯文集:第二卷 [M]. 北京:人民出版社,2009:35.

发展进程相当缓慢，并且直到新航路的开辟时期才有所起色。而资产阶级以及其代表的资本主义"大工业"生产模式，则为世界市场的深入发展提供了强大的推动力。所以，马克思在《宣言》中的表述是很精准的："大工业建立了由美洲的发现所准备好的世界市场。"① 而一旦世界市场与新兴的资产阶级大工业生产相结合，世界市场的发展速度就前所未有地加快，资产阶级本身的"革命性"就在于此。马克思对二者之间的互动发展写道："世界市场使商业、航海业和陆路交通得到了巨大的发展。这种发展又反过来促进了工业的扩展，同时，随着工业、商业、航海业和铁路的扩展，资产阶级也在同一程度上发展起来，增加自己的资本，把中世纪遗留下来的一切阶级排挤到后面去。"② 从马克思的观点来看，这正是历史与时代赋予资产阶级的使命。资产阶级显然也"不负众望"，因为资产阶级对生产工具与生产关系的改进，使得世界市场中的交通愈加便利，以至于能够"把一切民族甚至最野蛮的民族都卷到文明中"。可以说，资产阶级正在成为世界市场中的统治阶级，而且也必然以一种统治阶级的状态存在，因为资产阶级拥有大工业生产模式下的商品。马克思写道："它（资产阶级）的商品的低廉价格，是它用来摧毁一切万里长城、征服野蛮人最顽强的仇外心理的重炮。"③ 而资产阶级用商品的"重炮"轰击旧制度之时，就需要"不断扩大产品销路的需要，驱使资产阶级奔走于全球各地。它必须到处落户，到处开发，到处建立联系"。④ 这就在客观上加速了世界市场的发展，使得人类之间的联系以前所未有的方式呈现。世界市场由此进入了一个全新的历史阶段，这一阶段即《德意志意识形态》当中的"现代的世界市场"阶段。如果说《德意志意识形态》中对于世界市场历史的分期，更多侧重于一种历史学角度的考证，那么结合《宣言》的语境来看，世界市场的这一全新阶段可以称之为"资产阶级时代的世界市场"，由此开始世界市场才是"世界性的"，而不仅仅是以往国际贸易研究中所理解的范畴。所以《宣言》本身也可以看作是马克思力图进一步说明世界市场这一全新时代特征的尝试，马克思认为，世界市场步入这一阶段与以往相比是一个巨大的进步，而对这种进步视而不见的种种保守主义都是与历史发展潮流相逆的。

其次，马克思在《宣言》中对世界市场危机的唯物史观分析，指明了资本主义制度的命运。马克思通过《宣言》也向世人回答了这样一个问题：为什么

① 马克思恩格斯文集：第二卷 [M]．北京：人民出版社，2009：32.
② 马克思恩格斯文集：第二卷 [M]．北京：人民出版社，2009：32-33.
③ 马克思恩格斯文集：第二卷 [M]．北京：人民出版社，2009：35.
④ 马克思恩格斯文集：第二卷 [M]．北京：人民出版社，2009：35.

资产阶级会花费如此多的时间与精力去开拓世界市场？是为了全人类的福祉与进步？抑或是为了人类之间的交往更加和谐？其实都不是。因为对于资产阶级而言，种种崇高的理想，也不外是"情感的神圣发作"。马克思认为，这些价值观念对于资产阶级而言根本一文不值，而资产阶级之所以开拓世界市场，完全是因为其自身特点所致。在资本主义制度下，"社会所拥有的生产力已经不能再促进资产阶级文明和资产阶级所有制的发展；相反，生产力已经强大到这种关系所不能适应的地步，它已经受到这种关系的阻碍"。"资产阶级的关系已经太狭窄了，再也容纳不了它本身所造成的财富了。"① 现代世界市场的发展状况与水平是社会生产力的体现，也是资产阶级曾经创造过的"财富"，而由于资本主义的私有制，使得商品生产长期处于无政府状态，从而造成了大量的生产过剩，世界市场的存在，其本身所客观造成的那种人类交往日益密切的现状，越发使得这种生产过剩的状况像瘟疫般蔓延，世界市场反而成了生产过剩的"放大镜"，引发了更大的危机。对于资产阶级来说，当然不会坐以待毙，马克思在《宣言》中写道："资产阶级用什么办法来克服这种危机呢？一方面不得不消灭大量生产力，另一方面夺取新的市场，更加彻底地利用旧的市场。"② 前者资产阶级往往会通过大量裁撤员工、兼并重组来实现，而后者正是激发资产阶级开拓世界市场的动因所在。自此，资产阶级"发现世界"与"探索未知"的最后一层虚伪的面纱被马克思揭下。从历史的角度来看，指出世界市场中存在着生产过剩的危机并不是马克思的"独创"，比如前文的空想社会主义者欧文就曾指明过这一点，而马克思在《宣言》中的特点在于，马克思是通过唯物史观的层层论述，即社会生产力与生产关系之间的演变来说明资本主义世界市场的生产过剩危机的，马克思在《宣言》中所阐述的不仅仅是亲眼看到的资本主义社会商品过剩的现象，更有对资本主义生产方式的考察，资产阶级越是开拓世界市场，其最终结果"这不过是资产阶级准备更全面更猛烈的危机的办法，不过是使防止危机的手段越来越少的办法"。③ 资本主义制度的未来命运，必将在不断蚕食、瓜分世界市场的趋势中灭亡，而那时"资产阶级时代的世界市场"也必将画上一个句号，世界市场在这一历史阶段下的时代性也将会不复存在。

最后，马克思在《宣言》中通过世界对市场中两大阶级的论述，明确了无产阶级革命的"合法性"。马克思在《宣言》中写道："我们的时代，资产阶级

---

① 马克思恩格斯文集：第二卷［M］. 北京：人民出版社，2009：37.

② 马克思恩格斯文集：第二卷［M］. 北京：人民出版社，2009：37.

③ 马克思恩格斯文集：第二卷［M］. 北京：人民出版社，2009：37.

的时代，却有一个特点：它使阶级对立简单化了。整个社会日益分裂为两大敌对阵营，分裂为两大相互直接对立的阶级：资产阶级和无产阶级。"① 而两大阶级的对立，在世界市场中不仅存在，而且更加尖锐。可以说，因为资产阶级非常革命性地大大发展了世界市场，自此人都是以一种"世界性"的状态而存在，也正是因为资产阶级时代的世界市场存在的种种危机与不公，马克思才有可能在《宣言》文末写下那句最为脍炙人口的话："全世界无产者，联合起来！"结合马克思对世界市场的论述，事实上《宣言》这句"时代最强音"表明了这样一个深刻的现实：因为世界市场的快速发展，人类社会的交往程度有了前所未有的飞跃，为全世界无产者的联合提供了现实的可能性，而由于现今阶段下资产阶级在世界市场中占据了统治地位，世界市场反而变成了资本肆意横行的"乐土"，以至于人不得不以一种异化的方式而存在，世界市场反而成了人异化的重要力量，为此全世界无产者的联合也就体现了必要性与紧迫性，只有全世界无产者联合，才能从根本上改变世界市场扭曲的发展，人类才能走出困境。在《宣言》中，马克思已然指证到资产阶级对推动世界市场发展的巨大历史功绩，但是资产阶级也只能止步于此，这并不是说自此以后资产阶级就不会进一步拓展世界市场，而是意味着资产阶级所确立的世界市场的种种范围与秩序，都是按照资产阶级的发展意愿而进行的，不管资产阶级日后如何在世界市场的广度与深度上做出新的扩展，也都没有逃离出原有的"窠臼"，如果无产阶级依然无动于衷，那么人类未来的命运将会朝着一种"无人之境"继续走下去，世界市场的存在只会越发使人感到自身的"异化"，而能够将人类未来命运摆正、将世界市场的发展引入真正符合全人类利益的那个群体，已然不是资产阶级而是无产阶级。无产阶级按照全人类的意愿再次开拓世界市场，这是马克思与恩格斯赋予无产阶级的一个重大的历史使命，也是《宣言》给予资本主义制度的有力一击，那时资本主义制度将会面临在自己的"创造物"中湮灭的最终结局。

第二节 "亚洲问题"中世界市场研究的转向与深入

1853年5月开始，马克思与恩格斯在通信中开始就亚洲各国历史问题交换意见，由此，马克思在《纽约每日论坛报》中发表了多篇关于"亚洲问题"的文章，在这一组文章中，马克思对亚洲国家，特别是中国与印度这两大传统文

① 马克思恩格斯文集：第二卷 [M]. 北京：人民出版社，2009：32.

明古国的历史及现状进行了研究。"亚洲问题"相关文献的出现，标志着马克思世界市场研究的一个重要转向，即此时的马克思已经不局限于研究世界市场中的资本主义国家，而是将研究视角进一步拓展，开始对世界市场中的落后地区、边缘地带进行研究。在这一时期的研究中，马克思正是通过世界市场的研究来联通东方与西方、先进与落后，进而深入发展了其世界市场的学说。这一时期马克思关于世界市场研究的转向与深入，可以从以下几个重点篇目来理解。

首先，在这一时期的文章中，对于马克思世界市场理论而言，最为重要的是《不列颠在印度统治的未来结果》（下文简称《未来结果》）一文，这篇文献蕴含了马克思对于世界市场理论最为深刻的思考。马克思在该文中以对英国与印度之间的研究，构建了世界市场中发达国家与落后国家之间的关系。马克思认为，英国在印度事实上要完成"双重使命"："一个是破坏的使命，即消灭旧的亚洲式的社会；另一个是重建的使命，即在亚洲为西方式的社会奠定物质基础。"① 而将马克思所论述的英国在印度的"双重使命"，以印度这一世界市场中的落后国家的视角来审视的话，英国的这种"双重使命"意味着印度将不可避免地面临传统生产关系的瓦解与新生产关系的兴起，进而实现社会生产力的提高，为印度的现代化进程提供必要的物质基础，只不过作为当时世界头号强国英国殖民地的印度，这种趋势就越发明显罢了。在马克思所处的时代，这是世界市场上国与国之间关系的一个基本样态。值得注意的是，马克思虽然指出了落后国家加入世界市场的体系，在客观上必然会推动其发展，但马克思却并不认为这一过程是无可指责的，相反，马克思认为这一过程本身意味着巨大的不公，落后国家只能强行走向"西方式"的发展道路与社会结构，而一旦落后国家走向这样的发展道路，由于世界市场的存在，反而使其沦为发达资本主义国家的附庸。与同时代其他学者一味从国家责任与义务的角度指责发达资本主义国家不同，马克思在这篇文献中已经提出之所以所有资本主义国家纷纷效仿英国，争当世界市场的"霸主"，不断压制世界市场中的落后国家与地区，事实上是其内在的资本主义生产方式决定的。马克思写道："这个生产（资本主义生产）建立在资本的绝对统治上面。资本的集中是资本作为独立力量而存在所十分必需的。这种集中对于世界市场的破坏性影响，不过是……政治经济学本身的内在规律罢了。"② 在此，马克思进一步深化了《共产党宣言》的观点，承接前文，马克思认为资产阶级仅仅是世界市场的"开拓者"，而在"资产阶级时

---

① 马克思恩格斯文集：第二卷 [M]．北京：人民出版社，2009：689．
② 马克思恩格斯文集：第二卷 [M]．北京：人民出版社，2009：691．

代的世界市场"，世界市场的发展大步向前，但是马克思在《未来结果》中却指出，资产阶级由于其固有的生产模式，即资本主义的生产模式，却必然使得世界市场逐渐沦为一个个"资本利益集团"，而世界市场本身那种固有的人类之间的交往发展与和谐，也终将会湮灭在资本的统辖之下。所以马克思认为，资本的集中趋势反而对世界市场具有"破坏性的影响"，此处的世界市场，指的正是剥离了"资产阶级时代"的真正符合人类历史发展的世界市场，也就是广义上的世界市场，这是真正属于全人类的财富。既然资本的集中规律，无时无刻不在破坏着世界市场，进而威胁全人类的利益，面对此种境遇该怎么办？这是无产阶级革命者必须回答的问题，马克思在《未来结果》一文的末尾给出明确的回答："只有在伟大的社会革命支配了资产阶级时代的成果，支配了世界市场和现代生产力，并且使这一切都服从于先进的民族的共同监督的时候，人类的进步才会不再像可怕的异教神怪那样，只有用被杀害者的头颅做酒杯才能喝下甜美的酒浆。"① 这一论断几乎可以视为是理解马克思世界市场理论全部内容的"钥匙"，也是马克思对未来世界市场的展望。马克思在此直接点明无产阶级革命的目的就在于从资产阶级手中夺取世界市场的话语权，因为在资产阶级时代下的世界市场，世界市场的每次发展、人类社会的每次进步都如同异教神怪那样可怕，成了全人类的噩梦。马克思在 1858 年致恩格斯的信中就写道："资产阶级社会的真正任务是建成世界市场（至少是一个轮廓）和确立以这种市场为基础的生产。"② 这里马克思并不是说世界市场的生产方式就一定是资本主义的，而是想表明人类社会的交往必然愈加密切，从而更加依赖于世界市场，而资产阶级社会在世界市场中确立的资本主义生产方式，虽然在客观上推动了世界市场的发展，但却使得世界市场的发展沾惹上了经济危机的"热病"，自此，人类与世界市场必须以一种异化的形式存在与发展。马克思在《未来结果》文末的论述，就是想表明资产阶级社会必然会在客观上对世界市场有贡献，但是也只能止步于此。或者说，资产阶级最终想要建成的"世界市场"，是一个人的尊严丧失、生态破坏，以完全服务于资本的世界市场，而只有无产阶级通过革命才能真正利用世界市场来造福全人类。可以说，无产阶级正是继资产阶级之后世界市场的又一位"开拓者"，马克思同时也指明未来这种对世界市场与生产力的支配，绝不是如同空想社会主义那般去寻求一个超然于世外的"乌托邦"或者其他的"人类实验"，这种思路无异于将"被杀害者的头颅"即资本主义

① 马克思恩格斯文集：第二卷［M］．北京：人民出版社，2009：691.
② 马克思恩格斯文集：第十卷［M］．北京：人民出版社，2009：166.

的一切，仅仅是"一脚踢开"这么简单。马克思在此强调，未来对世界市场与先进生产力的支配，是在资本主义制度瓦解的废墟上所萌发的，要充分利用资产阶级在客观上为世界市场的发展所提供的已有成果。所以马克思才会写道用"被杀害者的头颅"去饮下那甜美的酒浆，那是人类社会的一个全新境界，而那时的世界市场也必将被还原为能够真正符合人类社会发展的世界市场。

此外，在这一时期马克思的相关文献中，马克思通过对"东方问题"，特别是对中英贸易的研究，深化了其关于世界市场普遍行情与特点的认识。马克思在《中英条约》中认为英国用武力强行打开中国的贸易之门，而正当所有英国资本家欢呼雀跃，认为又发现了一块"新大陆"之际，英国的对华贸易却出现了停滞乃至逆差，马克思写道："中国市场所特有的现象是：自从1842年的条约使它开放以来，中国出产的茶叶和丝向英国的出口一直不断增长，而英国工业品输入中国的数额，整个说来却停滞不变。"① 正当英国自由贸易的学者试图将此问题归因于英国在世界市场中受到了其他资本主义国家的竞争，从而引起了英国贸易的逆差。马克思却直接指出，这种现象不过是资产阶级所统治下世界市场的一种"常态"罢了，"一个新的市场从一开始就为过剩的英国商品所窒息，人们把商品投入这个市场而没有很好地估计消费者的实际需要和支付能力，这些现象绝不是对华贸易所特有的。实际上，这是世界市场历史上经常有的现象"。② 马克思认为，资本主义的生产方式本来就是一种无政府、无计划的生产方式，而国内的生产过剩把所有资本家都赶上了绝路，以至于一旦世界市场有一点新的进展，就立刻进行商品的"倾销"，这是所有资本主义国家的一个共同特点，并不是因为英国是世界市场的霸主就显得那么独特。马克思写道："只限于英中贸易的那些特点，其实也恰恰是美国和天朝帝国之间的贸易的特点。"③最后，马克思指出英国所遭受的贸易逆差，事实上完全是英国自寻苦果，英国人妄想用"迦太基式"与"罗马式"④ 并用的方法来榨取落后国家的人民，只会给这些国家与地区带来动荡与不安，而在动荡与不安中任何国家都不可能长期获利。

---

① 马克思恩格斯文集：第二卷 [M]．北京：人民出版社，2009：639.
② 马克思恩格斯文集：第二卷 [M]．北京：人民出版社，2009：639.
③ 马克思恩格斯文集：第二卷 [M]．北京：人民出版社，2009：640.
④ 古代北非奴隶制国家迦太基善于从事海外贸易，通过海外贸易积累了大量财富，而罗马帝国则多通过军事手段，掠夺与征服其他国家以获取财富。

第三节　革命斗争中马克思世界市场理论的进一步丰富

　　马克思的一生是探索的一生，也是革命的一生，是为理想而斗争的一生。在无产阶级革命视域下审视马克思世界市场理论的发展，必然不能缺失马克思与他的亲密战友恩格斯面对各种责难而斗争的实践。考察马克思世界市场理论的发展，有必要在马克思的革命斗争，特别是马克思对其他学说与人物的论战之中，进一步论述马克思世界市场理论的相关内容。为此，本书从研究主题的相关性出发，选取了几位与马克思世界市场理论发展相关的重要人物，简要论述马克思在革命斗争中对世界市场理论的阐发与深化。

　　首先是关于蒲鲁东的观点，马克思在 1846 年致安年科夫的信中写道："蒲鲁东先生离开真理竟是这样的遥远，甚至普通经济学家都不会忘记的东西他都忽略了。他谈分工时，竟完全没有预感到必须谈世界市场。"① 结合蒲鲁东的代表作《贫困的哲学》，蒲鲁东事实上犯了这样一个错误：他在谈论分工之时，不谈世界市场；在谈世界市场之时，也不谈分工。在《贫困的哲学》一书中，蒲鲁东认为政治经济学的第一个历史时期就是分工，但是蒲鲁东所认定的分工却是一种恒定的事物，是一个不需多加证明的经济现实。马克思在《哲学的贫困》中写道："在蒲鲁东先生看来，分工是一种永恒的规律，是一个单纯而抽象的范畴。"在马克思看来，分工的历史范畴恰恰是要结合世界市场的发展来研究的，所以蒲鲁东不可能认识到工场手工业时期的社会分工与大工业世界市场时期的社会分工相比已经有了长足的进步，蒲鲁东把"一个历史时代的分工和另一历史时代的分工对立起来"②，进而无法认识到人类社会分工总体进程是向前的，而当前人类社会的分工趋势已然发展为"分工的规模……完全依赖于世界市场、国际交换和国际分工"。③ 在这一模式下，人类社会有了巨大发展，但是同时遭受着更大的不公，这是马克思多次予以指正的。而蒲鲁东仅仅看到了不公，就去幻想消除分工坏的方面，而保留其好的方面，所以蒲鲁东改造分工的方案就是将工人们从自动化的分工流水线中"解救"下来，从此每个工人不承担生产商品的部分生产活动，而要如同以前手工业时期一样，即特定的工人生产特定

---

① 《资本论》书信集［M］. 北京：人民出版社，1975：17.
② 马克思恩格斯文集：第一卷［M］. 北京：人民出版社，2009：621.
③ 马克思恩格斯文集：第一卷［M］. 北京：人民出版社，2009：627.

的商品，为此就能够在商品交换中实现永恒的公平。显然，蒲鲁东的这种设想与前文莫里斯的观点有很大的相似之处，但最终结果却只能是人类社会分工进程的停滞乃至倒退。蒲鲁东在《贫困的哲学》中分析世界市场时，又忘了分工的历史性，蒲鲁东本人是世界市场自由贸易的倡导者，但同时也看到了当前世界市场中竞争带来的巨大的不平等与贫困，所以蒲鲁东幻想实现贸易的平衡，以维护世界市场的正常运行。但是，蒲鲁东在此又忘了资本主义生产下的分工情况，转而号召推行工业、企业乃至国家之间的"连带责任"以实现劳动条件的均等化。蒲鲁东写道："应该把竞争与连带责任协调起来，把劳动与垄断协调起来，总而言之是把一切经济矛盾协调起来。"① 蒲鲁东正是在此忘却了资本主义生产方式下，资本家为了掠取劳动者的剩余价值与超额利润，将会尽可能地压迫劳动者，而不会谈良心与责任，而工场企业之间确实会存在劳动条件均等化的趋向，但一定会是向生产条件更为恶劣严苛的条件看齐。劳动者正是由于资本主义的生产方式和分工，生存境遇才会越发窘迫。当然，蒲鲁东是看不到这些的，所以蒲鲁东才会说："劳动者与资本家之间进行殊死的斗争，完全是徒劳之举。"② 因为蒲鲁东认为，世界市场的竞争与危机一定会使得资产阶级协调一切。总而言之，蒲鲁东的学说，没有从分工来看世界市场，就看不到分工的历史性，也就看不到人类社会的发展进步，而在分析世界市场问题之时，忽略了分工，就看不到世界市场中革命的紧迫性与必要性。马克思对此批评道："如果我们以为只需要颁布几道法令就可以摆脱竞争，那我们就永远摆脱不了竞争。"③ 马克思也正是在与蒲鲁东的论战中，指明了蒲鲁东关于世界市场相关研究的荒谬所在，也捍卫了亚当·斯密关于社会分工与市场发展的科学观点。在马克思的世界市场研究中，马克思始终从分工的历史性来论述世界市场的发展，在马克思那里，这种对世界市场中社会分工进程的考察，事实上构成了马克思世界市场理论中的一个重要方法。至于蒲鲁东的幻想，正如恩格斯所言："蒲鲁东向往的最好的世界在萌芽状态就已经被不断前进的工业发展的脚步踏碎了。"④

---

① ［法］蒲鲁东. 贫困的哲学（下卷）［M］. 余叔通，等译. 北京：商务印书馆，2015：537.
② ［法］蒲鲁东. 贫困的哲学（下卷）［M］. 余叔通，等译. 北京：商务印书馆，2015：537.
③ ［法］蒲鲁东. 贫困的哲学（下卷）［M］. 余叔通，等译. 北京：商务印书馆，2015：623.
④ 马克思恩格斯文集：第三卷［M］. 北京：人民出版社，2009：258.

其次，是对法国学者巴师夏与美国学者凯里关于世界市场错误认识的批判。巴师夏与凯里是马克思同时代的经济学者，对世界市场也有一定的研究，但是却错误频频，以至于最终成为庸俗经济学的代表。马克思在 1857 年 7 月曾专门对此二人的学说进行批判，其相关内容被马克思编入以《巴师夏和凯里》为题的手稿中，这虽然是一部尚未完成的手稿，但是其中涉及大量马克思关于世界市场的思考。马克思认为，凯里作为美国的经济学家，已然认识到在美国这样一个封建阻碍因素较少的国家，美国的资本主义正在走上"快车道"，美国国内传统的手工业被资本主义大工业所取代，凯里认为这是"和谐"的，但是随着美国在世界市场中的深入参与，各种"不和谐"的现象也开始产生，而这种"不和谐"是从哪里产生的？"凯里用竭力追求工业垄断的英国对世界市场的破坏作用来解释。"① 马克思分析道，凯里的错误在于：一方面凯里承认国内生产水平的提高是进步和谐的，而另一方面，当将这种生产水平的提高与生产方式的交替放在世界市场中来考察时，凯里却是"反历史的"，马克思写道："（凯里认为）如果英国的大工业瓦解了外国的家长制的或者小资产阶级的或者其他处于较低阶段的生产形式，那么这就是不和谐的。"② 凯里显然不能充分认识到，一个国家参与世界市场，显然是利弊同时存在的，不能仅仅看到世界市场中现存的种种不和谐，就推行"关门主义"，隔绝与世界市场的交往活动，这实质上是对世界市场进步趋势的漠视，这是马克思一向所反对的。马克思认为，在目前阶段，总体上而言，英国的生产组织形式要远远比美国先进，而世界市场也在向前发展，那么"世界市场的不和谐只是那种作为抽象关系在经济范畴中被确定下来，或者在最小的规模上取得某种局部存在的不和谐的最后的、恰如其分的表现"。③ 而凯里显然看不到这一点，就大声疾呼推行保护关税制度，成为保守主义的代言人。而巴师夏则完全是凯里错误的对立面，巴师夏认为，真正的"社会和谐"只存在于世界市场的交往之中，而所谓的国家，以及国家之间的隔阂，完全是一种"不和谐"的因素，是阻碍世界市场交往的真正原因所在。马克思论述道，在巴师夏那里，和谐关系是一种"彼岸性"，只能超出国家的疆界去寻找。在现实中，巴师夏是十足的法国自由贸易论者，"在他那里唯一现实的事情就是要求法国放弃它的经济上的疆界"。④ 换言之，巴师夏所主张的正是呼吁法国毫无保留地融入世界市场，只有超越国家的融合才能带来充分

---

① 马克思恩格斯全集：第四十六卷（上卷）[M]．北京：人民出版社，1979：6．
② 马克思恩格斯全集：第四十六卷（上卷）[M]．北京：人民出版社，1979：7．
③ 马克思恩格斯全集：第四十六卷（上卷）[M]．北京：人民出版社，1979：7．
④ 马克思恩格斯全集：第四十六卷（上卷）[M]．北京：人民出版社，1979：8．

的和谐，反而忽视了世界市场中的种种不公与压迫，是一种"非历史"的观点。可以发现，马克思在《巴师夏和凯里》手稿中关于世界市场的观点，事实上是沿着"亚洲问题"中英国的"双重使命"这一观点进一步深化发展的。但是，在这一时期马克思的分析中，已经有意开始结合政治经济学的研究，来论述世界市场中的这种"二重性"特征。如马克思认为，凯里的错误事实上是庸俗经济学者的一个"通病"，即无法完成经济研究抽象形式的进一步提炼与分析，往往只停留于表面。对于世界市场的研究，马克思写道，"资产阶级社会的普遍关系的抽象形式（资本的积聚、分工、雇佣劳动等）"在现实中必然"以其发展的最终形式、以其世界市场的形式出现"。① 而凯里等人却只能看到狭窄范围内的资本积聚、分工等经济现象，对世界市场中的资本积聚、分工等社会现实缺乏深入的认识。当然，马克思也承认凯里与巴师夏部分研究的正确性，比如"当经济关系在世界市场上表现为英国式的关系的时候，凯里立刻就看到了这种经济关系的矛盾"。② 马克思此处的手稿中，在"英国式"的论断下，画了一条着重线，这是马克思对当时世界市场关系的精练表述。而凯里与巴师夏纷纷将"必须在古典经济学家朴素地描绘生产关系的对抗的地方，证明生产关系是和谐的"。③ 这就无形中使得他们全部的研究丧失了应有的科学性，而马克思本人关于世界市场的研究正是从古典经济学家"朴素地描绘生产关系的对抗的地方"，继续深入走了下去。

与此同时，还不应该忽视恩格斯在革命斗争中对世界市场问题的探索，在《反杜林论》中，恩格斯已经开始充分借鉴《资本论》第一卷的研究成果，对杜林的幻想予以科学批判。杜林像煞有介事地以德国书籍市场为例，说明当前图书的过剩只是由于"人民需求"与"存储和销售之间的巨大鸿沟"造成的，所以，世界市场中的危机也是消费不足的危机。对此，恩格斯嘲讽道，"杜林先生关于世界市场的观念是非常奇特的""力图用想象的莱比锡书籍市场上的危机来说明真正的工业上的特殊危机，用杯水风暴来说明海上风暴"。④ 那么世界市场的危机，这种"海上风暴"应该如何理解？恩格斯认为，世界市场的危机绝不是需求危机而是生产危机，准确地来说是生产过剩危机。进而谈道："在上一章中，我们指出了危机从资本主义生产方式产生的不可避免性以及它作为这一

---

① 马克思恩格斯全集：第四十六卷（上卷）[M].北京：人民出版社，1979：7.
② 马克思恩格斯全集：第四十六卷（上卷）[M].北京：人民出版社，1979：8.
③ 马克思恩格斯全集：第四十六卷（上卷）[M].北京：人民出版社，1979：4.
④ 马克思恩格斯文集：第九卷[M].北京：人民出版社，2009：303.

生产方式本身的危机。"① 此处的"上一章"正是《反杜林论》"第三编社会主义"的第二个段落《理论》篇。《反杜林论》在"政治经济学"与"社会主义"之间，是通过世界市场的危机来承接的。在此，我们不妨将《反杜林论》的文本结构进行串联，"哲学（世界观方法论总说）"—"政治经济学（资产阶级经济社会的矛盾）"—"《理论》篇（世界市场的危机）"—"社会主义（未来社会的初步构想）"。此处恩格斯既坚持了《共产主义者和卡尔·海因岑》一文中"六个由于"的观点，而且不仅仅停留于此，恩格斯在此深入资产阶级的经济社会中，以"价值论"和"资本和剩余价值"为切入点，从资产阶级经济社会的批判中再次引导出世界市场的危机，同时也以世界市场的危机来构建未来社会主义（共产主义）的构想。从这一点上来说，《反杜林论》的文本结构，首次为我们展现了马克思政治经济学研究"世界市场与危机"之后的理论与社会图景。从对杜林的批判来说，恩格斯的《理论》篇以一种唯物史观的层层论证，代替了对杜林的特定批判，这意味着恩格斯在此之后所有的社会主义的观点都是建立在资本主义矛盾到达顶点、世界市场危机爆发的基础之上的，这是杜林关于社会主义的那种非历史的幻想所不具备的，如此一来，杜林所有社会主义观点的根基就已经"不攻自破"了，恩格斯在此仿佛向世人宣告，不了解"世界市场和危机"，就无法了解社会主义！② 就具体的世界市场理论而言，《反杜林论》中对世界市场的"时效性"进行了积极的探索。这种时效性可以从两个方面来理解：一方面，是世界市场在发展中所产生的经济危机的间隔时间问题，在《反杜林论》中，恩格斯根据掌握的资料，认为自 1825 年以来"整个工商业世界"的危机周期为十年一次。另一方面，也是更为重要的方面，恩格斯在《反杜林论》中同时探讨了世界市场的"生命周期"问题，恩格斯在论述中给出了两条发展线，一条是"大工业的巨大扩张"线，这其实是资本主义生产方式的发展线，这条线背后的推动力量其实正是资本的运动与增值，而资本统辖下的大工业发展是异常迅速的，以至于这种发展的速度必须进行某种抽象化的理解方能体会"气体的膨胀力同它相比简直是儿戏"。另一条即"市场的扩张"线，"市场向广度和深度的扩张能力是受完全不同的、力量弱得多的规律支配的"，这里恩格斯阐明了对于市场的扩张而言，存在着多种影响因素，大工业当然需要广阔的世界市场，但是在现实中，市场本身的扩张还受地理环境、

---

① 马克思恩格斯文集：第九卷 [M]. 北京：人民出版社，2009：304.
② 恩格斯在 1885 年《反杜林论》的第二版序言中指出："（《理论》篇）所涉及的仅仅是我所主张的观点的一个核心问题表述。"

科学技术、民族情感等多种因素的影响，这样在资本主义社会中"市场的扩张"线跑不赢"大工业的巨大扩张"线成为一个绝对的趋势。"市场的扩张赶不上生产的扩张。冲突成为不可避免的。"在恩格斯的笔下"市场的扩张"或言世界市场的发展，正是广义世界市场的概念，它是社会生产力的历史积淀，是人类社会交往不断繁盛的缩影，这是一个永恒的发展脉络，而资本统辖下的大工业是历史发展的一个暂时性的现象，当资本主义生产方式被"炸毁"之后，世界市场作为人类社会的生产力就会"摆脱它作为资本的那种属性"，"在事实上承认它作为社会生产力的那种性质"。① 这在实质上言明了作为全人类"财富"而存在的世界市场，在资本主义制度消亡之后，将会开始一种全新的"生命运动"。

第四节　马克思晚年世界市场研究与"卡夫丁峡谷"

马克思晚年对于人类社会的历史，特别是东方社会的历史产生了浓厚的兴趣，并且在现实中对这一问题给予了足够的关注度。为此，他阐发了新的论述与观点，这些论述中也涉及马克思对于世界市场的深化发展的研究，故有必要对其进行整理与分析，以深化对马克思晚年关于世界市场重要观点的理解。

首先，最值得关注的就是马克思在晚年与维·伊·查苏利奇的信件往来中，所提及的"卡夫丁峡谷"问题。马克思在《给维·伊·查苏利奇的复信》（下文简称《复信》）中，提出这样一个观点，也就是在俄国当前的条件下，有可能不经历资本主义的发展阶段，即穿过资本主义制度的"卡夫丁峡谷"，由一种"前资本主义"的社会制度，直接步入以公有制为基础的社会生产方式，进而实现社会制度的跨越式发展。马克思在《复信》中，主要提出两个论点来支撑其"卡夫丁峡谷"理论，第一点是因为俄国是唯一把"农业公社"保留到今天的欧洲国家，"土地所有制使它有可能直接地、逐渐地把小地块个体耕作转化为集体耕作，并且俄国农民已经在没有进行分配的草地上实行着集体耕作"。第二点则是因为"控制着世界市场的西方生产同时存在，就使俄国可以不通过资本主义制度的卡夫丁峡谷，而把资本主义制度所创造的一切积极的成果用到公社中来"。② 可见，俄国穿越资本主义制度的"卡夫丁峡谷"，在马克思看来，有两个重要的条件，首先是俄国本身的土地所有制与耕作特点，其次是"世界市场

---

① 马克思恩格斯文集：第九卷 ［M］. 北京：人民出版社，2009：294.
② 马克思恩格斯文集：第三卷 ［M］. 北京：人民出版社，2009：574-575.

的西方生产"的存在，前者较为容易理解，因为俄国虽然历经农奴制改革，但是国内依然保留有大量的传统协作生产方式，俄国大地主所掌握的土地范围远比其他资本主义国家地主所掌握的土地更为广袤，这为其直接跳过资本主义制度提供了客观的基础。但后者理解起来稍显困难，这也与马克思世界市场理论的发展有着直接的联系。事实上，关于"卡夫丁峡谷"与世界市场的关联，理解的切入点就在于"资本主义制度所创造的一切积极成果"，这也是马克思关于世界市场一直坚持的一个思考路径。如前文所指，马克思所认为的世界市场，是一种人类社会发展客观规律的体现，可以说自从人类社会诞生以来，世界市场就始终在发展，它是人类社会交往活动的一个鲜明的体现与必要的平台，只不过随着资产阶级的兴起，世界市场的发展趋势得以大大加强，人类步入了一个"资产阶级时代的世界市场"，在这一背景下，社会生产力有了惊人的发展，各种新技术与新成果在世界市场中得以优先应用，在马克思看来，这些新成果、新技术的出现与应用，虽然是资本主义制度下的成果，但是却不应该被贴上"资本主义"的标签，相反这些物质上的种种成就是全人类所共有的财富。形象地说，可以谈论英国的铁路、法国的电报公司等，但是如果说"资本主义的蒸汽机车技术"或言"资本主义的无线电技术"，显然就矫枉过正了。马克思在《复信》中提出现有的资本主义国家，往往需经历一个漫长的"机器工业孕育期"才能获得这些新技术，而对于俄国来说，既然世界市场已经发展到如此深入的一个阶段，那么就可以充分利用世界市场"使它（俄国）不必屈从于资本主义的活动方式而占有它的各种成果"①，将各种已有的先进技术与成果运用到本国中，而不是再次经历相同漫长的"机器工业孕育期"。可以说世界市场的存在，为社会制度的跨越式发展提供了一个必要的基础。正是由于世界市场的存在，以往上百年乃至几个世纪所形成的文明成果，却可以一夜之间在别的国家中实现。马克思关于"卡夫丁峡谷"的论述，进一步发展了关于世界市场的论述，马克思之前在论及印度的情况时，所提出的新的社会力量必然要夺取世界市场的话语权与领导权，这样才能摆正人类社会发展的"轨道"，这是"伟大的社会革命"对于世界市场的一个"总目标"。然而，夺取世界市场的话语权与领导权，绝不是一朝一夕就能够实现的，现实正是马克思在《复信》中所提出的"控制着世界市场的西方生产同时存在"的情况。那么在此情形下，又该怎么办？事实上马克思在《复信》中已经对此做出了回答，只有充分利用世界市场，世界市场中的"后来者"乃至"革命者"才能真正实现世界市场话语权的

---

① 马克思恩格斯文集：第三卷 ［M］. 北京：人民出版社，2009：576.

重塑。

其次，是马克思晚年笔记中关于世界市场的认识与看法，可以说，"笔记类"的文本，是马克思晚年著作的一个重要特点。在马克思晚年的各种笔记中，有两部具有代表性的笔记，即《历史学笔记》与《人类学笔记》，这两部笔记从内容上看，进一步完善了马克思关于世界市场发展历史的研究，如在《历史学笔记》中，马克思考察了公元前 91 年直至 1648 年的世界历史，重点关注了地中海以及西欧地区的战争、贸易与宗教等社会生活的方方面面。马克思认为，人类历史上几次重要的战争，如十字军东征、蒙古西征等，在客观上的确沟通了世界的联系，正是通过十字军的东征"许多雕刻珍品从君士坦丁堡被运到西方，这样西方才知道东方有如此高超的技艺"。① 同时，在《历史学笔记》中，马克思对贸易史的考察，也丰富了世界市场的研究，如从公元 14 世纪开始，意大利与德意志地区的贸易逐渐增长："意大利人正垄断整个东方的银钱业务和商品贸易，南德意志的一些城市也在这两方面模仿他们，还学会了在米兰、威尼斯、热亚那和布雷西亚（十分流行的）呢绒贸易，玻璃、镜子和丝绸的生产，金银器皿的制作和染织生意。"② 这可以说是对当时世界市场商品贸易的一个生动的记叙。而在《人类学笔记》中，马克思将人类社会交往的历史再次向前推进，甚至开始涉及市场的形成问题，在人类刚刚诞生之际，也就是在"原始群状态"下，自然没有所谓的"市场"与"世界市场"的概念，而世界市场的兴起，或者说市场产生的前提，是私有剩余产品的出现使得氏族的成员纷纷要求调整自己的财产关系，马克思写道："确切地说，就是出现了把共同经济分为更加相互隔绝的各个部分的实际必要性。"③ 而共同经济的崩解，为最原始的"商品经济"或者说"交换经济"提供了可能，因为"彼此孤立的人都力求成为私有者"。④ 这一过程也是人类社会生产水平逐渐提高的过程，随着剩余产品增多，以往那种在氏族公社内部进行产品交换的模式，显然已经不能满足人群的需要，为此必须依托专门的场所与人员，集市贸易随之兴起，这正是市场的"起源"之处。事实上，在《资本论》第一卷中，马克思就曾写道："商品交换是在共同体的尽头，在他们与别的共同体或其成员接触的地方开始的。"⑤ 在《人类学笔记》中，马克思对原始社会中共同体的瓦解，以及最终走向"尽头"

---

① 马克思. 历史学笔记（第一册）[M]. 北京：中国人民大学出版社，2005：135.
② 马克思. 历史学笔记（第一册）[M]. 北京：中国人民大学出版社，2005：8.
③ 马克思恩格斯全集：第四十五卷 [M]. 北京：人民出版社，1985：233.
④ 马克思恩格斯全集：第四十五卷 [M]. 北京：人民出版社，1985：226.
⑤ 马克思恩格斯文集：第五卷 [M]. 北京：人民出版社，2009：107.

的历史过程也进行了深入的探究。如果我们将《人类学笔记》与《历史学笔记》中关于世界市场的进一步研究与马克思在《德意志意识形态》中关于世界市场发展阶段的论述串联起来，那么马克思晚年的这两部笔记，在很大程度上完善了世界市场由起源到发展再到兴盛的历史脉络。

除此之外，关于马克思晚年笔记的分析，还有一个应该予以说明的问题，就是马克思在晚年为何会完成这些笔记？其意义为何？自马克思晚年《历史学笔记》与《人类学笔记》公布以来，就不断饱受争议与质疑。事实上，马克思晚年的"笔记"毫无疑问是马克思全部理论的一个重要组成部分，与马克思其他观点学说构成了一个有机的整体。而"笔记"的这种整体性，应该从唯物史观发展的角度来理解，马克思对世界市场的研究本身就是灵活应用唯物史观的体现，"以世界市场为根基形成的世界历史思想，是晚年马克思在笔记中考察各种问题，尤其是重新考虑东西方社会发展道路的基本理论前提"。① 马克思晚年的笔记，之所以会涉及大量关于世界市场发展历史的内容，并不是马克思晚年意识到世界市场相关历史研究的不足这么简单，而是在马克思一生的历程中长期存在的思考脉络。如前文所指，马克思之所以对世界市场的研究有如此宏大的目标，是因为马克思从来都不会将世界市场仅仅理解为一种绝对化的经济概念，世界市场的考察也绝不仅仅是属于经济学范畴的，相反，需要从多个视角对其进行研究。如前文所指，马克思早在《德意志意识形态》中谈道，"单个人的活动扩大为世界历史性的活动"以及"交往成为世界交往"，可见，马克思自始至终都对人类社会交往的"世界历史性发展"有着极大的关注，而由于受到工作条件与个人精力的限制，马克思绝大多数情况下所完成的研究仿佛都与资产阶级与资本主义制度牢牢粘连在一起，但唯物史观显然不是只有在资本主义社会背景下才产生作用，而是贯穿于全人类发展的一个客观规律。那么，就有必要对资本主义之前的种种交往行为进行研究，马克思晚年所做的笔记就是这方面的尝试。如果孤立地看待马克思晚年的各部笔记，很容易会产生马克思晚年研究"另辟蹊径"的错觉，但是，如果我们将马克思晚年的笔记，放置在马克思一生的思想轨迹中，特别是放置在下文的马克思政治经济学批判的总体构想中，会发现马克思晚年依然在坚持自己所划定的研究计划，在自己所认定的道路上坚定地走下去。

① 王东，贾向云. 马克思晚年哲学创新的思想升华——从唯物史观到世界史观［J］. 教学与研究，2011（03）：5-11.

第三章

政治经济学批判视域下世界市场理论的发展

第一节　政治经济学批判构想的"世界市场册"

众所周知，马克思本人对于政治经济学批判的研究工作，占据了马克思生平大半的时间与精力，而马克思本人对于政治经济学批判的研究计划，也在屡次的写作之中反复修改，进而存在着多个研究构想。为此，在政治经济学视域下审视马克思世界市场理论的发展，有必要先对马克思关于政治经济学批判的研究计划，特别是与世界市场相关的研究计划予以说明，以便能够在总体上认识与把握世界市场理论在马克思政治经济学批判中的地位与相关内容。总的来看，马克思关于政治经济学批判中"世界市场册"的构想，经历了一个从"三部"到"五篇"再到"六册"的发展历程。

首先是马克思在《雇佣劳动与资本》中提出的政治经济学"三部"设想，这是马克思根据 1847 年在布鲁塞尔德意志工人协会所发表的演说而完成的一篇著作，曾作为社论载于 1849 年的《新莱茵报》。在这篇文章中，马克思认为随着 1848 年欧洲革命的兴起，工人阶级状况的说明获得了全新的阐释空间，有必要展开更为深入的政治经济学研究，"更切近地考察一下经济关系本身，也就正当其时了"。① 马克思在此提出，这种对经济关系的研究，可以分为三个部分，也就是："（1）雇佣劳动对资本的关系，工人遭受奴役的地位，资本家的统治；（2）各个中间市民阶级和所谓的市民等级在现存制度下必然发生灭亡的过程；（3）欧洲各国资产者阶级在商业上受世界市场霸主英国的奴役和剥削的情形。"② 因为这篇文章主要的读者是工人，为此马克思在《雇佣劳动与资本》中

---

① 马克思恩格斯文集：第一卷 [M]．北京：人民出版社，2009：713.
② 马克思恩格斯文集：第一卷 [M]．北京：人民出版社，2009：713.

的行文风格较为通俗化,"我们力求说得尽量简单和通俗,我们就当读者连起码的政治经济学概念也没有"。① 如果将马克思此种通俗化论述的分部计划予以凝练,事实上,马克思在此提出的是这样三个部分:(1)资本的特征;(2)资产阶级市民社会的形成;(3)世界市场的态势。而《雇佣劳动与资本》一文,主要涉及的是这个"三部"研究计划的第一个分部,也就是对于资本与雇佣劳动的论述。这是马克思较早明确表示其政治经济学批判的一个研究计划,虽然只有简短的三个"分部",但我们已经能够看出马克思政治经济学的一个大概的端倪,且已经具有了下文"五篇"与"六册"的雏形。

其次是 1857 年 8 月下旬马克思在《〈政治经济学批判〉导言》(下文简称《导言》)中所论及的"五篇"计划,在《导言》中马克思批判了古典政治经济学的研究方法,认为古典政治经济学的研究方法是在"第一条道路"上原地打转,也就是"完整的表象蒸发为抽象的规定"的方法,这种研究思路缺乏对经济现象由抽象再到具体的理解与应用,因此只能算一种直观性的经济学研究。马克思提出真正的政治经济学批判,应该走上"第二条道路",也就是"抽象的规定在思维行程中导致具体的再现",马克思根据政治经济学研究的"第二条道路",在《导言》的末尾划定了一个政治经济学研究的新构想,马克思写道:"显然,应该这样来分篇:(1)一般抽象的规定……。(2)形成资产阶级社会内部结构的范畴。资本、雇佣劳动、土地所有制……。(3)资产阶级社会在国家形式上的概括……。(4)生产的国际关系……。(5)世界市场和危机。"② 在此,结合《导言》的内容,对这五篇计划予以整合,马克思在《导言》中所提出的是这样一个政治经济学批判的研究计划:第一篇:政治经济学的科学研究方法;第二篇:资本、雇佣劳动、土地所有制;第三篇:资本主义国家;第四篇:国际分工与交换;第五篇:世界市场与危机。

最后是 1858 年马克思在"五篇"构想上稍做改动,提出广为人知的政治经济学批判的"六册"计划。在 1858 年 2 月 22 日马克思致费迪南·拉萨尔的信中,马克思向拉萨尔说明了自身关于政治经济学批判的研究计划与出版安排,并希望拉萨尔能够在柏林帮助他联系经济学著作的出版商。在这封信中,马克思谈到了政治经济学批判的"六册"计划,写道:"全部著作分成六个分册:(1)资本(包括一些绪论性的章节);(2)地产;(3)雇佣劳动;(4)国家;

① 马克思恩格斯文集:第一卷[M].北京:人民出版社,2009:713.
② 马克思恩格斯文集:第八卷[M].北京:人民出版社,2009:32-33.

（5）国际贸易；（6）世界市场。"① 在同年 4 月 2 日马克思致恩格斯的信中，马克思也按照前文"六册"的结构向恩格斯介绍了其政治经济学研究的构想。在 1859 年 2 月 1 日马克思致魏德迈的信中，马克思向魏德迈说明的依然是"六册"计划，在这封信中，马克思进一步说明了"六册"计划的第一册：资本册，该册共分为四篇，他详细介绍了第一册的第一篇，也就是"资本一般"的相关内容。② 与"五篇"计划相比，"六册"计划相当精简，取消了关于第一篇政治经济学研究方法的论述，而直接将"五篇"中的第二篇的内容予以拆分，将资本、雇佣劳动、土地所有制分别成册，原"五篇"中的后三篇基本上没有改动，在 1858 年 3 月 11 日马克思致拉萨尔的信中可以看出马克思这种改动的考量："我并不准备每一分册都探讨得同样详尽；相反地，在最后三册中，我只打算做一些基本的叙述，而前三册专门阐述基本经济原理，有时可能不免要做详细的解释。"③ 这是理解马克思政治经济学批判计划的重要信息。可见，在马克思的构想中，前三册形成一个类似资产阶级市民社会的整体扫描，而后三册的内容，则上升为一种在资产阶级市民社会基础之上的更为宏观的研究。用《导言》中的思路来理解的话，"后三册"内容就是："第二级和第三级的东西，总之，派生的，转移来的，非原生的生产关系。国际关系在这里的影响。"④ 通过对马克思政治经济学研究计划的梳理，不难发现这样一个事实：马克思的政治经济学研究，虽然几经调整，但始终以"世界市场"这样一个议题来作为整个政治经济学批判的结尾部分。更深入来说，马克思政治经济学的研究计划，反映了这样一个特点：从资本开始，至世界市场结束，马克思对政治经济学研究计划的多次调整，都是在这个框架之下所展开的。虽然马克思本人并没有真正完成那一本"世界市场册"的著作，但是，有足够的理由可以认定，马克思关于世界市场的研究是一个深思熟虑的研究计划，是马克思本人宏伟的政治经济学批判构想的一个不可或缺的部分。当然，通过梳理马克思思想轨迹的脉络，也可以发现，马克思本人对于世界市场研究的必要性的认识也在不断加深。比如《雇佣劳动与资本》中，马克思所认定的世界市场研究，更多还是一种很直接的表

---

① 《资本论》书信集 [M]. 北京：人民出版社，1975：124.

② 在 1860 年马克思致库格曼的信中，马克思沿着这一思路将"资本册"的内容划分为四个分册，即"全部著作分为以下几个部分：第一册资本的生产过程。第二册资本的流通过程。第三册总过程的各种形式。第四册理论史。"这就是广为人知的《资本论》四册计划。详见《马克思恩格斯〈资本论〉书信集》，人民出版社 1975 年版，第 204 页。

③ 《资本论》书信集 [M]. 北京：人民出版社，1975：130.

④ 马克思恩格斯文集：第八卷 [M]. 北京：人民出版社，2009：34.

象研究，从英国作为世界市场的"霸主"这一当时最为直观的现象来理解世界市场。虽然在《雇佣劳动与资本》同一时间下的《关于自由贸易问题的演说》中，马克思已然指出"在当今的社会条件下，到底什么是自由贸易？这就是资本的自由"。① 但是，资本与世界市场到底如何实现联结？这显然是一般政治经济学研究所无法到达的境界与高度。随着马克思政治经济学研究的深入，马克思已然意识到，此种研究目标的实现，必须首先在方法上予以变革，所以在《导言》中，马克思对以往政治经济学研究"第一条道路"的批判，在很大程度上意味着马克思对本人以往政治经济学研究的清算。而马克思所谈及的"第二条道路"则能够实现这样一种结果："运用这一方法的结果是，国际交换和世界市场不再是一个混沌的关于整体的表象，而是具有许多规定的丰富的总体。也就是说，是多样性的统一，是综合的过程，表现为结果，而不是表现为起点。"② 在《导言》中从资本到世界市场，从经济活动中微观的、不为人所知的资本到宏观的世界市场，其总体过程得到了阐释。也正是从这个意义上而言，"世界市场册"或者说马克思关于世界市场的研究，绝不仅仅是一般意义上的经济学研究，而是一个内容丰富的研究议题，是马克思政治经济学研究由起点不断进阶升华的必然。世界市场依然是马克思剖析"现代资产阶级社会内部结构"的一个重要路径。

第二节 《资本论》对世界市场问题的探索

马克思的学生与战友威廉·李卜克内西在回忆马克思《资本论》第一卷出版之时，曾经讲到这样一个寓言，"一头母狮子受到猫的嘲笑，因为它只生了一头幼狮而没有生下半打狮子，母狮子自豪地回答：'只生下了一头，但是它是一头狮子。'"③ 确实，马克思本人只看到了《资本论》第一卷的出版，直到马克思逝世后，才由恩格斯与考茨基陆续出版了《资本论》二、三、四卷的内容。所以，事实上只有"六册"计划的第一册"资本"册问世，离真正的"六册"计划还有一定的距离。但值得庆幸的是，《资本论》是一头"狮子"，我们依然可以通过《资本论》这部伟大的著作，来继续了解与研究马克思对世界市场问

---

① 马克思恩格斯文集：第一卷 [M]. 北京：人民出版社，2009：756.
② 马克思恩格斯文集：第九卷 [M]. 北京：人民出版社，2009：459.
③ 本书编写组. 我敬仰的人：回忆马克思恩格斯 [M]. 北京：人民出版社，1982：28.

题的探索。在此，主要对《资本论》三卷中所体现的马克思世界市场研究道路上的重要观点与历史予以阐述，而《资本论》中涉及政治经济学特点的相关观点，将在下一章予以论述。

首先是《资本论》第一卷中马克思结合世界市场与《资本论》研究主题的论述，在《资本论》第二篇"资本的总公式"中，马克思写道："商品流通是资本的起点。商品生产和发达的商品流通，即贸易，是资本产生的历史前提。世界贸易和世界市场在16世纪揭开了资本的现代生活史。"① 马克思的《资本论》毫无疑问是要认真探寻一番资本的奥秘的，但是马克思在这一论述中表明，马克思所研究的资本，是一种"现代资本"的样态，而这种"现代资本"的样态是伴随着世界市场与世界贸易才兴起的。此处的论述，承接了《共产党宣言》中的相关内容，世界市场的发展既为"资本的现代生活史"拉开了序幕，也为资产阶级的兴起铺平了道路，而一旦"资本的现代生活史"展开，世界市场反而又呈现以前所未有的速度发展的场景。因为资本主义的大机器工厂制度一开始就是高度依赖世界市场的，原有工场手工业时期世界市场中的交通手段与交往方式，在资产阶级看来简直是"蜗牛爬行"的速度，并且逐渐成为"新建立的世界市场联系的大工业所不能忍受的桎梏"。② 所以资产阶级必须大力发展世界市场，这在客观上推动了世界市场的发展，但马克思在《资本论》第一卷中写道，也正是由此开始，世界市场中又多了一项"文明暴行"，"（其他民族）一旦卷入资本主义生产方式所统治的世界市场，而这个市场又使他们的产品的外销成为首要利益，那就会在奴隶制、农奴制等野蛮暴行上，再加上过度劳动的文明暴行"。③ 可以说，正是在世界市场上，资本主义的"原罪"得到淋漓尽致的体现。

其次，我们也可以发现，马克思在《资本论》中，依然秉持了原有的"六册"计划，马克思在《资本论》的第三卷中写道："一般来说，世界市场是资本主义生产方式的基础和生活环境。但资本主义的这些比较具体的形式，只有在理解了资本的一般性质以后，才能得到全面的说明；不过这样的说明不在本书计划之内，而属于本书一个可能的续篇的内容。"④ 马克思在此又一次表明了研究世界市场的必要性，同时也说明了展开世界市场研究必须具备的理论前提，也就是对现代资本特征的深入研究。这是了解世界市场的必经之路，也是从这

---

① 马克思恩格斯文集：第五卷 [M]．北京：人民出版社，2009：171．
② 马克思恩格斯文集：第五卷 [M]．北京：人民出版社，2009：441．
③ 马克思恩格斯文集：第五卷 [M]．北京：人民出版社，2009：273．
④ 马克思恩格斯文集：第七卷 [M]．北京：人民出版社，2009：126．

个意义上而言，我们才能够根据马克思相关的政治经济学著作，来提前"窥探"世界市场可能的内容。当然，从《资本论》本身而言，马克思为了能够确保政治经济学批判思路的清晰与明确，将世界市场等内容"搁置"了起来，"马克思在《资本论》第三卷中也像在其他各卷中一样，基本上把对外贸易和世界市场方面的专门问题抽象掉了"。① 而这种在研究上对世界市场予以抽象的必要，竟在日后俄国民粹主义、第二国际的一些理论家中引起了"轩然大波"，进而纷纷指责马克思的《资本论》，这与他们片面、僵化理解《资本论》有着很大的关系。总之，在《资本论》中，马克思虽然抽象掉了世界市场，但这也只是研究的必要，绝不意味着马克思不重视对世界市场的分析，相反，在《资本论》中，马克思对世界市场与资本主义生产的密切联系予以了更为充分的说明，最为突出的表现就是在《资本论》第三卷第三篇的末尾马克思直接将世界市场上升为资本主义生产的三个事实予以说明，即生产资料集中在少数人手中、劳动本身由于协作与分工进而日益成为社会的劳动、世界市场的形成。

除此之外，对《资本论》中世界市场理论的考察，还不应该忽视恩格斯的伟大贡献。正是恩格斯的努力，马克思《资本论》的第二卷、第三卷才最终得以付梓出版。恩格斯在整理《资本论》的手稿时异常谨慎，通过恩格斯的细心整理，《资本论》三卷的内容实现了贯通。在这一过程中，恩格斯继续展示了其一如既往的对于世界市场的深厚理论素养，将世界市场中出现的新情况与新问题在《资本论》的第二卷、第三卷中进行了补录，也再次凸显了恩格斯对马克思的敬意与二人之间"伟大的友谊"，以至于恩格斯所有关于《资本论》中世界市场的增补，几乎都是在页下注与补录中完成的，这些补录对于马克思世界市场理论的发展也有着非常重要的意义。如在《资本论》第三卷的增补中，恩格斯对历史上世界市场活跃的群体进行了历史考察，首先是中世纪以来的各个行会与商业团体，恩格斯写道："中世纪的商人绝不是个人主义者；他像他的所有同时代人一样，本质上是共同体的成员。"② 所以，组成各种各样的商会，通过规章制度以及整个商会的资金力量，在世界市场中开展活动。而随着新航路的开辟，各个封建国家纷纷建立了殖民地，殖民地本身受到国家力量的保护，同时，个人的财富积累明显加快，以至于单个的商人往往能够具有以往一个行会的资金力量，于是商会贸易让位于单个的商人贸易，最开始商人贸易依然是

---

① 本书编写组．马克思主义研究资料：第十卷 [M]．北京：中央编译出版社，2015：517．

② 马克思恩格斯文集：第七卷 [M]．北京：人民出版社，2009：1019．

通过"从本国产品的外国购买者那里，或者从外国产品的本国购买者那里赚取利润"①。但是，随着产业资本的兴起，不少商人开始通过雇用少数的工人来生产商品，工场手工业得以兴盛起来，一时间，在世界市场中活跃的群体，变成了一个个"包买商"，而随着工业革命的开始，以往的工场手工业被大工业所取代，而大工业对于原料以及雇工的需求，显然不是"包买商"能够实现的，从这时开始，现代意义上的资本家就开始在世界市场中活跃起来。恩格斯对不同时期世界市场不同群体的考察，揭示了世界市场中传统商业资本逐渐萎缩，现代资本逐渐融入经济生活并占据世界市场主流地位的历史进程。又如恩格斯在《资本论》第三卷中对马克思所论述的资本主义生产的特点："一切企图对原料生产进行共同的、全面的和有预见的控制……都要让位给供求将会互相调节的信念。"② 也进行了批注："自从写了上面这段话以来（1865），由于一切文明国家，特别是美国和德国的工业迅速发展，世界市场上的竞争大大加剧了。"③ 恩格斯写道，资本主义为了能够控制这种巨大的生产力，不得不在世界市场的竞争中采取新的行动，如"实现保护关税的新狂热"以及"卡特尔（托拉斯）的形成"，以调节生产，恩格斯指出，这种尝试也只有在经济"气候"较好的情况下才能进行，一旦世界市场中的风暴来临，就会毫无用处，最终的结果只能是小资本家被大资本家吞食。恩格斯还特别指出，"虽然生产需要调节，但是负有这个使命的，肯定不是资本家阶级"。④ 恩格斯在此依然坚持马克思当年在《不列颠在印度统治的未来结果》中那种将世界市场以及其他人类一切优秀成果置于先进民族"共同监督"下的思路，依然赋予了无产阶级重塑世界市场话语权的使命。

第三节　《资本论》相关手稿对世界市场问题的研究

马克思一生对政治经济学的研究成果，以《资本论》最具代表，在《资本论》之外，马克思还创作了一大批相关政治经济学手稿，这些手稿绝大多数是马克思在《资本论》之前进行相关政治经济学研究的反映，也可以称之为《资

① 马克思恩格斯文集：第七卷 [M]. 北京：人民出版社，2009：1023.
② 马克思恩格斯文集：第七卷 [M]. 北京：人民出版社，2009：136.
③ 马克思恩格斯文集：第七卷 [M]. 北京：人民出版社，2009：136.
④ 马克思恩格斯文集：第七卷 [M]. 北京：人民出版社，2009：136.

本论》的前期准备，其中包含有马克思关于世界市场的真知灼见，通过对这些手稿中关于世界市场重要观点的梳理，我们能够对马克思世界市场理论的发展有一个更为清晰完整的认识。

首先是马克思在《政治经济学批判（1857—1858）手稿》（下文简称《1857—1858手稿》）中对世界市场的阐述，在这部手稿中，马克思特别尝试将资本与世界市场联系起来，从资本的特点来理解世界市场的发展。马克思写道，资本本身有两大重要的趋势：（1）不断扩大流通范围；（2）在一切地点把生产变成由资本推动的生产。所以，"创造世界市场的趋势已经直接包含在资本的概念本身中。任何界限都表现为必须克服的限制"。① 资本的限制是在何处？马克思写道："资本的限制就在于：这一切都是对立地进行的……但是这种对立的形式本身是暂时的，它生产出消灭它自身的现实条件。"② 对世界市场而言，自资产阶级登上历史舞台，世界市场始终处于一个快速扩张的过程，社会生产力有了巨大的发展，这是毫无疑问的，也不需再多加论证，而如果不谈经济、技术方面的成就，则会发现世界市场的发展事实上呈现出以下的态势："世界市场（其中包括每一单个人的活动）的独立化（如果可以这样说的话）随着货币关系（交换价值）的发展而增长，以及后者随着前者的发展而增长，所以生产和消费的普遍联系和全面依赖随着消费者和生产者的相互独立和漠不关心而一同增长。"③ 在这段话之后，马克思继续补充到"异化的发展"，由此可见，马克思事实上已经指出现阶段世界市场的发展虽然看似飞快，但归根结底还是一种"异化"的发展状态，因为在这一阶段下，世界市场是被货币关系"牵"着走的，是在一种生产者与消费者"对立"的状态下发展的。而解决世界市场发展的"异化"问题，还在于资本本身的特点中，"生产力——财富一般——从趋势和可能性来看的普遍发展成了基础，同样，交往的普遍性，从而世界市场成了基础。这种基础是个人全面发展的可能性。"④ 如果从资本的特点来入手分析，就是"资本不可遏止地追求普遍性，在资本本身的性质上遇到了限制，这些限制在资本发展到一定阶段时，会使人们认识到资本本身就是这种趋势的最大的限制，因而驱使人们利用资本来消灭资本本身"。⑤ 到此，问题就比较明晰了，在资本主义制度主导下的世界市场，一方面，世界市场上的种种关系都被

① 马克思恩格斯文集：第八卷 [M]. 北京：人民出版社，2009：88.
② 马克思恩格斯文集：第八卷 [M]. 北京：人民出版社，2009：171.
③ 马克思恩格斯文集：第八卷 [M]. 北京：人民出版社，2009：55.
④ 马克思恩格斯文集：第八卷 [M]. 北京：人民出版社，2009：171.
⑤ 马克思恩格斯文集：第八卷 [M]. 北京：人民出版社，2009：91.

扭曲了，以一种对立的形式存在，这确实是与人类社会发展趋势相悖的，但同时，不可否认的是，在世界市场这样的发展趋势下，生产力有了极大的发展，而生产力的发展是人类社会步入更高级社会所必须拥有的财富，生产力的不断发展，最终会冲破现有生产关系的束缚，进而迈入一个全新的历史阶段。从资本的特点上来说，世界市场无疑正是资本"普遍性"的一个重要所在与鲜明体现，所以资本必然会驱使世界市场快速发展，而世界市场交往的日益普遍，使得以往那种世界市场中的对立关系已不能适应世界市场中快速发展的生产力，或者在世界市场中，资本的存在反而成为世界市场进一步深化发展的阻碍，那个时候，就是人们利用资本，准确地说，是利用资本为人类社会所创造的种种积极成果（世界市场只是一个重要的表现）来消灭资本的时刻。可见，在《1857—1858手稿》中，马克思已然对资本的特点有了一个非常深入的了解，并且已经能够从资本入手，分析世界市场对资本主义制度的重要意义。在此之外，《1857—1858手稿》还对市场发展的趋势进行了论述："资本越发展，从而资本借以流通的市场，构成资本流通空间道路的市场越扩大，资本同时也就越是力求在空间上更加扩大市场，力求用时间去更多地消灭空间。"① 在此，"时间消灭空间"对于理解世界市场的发展趋势同样重要，马克思关于资本在市场中"时间消灭空间"的论断，在世界市场上往往是最先且最直接的反映，这几乎成了一条贯穿于整个世界市场发展历史的"总趋势"，并且在当下世界市场的发展中，得到了更加鲜明的体现。

其次是在《政治经济学批判（1861—1863）手稿》（下文简称《1861—1863手稿》）中关于世界市场的论述，马克思在这部手稿中对世界市场的危机给予了相当的关注。马克思提出"世界市场的危机必须看作是资产阶级经济一切矛盾的现实的综合和暴力方式的平衡。因此，在这些危机中综合起来的各个因素，必然在资产阶级经济的每一个领域中出现并得以展开"。② 马克思认为，世界市场中的危机不能简单地理解为一种经济现象，它的存在是资本主义制度内在矛盾到达顶点的重要体现。马克思进一步写道："资产阶级生产的一切矛盾，在普遍的世界市场危机中集中地爆发，而在特殊的（按内容和范围来说是特殊的）危机中只是分散地、孤立地、片面地爆发。"③ 对于世界市场的研究，真正重要的是要能够通过世界市场的危机，看到在危机背后中所蕴含的资本主

---

① 马克思恩格斯文集：第八卷［M］．北京：人民出版社，2009：169.
② 马克思恩格斯文集：第八卷［M］．北京：人民出版社，2009：247.
③ 马克思恩格斯文集：第八卷［M］．北京：人民出版社，2009：274.

义生产方式中更深层次的危机。通过这种研究思路，马克思在《1861—1863 手稿》中，实际上重点考察的是构成世界市场危机的最为基本的组成部分，即资本主义生产本身的危机，而关于世界市场危机的研究，马克思认为"这一点只有在谈到资本竞争的时候才能谈到"。① 但如果不首先对资本主义生产的危机本身探究一番，很容易就会走向自由贸易辩护论的"老路"，在现实中，世界市场中危机的间隔比在国内生产活动中危机的间隔要久，所以总的来看，世界市场是相对平衡的，但是庸俗政治经济学家是不会从中看到"这种平衡本身已经包含着：它是以平衡的对立面为前提的"，进而也就看不到，在世界市场相对平衡与缓和的背后，所掩藏的资本主义生产的重重矛盾。如果说《1857—1858 手稿》是马克思从资本的特点入手，最终分析资本主义制度的未来走向，对其总的趋势做出了界定，那么在《1861—1863 手稿》中，马克思则开始完全进入资本主义的生产过程中来实现对资本的分析，已然认识到资本主义生产方式与世界市场的重要关联，马克思写道："在资本主义生产的本质中就包含着不顾市场的限制而生产。"② 而资本主义生产最终要冲破的限制就是世界市场的边际，这也将是世界市场危机再次来临的时刻。

当然，在《资本论》等相关手稿之外，马克思在关于《资本论》创作以及政治经济学研究的书信中，依然保持着对世界市场问题的关注。比如，在《共产党宣言》发表的当年（1848 年），美国的加利福尼亚州发现了储量巨大的金矿，而三年后的 1851 年，澳大利亚的威尔士省也发现了丰富的金矿资源。马克思与恩格斯对此事十分关注，在《法兰西内战》中，马克思就曾写道："加利福尼亚、澳大利亚使世界市场发生了变化"③，而在马克思等人的书信中，进一步解释了这一事件对世界市场发生了何种影响，如恩格斯就曾专门致信马克思："加利福尼亚和澳大利亚。这是在《宣言》中没有预见到的两个场所：从无到有建立起来了新的大市场。这是必须注意到的。"④ 与之伴随的是自 1847 年开始就呈现疲软之势的世界市场，反而重新焕发了生机。马克思在致魏德迈的信中也表示，这是世界市场中的一个"特殊情况"，它的出现使得原本的危机得到了暂时性的缓解，人们又陷入了世界市场繁荣发展的"错觉"中，而恩格斯则继续为马克思提供加利福尼亚与澳大利亚的最新资讯："澳大利亚和加利福尼亚的市场如同雨后春笋般地生长起来，在这些市场里，个人消费量几乎是任何其他

① 马克思恩格斯文集：第八卷 [M]. 北京：人民出版社，2009：260.
② 马克思恩格斯文集：第八卷 [M]. 北京：人民出版社，2009：261.
③ 马克思恩格斯文集：第三卷 [M]. 北京：人民出版社，2009：221.
④ 《资本论》书信集 [M]. 北京：人民出版社，1975：73.

地方的四倍，因为那里差不多没有妇女和儿童，在城市里，大量黄金被挥霍掉；新的市场正被加尔各答的商行在缅甸开辟出来；孟买和卡拉奇同印度东北地区以及同邻国的贸易日益扩大（而且是大大地扩大了）。"① 恩格斯的这番描述，是 19 世纪 50 年代初，世界市场又一次扩张浪潮的绝好印证。又如 1857 年，世界市场再次爆发危机，这次危机是资本主义历史上第一次具有全球特点的普遍生产过剩危机，也是第一场最先在美国，而不是在英国爆发，进而传导全球的一次危机。马克思对这次世界市场上的危机异常关注，多次致信恩格斯，请求恩格斯向他提供关于这次经济危机的具体情况，"为的是在洪水之前至少把一些基本问题搞清楚"。② 而恩格斯专门撰写了长信，向马克思详细说明了这次危机的情况，以及其本人关于本次危机的看法，恩格斯向马克思指出，1857 年危机的一个重要特点是本次危机不仅是在资本主义国家，也不仅是工业生产中的危机，而是可以称之为一场真正的世界性危机，各个殖民地、落后国家，以及农业都被波及进来了，恩格斯向马克思写道："当生产过剩只限于工业时，这只是问题的一半，而当它波及农业，并且把热带和温带都包括在内的时候，事情就大了。"③ 马克思积极吸取了恩格斯的信息，并欢迎恩格斯"一有时间，就写信来，因为过后你会把这样必需的'危机'忘掉；而我要把它们从你的信中摘出来，分别记入几个主要的笔记本中"。④ 在马克思与恩格斯等人的来往书信中，我们依然可以看到马克思关于世界市场研究的重要认识，以及马克思和恩格斯关于世界市场研究的"珠联璧合"。

第四节　恩格斯晚年对世界市场理论的拓展

　　1883 年，马克思溘然长逝，恩格斯肩负起继续发展马克思主义的重任。其中，整理与完善马克思政治经济学的相关研究，是恩格斯全部工作的重点。对于马克思世界市场的相关研究，恩格斯也展开了进一步的阐述与论证。当然，这一时期，恩格斯对马克思世界市场理论的完善与贡献首先体现在恩格斯对马克思政治经济学研究相关手稿的整理，进而推动《资本论》第二卷、第三卷的相继出版，在《资本论》的第二卷与第三卷中，资本流通、资本主义生产的总

---

① 《资本论》书信集［M］. 北京：人民出版社，1975：76.
② 《资本论》书信集［M］. 北京：人民出版社，1975：113.
③ 《资本论》书信集［M］. 北京：人民出版社，1975：115.
④ 《资本论》书信集［M］. 北京：人民出版社，1975：120.

过程得到了进一步的完善，为世界市场的研究打下了坚实的基础，使得我们能够最大限度地接近"世界市场册"的研究。同时，通过对恩格斯本人晚年书信等相关文献的研究，可以发现恩格斯晚年对马克思世界市场理论进行了相当有益的探索，最为明显的就是恩格斯深入推进了世界市场研究的转变，将马克思世界市场理论带入一个全新的境界。

如前文所述，恩格斯早年以及马克思开展政治经济学研究之时，更多地以英国为研究对象，可以说作为世界市场霸主的英国，其经济社会生活的方方面面为马克思和恩格斯的研究提供了最重要的素材。马克思在关于"亚洲问题"的相关著作中，主要是将研究的目光转移到世界市场中的"外围"中，也就是世界市场中的落后国家与地区，但这一时期英国依然在世界市场中占有绝对的统治地位。而自19世纪中叶以来，法国、德国、美国等资本主义国家相继崛起，英国在世界市场上的统治地位受到了严重威胁，如恩格斯所言："从1870年起，由于美国和德国的竞争，英国在世界市场上的垄断地位已经开始进入尾声。"[①] 马克思逝世后，世界市场中的这一趋势愈加明显，可以说是马克思生前已经预计到，但未曾真正接触到的世界市场的新情况。形象地说，对世界市场中"暴君"的"继任者"的研究任务就落到了恩格斯的肩上。总的来看，这一时期恩格斯特别注重世界市场中各国力量态势的竞争问题，如恩格斯在1885年1月19日致倍倍尔的信中，比较系统地分析了德国在世界市场中的力量，认为德国在最应该参与世界市场的竞争之时，却被关税保护制约了手脚。在1886年2月3日致威士涅威茨基夫人的信中，恩格斯认为美国必将是打破英国在世界市场垄断地位的最重要的力量，然而，随着时代的发展，以往那种英国完全独占世界市场的全部生产、流通，进而成为"世界工厂"的情况将不再出现，随之而来的世界市场的新垄断，将会通过对世界市场中若干"实业部门"的垄断而体现。在1892年6月18日致丹尼尔逊的信中，恩格斯明确指出，俄国这个世界市场中的资本主义农业国，虽然保留了相当的传统因素，但始终会被资本主义大工业卷入世界市场的竞争中。[②] 这样，由于世界市场中竞争态势的转变，马克思原本以英国为"蓝本"进行的政治经济学研究，此时已经逐渐转变为以英国为主，兼以考察各个新兴资本主义国家。实质上，恩格斯及时推动世界市场研究视角的扩展，是时代变迁的反映，这无疑推动了马克思狭义世界市场理论

---

① 马克思恩格斯全集：第三十六卷 [M]. 北京：人民出版社，1974：90.

② 详见马克思恩格斯全集：第三十六卷 [M]. 北京：人民出版社，1974：273-275，423-424；第三十七卷，1971：363-364.

的发展，即推动了资本主义生产方式主导下的世界市场研究又向前迈出了坚实的一步。特别是恩格斯关于世界市场中美国、俄国等国家命运的思考，也在日后得以印证。

当然，如果于此再深入思考，也就不得不再阐明一个重要问题。通过阅读这一时期恩格斯的信件等文献，从世界市场的研究角度来看，似乎恩格斯晚年十分关心世界市场中各个资本主义国家的利益问题。事实上，将世界市场研究对象进行拓展，应当将其视为实践推动下政治经济学研究的需要，而如果回到无产阶级革命的视域下，恩格斯此时依然是异常冷静与坚定的革命者，体现了无产阶级导师应有的素养。一方面，恩格斯提醒人们不要被世界市场中资本主义国家"争取国家利益"的号召而迷失方向。在 1888 年的《保护关税制度和自由贸易》一文中，恩格斯就指出："关于自由贸易和保护关税制度，完全是在现代资本主义生产制度的范围内兜圈子，因此对于我们，即争取消灭这一制度的社会主义者来说，没有什么直接兴趣。"① 无产阶级之所以会对世界市场各国力量的研究有"间接的兴趣"，实则完全是由于革命的需要，需要依据世界市场的态势，不断分析革命的形势，恩格斯在 1883 年 8 月 30 日致倍倍尔的信中，提请倍倍尔注意英国的工人运动，"参与世界市场的统治，过去是而且现在依然是英国工人在政治上消极无为的经济基础"。而当前，英国在世界市场的统治地位急剧下滑，这预示了英国工人运动即将迎来一个全新的阶段；另一方面，也是更为重要的是，恩格斯此时依然紧扣马克思本人的分析思路，以资本的运动、以资产阶级的生产方式②等作为分析世界市场的"武器库"，而开启它的钥匙，正是世界市场的危机理论。只有以世界市场的危机来审视人类未来命运，进而积极重塑世界市场的话语权，才能真正理解马克思世界市场理论。恩格斯晚年对马克思世界市场的危机理论进行了深入的研究，恩格斯认为，从世界市场的局势来看"大多数其他欧洲国家都已经把它们自己的制造业发展到不再依赖英国的水平，后果就是：生产过剩的过程所涉及的范围已经比该过程主要局限于英国的时期大得多"，"这样一来，先前每十年把大气层清洗一次的大雷雨就推迟了"。③ 此处恩格斯调整了《反杜林论》中世界市场危机以十年为一个周期的观点，但恩格斯本人却从来没有否认"大雷雨"的到来，而是以一种科学、慎重的态度来考察世界市场的危机。恩格斯晚年关于世界市场的论断，更像是对后

---

① 马克思恩格斯全集：第二十一卷［M］. 北京：人民出版社，1965：429.

② 恩格斯在晚年的书信中，每每论及世界市场的相关发展时，经常会采用"大工业"这个由抽象资本发展而来的具体现象，与作为资本主义生产"舞台"的世界市场相联系。

③ 马克思恩格斯全集：第三十六卷［M］. 北京：人民出版社，1974：377.

继者殷切的忠告与嘱托，值得所有马克思主义者深思，可惜在恩格斯逝世后，不少直接受到过马克思与恩格斯教诲的马克思主义者，特别是第二国际的大多数理论家，却忘却了恩格斯的忠告，普遍对"国家利益"产生了浓厚的兴趣，乃至将它视为自己所有理论的出发点。同时，其中的不少人，也在不同程度上否定了恩格斯所论及的世界市场的"大雷雨"的存在，最终走向了理论的反面。

第四篇
马克思世界市场理论的内涵与结构

▼

▼

通过对马克思重点著作的分析，马克思在其一生的不同阶段中，对世界市场的深入思考得到了体现。在此基础上，还应该继续完成理论的抽象与提炼，也就是从这些马克思关于世界市场的经典论述中，进一步总结与分析马克思世界市场理论的内涵有哪些，可能涉及哪些内容，以及马克思世界市场理论的理论结构为何。对这些问题的探索，有助于进一步深入了解马克思世界市场理论，而在马克思与恩格斯相继逝世后，围绕着如何理解马克思世界市场理论产生了不同的见解，既有发展与创新，也有误读与失误，这与马克思世界市场理论这一"理论源头"有着密切的联系。当然，马克思生前关于世界市场理论有什么，或者说如何组织相关的理论内容，确实只有非常有限的线索。在此，也只能结合马克思与恩格斯本人的著作予以尝试性的说明。同时，结合本书的立意与方向，对马克思世界市场理论内涵与结构的考察主要侧重在马克思与恩格斯逝世之后，其世界市场理论继续发展中所涉及的争论与探索问题，也就是选取在整个马克思世界市场理论发展史中产生重大影响，承担主要讨论焦点的观点进行陈述与分析。

第一章

世界市场的发展阶段论

第一节　基于人类社会交往的世界市场阶段考察

通过前文分析并结合马克思其他的相关著作，可以发现，在马克思所意欲构建的世界市场理论中，无疑是要对世界市场的历史进行一番考察的。马克思以及恩格斯在其一生的绝大部分时间中，所关注的都是资本主义时代、资产阶级占统治地位的世界市场，但这绝不意味着马克思对世界市场的发展历史，对世界市场的其他发展阶段置之不理，相反，马克思始终力图能够最大限度地进一步挖掘世界市场的发展历史。目前学界对于世界市场发展历史的考察，即使是立足于马克思分析视角的研究，所依托的也还是一般意义上的世界史，并且主要侧重于地理大发现之后的历史考察。在此，结合马克思以及恩格斯的著作，从人类社会交往的历程出发，对世界市场的发展历程予以完整的考察，这种理论上的尝试，将会使得马克思世界市场的发展阶段论更为完整。

首先是关于人类史前交往阶段的考察，这是人类社会最原初的状态。在相当长的一个时期，马克思与恩格斯都不能获得非常令人满意的关于人类学研究的素材，以至于恩格斯谈道："60 年代（1860 年左右）以前，根本谈不到家庭史。历史科学在这一方面还是完全处于摩西五经的影响之下。"① 这种局面随着1861 年瑞士人类学家巴霍芬《母权论》的出版被打破，之后又相继有一大批人类学的著作问世，其中最为重要的是美国学者摩尔根《古代社会》一书的出版，马克思与恩格斯迫不及待地阅读了此方面的最新研究成果，形成了《人类学笔记》以及《家庭、私有制和国家的起源》两部代表作品，通过这两部作品，特别是恩格斯的《家庭、私有制和国家的起源》，我们可以观察到，马克思与恩格

---

① 马克思恩格斯文集：第四卷［M］. 北京：人民出版社，2009：19.

斯已经开始注意到人类社会交往史的研究，进而为我们详细了解世界市场的起源提供了可能。马克思与恩格斯都认同摩尔根将人类史前历史分为：蒙昧时代、野蛮时代以及文明时代的三个阶段，并且每一个时代下又有三个阶段。在蒙昧时代，人类必须学会最基本的生存技能，氏族的概念在蒙昧时代的中间阶段发生并持续发展，这时氏族内部的产品确实出现交换，但"只能有偶然的交换；制造武器和工具的特殊技能，可能导致暂时的分工"① 所以，总体上人类社会的交往还是非常有限的。而野蛮时代"是学会畜牧和农耕的时期，是学会靠人的活动来增加天然产物生产的方法的时期"。② 从野蛮时代的初级阶段开始，不同地域的人基本确定了适宜自身的发展道路，"两个半球上的居民，从此以后，便各自循着自己的独特的道路发展"。③ 人类社会也正是从这时开始，"东半球"与"西半球"有了特定的含义。从此时开始，游牧部落从野蛮人的群体中分离出来，开始了"第一次社会大分工"的进程。游牧部落拥有较多的生产资料，同野蛮人相比，游牧部落的产品更丰富，"这就第一次使经常的交换成为可能"。④ 两种并存的不同生产生活方式，开始进行经常性的交换活动，但是这种经常性的交换活动也仅限于"可以经常提供超出自身消费的若干剩余"。⑤ 生产的日益多样化和生产技术的改进，各种各样的生产活动已然不能由一个人来完成，于是产生了"第二次社会大分工"即手工业和农业的分离。恩格斯谈道，正是由这个时候开始："出现了直接以交换为目的的生产，即商品生产；随之而来的是贸易，不仅仅有部落内部和部落边境的贸易，而且海外贸易也有了。"⑥ 这是世界市场的兴起之时，但是这种发展也还是有限的，只能说劳动产品越发具有了商品的意义，但还不是完全意义上的商品交换，而且真正意义上的货币还没有发展起来，"所有这一切都还不是很发达；贵金属开始成为占优势的和普遍性的货币商品，但还不是铸造的货币，只是不做加工按照重量交换罢了"。⑦ 但无论如何，人类社会中的一个显著趋势得以被发现，也就是"劳动产品中日益增加的一部分是直接为了交换而生产的，这就把单个生产者之间的交换提升为社会的生活必需"。⑧ 这是贸易以及世界市场得以兴起的内在推动力，正是这

---

① 马克思恩格斯文集：第四卷 [M]．北京：人民出版社，2009：179.
② 马克思恩格斯文集：第四卷 [M]．北京：人民出版社，2009：38.
③ 马克思恩格斯文集：第四卷 [M]．北京：人民出版社，2009：35.
④ 马克思恩格斯文集：第四卷 [M]．北京：人民出版社，2009：179.
⑤ 马克思恩格斯文集：第四卷 [M]．北京：人民出版社，2009：184.
⑥ 马克思恩格斯文集：第四卷 [M]．北京：人民出版社，2009：183.
⑦ 马克思恩格斯文集：第四卷 [M]．北京：人民出版社，2009：183.
⑧ 马克思恩格斯文集：第四卷 [M]．北京：人民出版社，2009：185.

种人类社会发展的趋势，推动了世界市场的发展，同时也为"第三次社会大分工"也就是商人阶级的出现与分离奠定了必要的物质基础。恩格斯写道："年轻的商人阶级还丝毫没有预感到它未来的伟大事业。"正是这个新兴的阶级"使生产者免除交换的辛劳和风险，可以使他们的产品的销路扩展到遥远的市场"。①由于商人阶级的崛起，铸造货币出现了，铸造货币的出现使得"商品的商品被发现了"②此时的世界市场获得了真正意义上的完备形式，而所有这些经济上的新特征，特别是人类开始真正意义上的商品生产，也意味着人类社会开始步入文明阶段。马克思与恩格斯的论证体现了市场的兴起与扩大源自社会化分工进程，这同时也是原始社会生产方式瓦解的一个缩影，"分工慢慢地侵入了这种生产过程。它破坏生产和占有者的共同性，它使个人占有成为占优势的规则，从而产生了个人之间的交换"。③ 这是世界市场的最初发展阶段。

其次是关于前资本主义阶段下世界市场发展的考察，主要涉及的时间跨度大致是从欧洲奴隶制国家的兴起到新航路的开辟与地理大发现。这一时期涉及的历史众多，但从马克思所重点关注的线索来看，这一时期世界市场的发展有以下三个重要的特点。第一是人类社会交往的日益多元化，也就是人类社会出于宗教、文化交流、战略需要等不同的动机，推动了世界市场的发展，马克思在 1847 年创作的一篇《需求》④ 的片段很能说明问题，他写道："战争、为了有所发现等而进行的旅游、使各国人民彼此之间建立联系的一切历史事件，同样是扩大需求——建立世界市场的条件。"⑤ 比如马克思在文中写到的欧洲十字军征讨，事实上就是出于宗教目的的战争行为，虽然战争本身异常残酷，但是客观上推动了世界市场的发展，增强了东西方之间的文化交流。事实上，这也是人类社会发展规律的体现，在人类社会的早期阶段，世界市场的存在更多是不同地域、部落之间为了获得各自需要的产品而存在的。而随着人类社会的发展，国家、民族、宗教等相关的概念才得以兴起，并且不同地域与生产方式的民族与国家，其对应的民族意识与文化等上层建筑也不尽然相同，而世界市场的存在则为这种不同文化与文明的交流提供了舞台，虽然这种交流从客观上来看，呈现出常态的贸易文化交流与非常态的战争并存的情况，但总体上而言，

---

① 马克思恩格斯文集：第四卷 [M]. 北京：人民出版社，2009：185.
② 马克思恩格斯文集：第四卷 [M]. 北京：人民出版社，2009：185.
③ 马克思恩格斯文集：第四卷 [M]. 北京：人民出版社，2009：194.
④ 目前学界普遍认为，《需求》片段是马克思为 1848 年 1 月 9 日的《关于自由贸易问题的演说》所准备的纲要。
⑤ 马克思恩格斯全集：第四十二卷 [M]. 北京：人民出版社，1979：382.

世界市场在一个较为平稳的环境下获得了更大的发展，更为直接地说，随着人类社会的发展，不同地域与民族的人，不仅仅通过世界市场获得商品，还希望能够通过世界市场获得文化与技术等方面的交流。如我国汉朝的张骞出使西域以及"丝绸之路"的开辟，也是属于这一范畴的活动。第二，还应该注意到这一时期世界市场中最明显的另一个特点是世界级城市的出现，马克思写道："凡是这些产品汇集以便进行交换的地方，都变成了世界市场的城市；在发现美洲大陆以前，世界市场主要是以这种形式存在的。"① 马克思写道，君士坦丁堡、意大利各城市、安特卫普等都是此方面的代表，而我国汉唐时期的长安城、南宋时期的杭州城，事实上也呈现出此种特点。第三，从世界市场上开始出现世界级城市引申出来看，从这一时期开始，世界市场中首次出现真正意义上的"领导者"，比较具有代表意义的有西半球的罗马以及东半球的中国，它们都在相当长的一个时期内引领着世界市场的发展。当然，随着传统封建大国的衰落以及新航路的开辟，世界市场中的"领导者"也开始产生剧烈的变化，更符合现代世界市场运行体制的新晋"领导者"开始崭露头角，由此，马克思写道："贸易方面的领导地位。第一个占统治地位的商业民族是荷兰人（16世纪末到17世纪中）。"② 在此之后经历几度辗转，最终，英国这一新兴的资本主义国家成了世界市场中占有绝对统治地位的国家，而此时，世界市场的"领导者"也畸变为马克思所言的"暴君"。

第二节　基于资本主义制度的世界市场阶段考察

马克思认为，随着新航路的开辟以及资本主义的兴起，世界市场毫无疑问进入了一个全新的历史阶段，必须认真细致地研究这一阶段下世界市场的新特征，为此，马克思与恩格斯开始结合资本主义制度，也就是资本主义经济制度的特征及其外在的表现来思考世界市场的发展阶段。在此必须指明的是，这种基于资本主义制度对世界市场发展阶段的考察，其本身并不否认人类社会交往的发展脉络，也就是说，马克思与恩格斯结合资本主义分析世界市场的发展时，自始至终都是在肯定人类社会交往进一步深入的前提下而展开的，这一时期人类社会的交往非但没有停滞，乃至比以往任何阶段都要更为广阔。从这个意义

① 马克思恩格斯全集：第四十二卷［M］. 北京：人民出版社，1979：382.
② 马克思恩格斯全集：第四十二卷［M］. 北京：人民出版社，1979：383.

上而言，这种基于资本主义制度对世界市场的考察，实际上也是对基于人类社会交往的世界市场发展新阶段的具体细化，是对人类社会交往的一个重要的续写。

结合资本主义制度来审视世界市场的发展，可以通过以下的思路予以展开。首先是马克思在《德意志意识形态》中关于近代世界市场发展的三个阶段的论述，此部分内容前文已经予以阐述，在此不再赘述，只是应该注意到，马克思在《德意志意识形态》中所论述的近代世界市场发展的三个阶段，是以资本主义的分工出现并且逐渐占据主导地位来考察的，是资本主义生产方式及其分工的兴起赋予了世界市场全新的发展意义与发展阶段，而《德意志意识形态》中所言的近代世界市场发展的第三个阶段，即马克思所言的"现代的世界市场"，其实就是资本主义生产方式逐渐站稳脚跟并在全球开始扩张的阶段。其次是结合经济危机这一资本主义制度本身所特有的"热病"来思考世界市场的发展阶段，这是马克思世界市场理论中关于世界市场发展"分期"的富有独创性的内容。马克思指出，在资本主义生产方式下，"工厂制度的巨大跳跃式的扩展能力和它对世界市场的依赖，必然造成热病似的生产""工业的生命按照中常活跃、繁荣、生产过剩、危机、停滞这几个时期的顺序而不断地转换"。① 因为资本主义生产方式本身的特点，其"工业的生命"所特有的样态，使得资本主义主导下的世界市场显现了具有规律的周期性，世界市场往往在特定的时间段内出现相同的经济危机，这是以往世界市场的发展历史中不曾有过的新情况。马克思为此做了大量的研究，认为世界市场中的经济危机大致每隔10年出现一次，这是因为现阶段的资本主义生产方式，"大工业中最有决定意义的部门的这个生命周期现在平均为10年"。② 也就是说，对于"现代的世界市场"而言，每隔10年都将会迎来一个全新的发展阶段。当然，在现实中，世界市场危机所产生的间隔也不尽然是10年，需要结合不同的经济材料予以更为细致的表述。在马克思逝世后，恩格斯对这一问题进行了完备的表述，以资本主义经济危机的间隔时间来重新划分"现代的世界市场"的各个发展阶段，使得马克思对于世界市场的划分阶段有了一个更为清晰的呈现。恩格斯在《资本论》第三卷第五篇的第三十章中关于产业周期的分析中，续写了一个内容详尽的注释。在注释中，恩格斯认为，1815年至1847年，是现代世界市场发展的第一个阶段，因为在这一时期下世界市场中的危机往往每五年爆发一次，恩格斯将之称为"世界贸易

① 马克思恩格斯文集：第五卷 [M]．北京：人民出版社，2009：522．
② 马克思恩格斯文集：第六卷 [M]．北京：人民出版社，2009：207．

的幼年期"；1847 年至 1867 年间，可以说是世界市场发展的另一个新阶段，这一时期下"周期显然是 10 年一次"。最后是 1867 年到恩格斯晚年所处的时代，这一时期世界市场上又出现了许多值得注意的新情况，如恩格斯谈道，"由于交通工具的惊人发展——远洋货轮、铁路、电报、苏伊士运河——第一次真正地形成了世界市场""由于这一切，以前的危机策源地和造成危机的机会，多数已经消除或大大削弱"。① 结果是世界市场中的危机不再以 10 年为一个周期，对于世界市场而言，此时也进入了一个全新的发展阶段。但是恩格斯提醒人们注意，世界市场发展的新阶段，或者说以往世界市场中 10 年的周期被打破，绝不意味着世界市场自此开始步入平稳发展阶段，而是凸显出资本主义制度以及资本主义的生产方式其内在弊病越发明显，以至于资本主义不得不依附于国家力量实行保护关税，以延缓危机，但这"只不过是最后的、全面的、决定世界市场霸权的工业战争的准备"。②

理解马克思基于资本主义制度的世界市场阶段考察，对于理解马克思世界市场理论有着重要的意义。一方面，它再次指明了马克思主要研究的世界市场，是"资产阶级时代的世界市场"，有其特有的历史方位；另一方面，马克思与恩格斯通过危机来认识世界市场的发展阶段，是对资本主义占主导地位的世界市场的进一步细化。事实上，这种对世界市场阶段的思考路径，在今天依然有着重要的指导意义，即使是在当代，对当今世界市场的一个重要的认识起点，正是 2008 年的全球经济危机，并且时至今日，世界市场依然没有完全走出这次经济危机的影响。最后，通过论述可以发现，在资本主义制度下，人类社会的交往依然存在，并且反而成为资本主义走出危机的"救命稻草"，每一次人类社会交往的深化，世界市场的扩大，都在客观上为资本主义制度的继续维持提供了空间，资本主义通过借助人类社会的物质文化交往成果，能够暂时性地避免危机。但是，归根结底，资本主义制度是无法真正驾驭人类社会的客观交往趋势的，在资本主义统治下的世界市场，人类交往始终是以一种"异化"的形式来发展的，在资本主义扩大人类交往范围的同时，必然会引起更大、更剧烈的危机。也正是在这个意义上，恩格斯才会写道："每一个对旧危机的重演有抵消作用的要素，都包含着更猛烈得多的未来危机的萌芽。"③ 这正是在资本主义制度下，世界市场发展的"吊诡"之处，也是"现代的世界市场"最重要的阶段特征。

---

① 马克思恩格斯文集：第七卷 [M]. 北京：人民出版社，2009：334.
② 马克思恩格斯文集：第七卷 [M]. 北京：人民出版社，2009：334.
③ 马克思恩格斯文集：第七卷 [M]. 北京：人民出版社，2009：334.

第三节　未来世界市场的发展走向

如前文所述，在马克思对世界市场理论的探索历程中，现有的由资本主义制度以及若干资本主义大国所主导的世界市场，其本身竟然成了压制人自身发展的"帮凶"，以往世界市场上那种"田园诗般"的交往不复存在，世界市场事实上已经完全成为资本与资本家的"乐土"，从这时开始，人类社会只能以一种"异化"的方式艰难前进。为此，这种模式下的世界市场必然要通过无产阶级革命予以彻底的扬弃，从而将世界市场的体制与规则重新改写，将其置于马克思所言的"先进民族的共同监督之下"，这是马克思反复强调的一个观点。由此，我们可以得知，世界市场在资本主义制度之后，或者说当世界市场脱离了资本主义与资产阶级的统治获得解放之时，其本身也必然会进入一个全新的历史阶段。这是马克思以一种历史唯物主义视角，考察世界市场发展阶段之时，关于世界市场的"未来构想"。而从文献本身来看，马克思与恩格斯关于未来世界市场的论述着墨不多，但这恰是马克思与空想社会主义者在世界市场问题上的一个明显差别，与空想社会主义者力图最大限度地描述未来世界市场的种种"细节"所不同，马克思最直接的关注点始终都是对现存资本主义制度的批判，而不是沉浸在未来的美妙蓝图中。为此，如果在此探讨关于未来世界市场的种种细节化的特征，其本身也已经脱离了研究的主题，也违背了马克思本意，但却不能不对未来世界市场的特点做出大致的勾勒，因为正如马克思所言："交往的普遍性，从而世界市场成了基础。这种基础是个人全面发展的可能性。"① 在《共产党宣言》中，马克思又写道："代替那存在着阶级和阶级对立的资产阶级旧社会的，将是这样一个联合体，在那里，每个人的自由发展是一切人的自由发展的条件。"② 显然，世界市场与马克思关于"人的自由全面发展"的未来社会构想有着密切的联系，在此结合马克思"人的自由全面发展"的未来制度构想，简要论述未来世界市场发展走向的若干重要特点。

首先，未来世界市场中的各个参与主体必然是"自由"的。马克思之前的经济学家都认为在资本主义制度下的世界市场，每一个世界市场的参与主体都是"自由"的，并以此标榜为是资本主义最值得称赞的功绩，而马克思认为，

---

① 马克思恩格斯文集：第八卷［M］．北京：人民出版社，2009：171.
② 马克思恩格斯文集：第二卷［M］．北京：人民出版社，2009：53.

这种所谓的自由，堪称资本主义制度以及资本家最大的"谎言"。如果将参与主体视为人，那么事实上在资本主义制度之下，劳动者除了双手之外一无所有，只能出卖自身的劳动力，劳动者显然是不自由的，世界市场的存在也仅仅是劳动力跨国间流转，使劳动者在条件更为恶劣的环境下从事生产的一个"传送器"。如果以国家来看，同样，在世界市场中所谓的"自由"永远只是对若干资本主义大国而言的，落后的国家与地区在世界市场中没有丝毫的话语权，只能尾随、依附于少数资本主义强国。为此，未来的世界市场，必然是赋予每一个世界市场参与主体以真正"自由"的经济活动平台。①

其次，未来世界市场中的交往必然更加广泛与和谐。如前文所述，马克思已然指明在资本主义逐渐主导世界市场的过程中，世界市场上人类社会的交往与前一个历史阶段相比，实现了飞速的发展，人类社会的交往愈加密切，但是，资本主义制度在世界市场中所取得的这些成就，其出发点并不是全人类的未来，而只是资本增值活动的需要。为此，在人类社会走出资本主义的"阴影"之时，世界市场中的交往活动不仅不会停滞不前，反而会创造比资本主义统治世界市场之时更大的历史成就，也就是说，在未来世界市场中，人类社会的交往必然更加广阔，不仅仅是经济上的交往，还有文化、制度等多方面的交往活动，一语概之，世界市场的交往活动，虽然可能会有多种复合的动机，但是归根结底是符合全人类发展利益的交往活动。同时，未来世界市场上的这种广袤的交往也必然更加和谐与融洽，以往在资本主义制度下世界市场中长期存在的种种对立关系都将消除。当然，这也并不是说未来世界市场将会再次回到资本主义之前的那种"田园诗般"的境遇，虽然与资本主义制度相比，传统社会中世界市场的交往总体上是和谐的，但是也有其历史的局限性。在传统的世界市场中，那些值得被铭记与赞许的种种优秀物质与精神文化成果以及交往的形式，都将在未来世界市场中获得全新的发展机遇。这正是马克思在《〈政治经济学批判〉导言》中所谈到的："一个成人不能再变成儿童，否则就变得稚气了。"但"为什么历史上的人类童年时代，在它发展得最完美的地方，不该作为永不复返的阶段而显示出永久的魅力呢?"② 可以预见，未来世界市场中的交往必然更加和谐，它的出现将是对现存世界市场中对立关系的彻底否定，也是对以往优秀成

---

① 此处关于未来世界市场的设想，更多是依据现有的条件而言的，根据马克思的观点，在未来国家制度消亡之时，世界市场是否会也会消亡，还是发展成为一个全新样态，其参与主体还会发生何种变化，关于这方面的内容，马克思与恩格斯是谨慎的，也不应该以现有的认知去描绘所谓的"蓝图"。

② 马克思恩格斯文集：第八卷［M］. 北京：人民出版社，2009：36.

果的弘扬。

最后，马克思关于未来世界市场的构想，还涉及一个社会制度的问题。也就是说，在未来世界市场中，是否只能有社会主义这样一种制度？或者必须是此种制度国家的联合？本书认为，未来世界市场不从属于任何一种社会制度，也就是说在走出资本主义所统治的世界市场的历史阶段后，人类所迎来的也不是社会主义或者说共产主义制度统治下的世界市场。在马克思看来，未来世界市场的关键在于打破资本在世界市场中的压迫与统治，也就是真正恢复人类的尊严，从而在世界市场中建立起一整套真正公正与平等的运行体系。就社会制度来说，马克思从来不会要求世界市场中的所有国家与地区都实行一种制度，与之相反，不同社会制度、地理环境的国家与地区，都可以通过世界市场上存在的资金与技术等的流动，而找到一条适应自身的发展道路与模式，这是未来世界市场的应有之义。总的而言，对未来世界市场发展的简单勾勒就已然足够，因为这种理论上的预想不是为了描绘未来的蓝图，而是为了更好地理解资本主义。

第二章

剩余价值与世界市场的规则体系论

第一节　绝对剩余价值与世界市场的发展趋势

恩格斯在马克思墓前的讲话中，将唯物史观与剩余价值看作马克思一生中最为重要的两个发现。虽然马克思本人并没有完全展开世界市场的研究，但马克思在审视世界市场的发展历史以及未来构想之时，始终秉持着唯物史观的分析方法，同时，剩余价值这一马克思政治经济学中最为重要的研究成果，也为我们进一步深入学习与理解马克思世界市场理论的内涵与结构，提供了可能性。换言之，对于马克思世界市场理论的探索，如果去思考马克思世界市场理论有什么样的问题，多少会带有一些主观色彩，但是，如果转换一种思路，去思考马克思世界市场理论没有什么会怎样的问题，显然，无法想象没有剩余价值作为支撑的马克思世界市场理论将会如何。恩格斯将剩余价值学说进一步描述为："现代资本主义生产方式和它所产生的资产阶级社会的特殊的运动规律。"① 而世界市场是现代资本主义社会的重要外沿，它的运行体制从根本上也是由剩余价值所决定的。马克思世界市场的研究绝不是一般意义上的经济学研究，而是依然向世人解读资本主义运行"象形文字"的尝试。为此，有必要从剩余价值的角度进一步了解世界市场的运行机制。这种理论上的尝试，事实上是进入资本主义生产的内部，通过对剩余价值这一资本主义生产的核心事实，考察在资本主义主导下世界市场的国际分工生产中的规则体系为何。具体而言，可以分别从绝对剩余价值的生产与相对剩余价值的生产来理解这一问题。

绝对剩余价值主要是通过延长劳动者的工作日来实现的，马克思在《资本论》第一卷的第三篇中，专门考察了绝对剩余价值的生产。马克思认为，绝对

---

① 马克思恩格斯文集：第三卷 [M]．北京：人民出版社，2009：601．

剩余价值的生产，体现了资本最为原始的对剩余劳动的贪婪，资本为了占有剩余劳动，恨不得"一昼夜24小时内都占有劳动"，但是从劳动者的身体状况来说，这又是不可能的，资本依然会最大限度地延长工作日的时间，侵占劳动者一切空闲的时间，从而产生出更多的剩余价值，也就是绝对剩余价值的生产。从文本本身来看，马克思关于绝对剩余价值生产的论述，主要是立足于资本主义国家与资本主义企业内部的生产来谈的，其中的重点章节"工作日"，本身就是一部劳动者反对资本的压迫，进而争取正常工作日的斗争史。正如马克思所言："正常工作日的规定，是几个世纪以来资本家和工人之间斗争的结果。"①在资本主义国家，工人阶级通过斗争，通过工厂立法以及其他法规，限定了工作日的限度，即使是这样，资本还是会"像夏洛克那样死抠法令条文"，不过，总的来看，在资本主义国家与企业内部，绝对剩余价值的生产确实开始退出历史的舞台，在国家法律与工厂管理体系逐渐制度化、法规化的情况下，资本家开始聚焦于相对剩余价值的生产。但是，在马克思所处那个时代的世界市场中，依然存在绝对剩余价值的生产，世界市场本身的开放性以及地区特点，使得世界市场的发展存在着不平衡，这样，资本主义的生产方式就赋予了世界市场中其他"劳动等级较低级形式上从事生产的民族"一种"过度劳动的文明暴行"，由于世界市场发展的不平衡以及相应监督管控的长期缺失，原本在国内只能"大致满足一下吸血鬼吸吮劳动鲜血的欲望"的资本家与资本，在世界市场中的落后地区反而能够放肆地吸吮剩余劳动而无视任何法规，这正是马克思在《共产党宣言》中所谈到的"资产阶级奔走于全球各地。它必须到处落户，到处开发，到处建立联系"的深层次原因，也是资本热衷于开拓世界市场的重要原因。

当然，如果我们从历史发展的角度来看待这一问题，从马克思所处的时代直到现今，资产阶级在世界市场中榨取绝对剩余价值的情况，也在逐渐减少乃至退出历史舞台，这确实是世界市场中存在的客观发展趋势。首先，必须认识到，这种情况的出现依然是斗争的结果，是世界市场中处于资本主义"外围"的国家、地域与民族共同努力的结果，是在世界市场中觉醒的"先进力量"反抗一个个世界市场的"暴君"取得的成就。其次，马克思在论述绝对剩余价值生产的过程中，实质上揭示了资本的重要特点，也就是资本必然会去寻求"法外之地"，在监管缺失的地区与行业，资本只需要付出非常少的代价就能轻而易举地突破"道德底线"榨取剩余价值。这是马克思通过绝对剩余价值的论述，想传递给读者的重要信息。就此而言，虽然在世界市场中普遍建立起了法定工

---

① 马克思恩格斯文集：第五卷 [M]．北京：人民出版社，2009：183.

作日，各种国际间的政策与公约逐步完善，使得资本在全球范围内榨取绝对剩余价值越发困难，但不能忘却的是，对于资本而言，它始终会利用世界市场发展的不平衡性，继续在世界市场中寻找属于资本的"伊甸园"。最后，资产阶级在世界市场中掠取绝对剩余价值的空间虽然愈加狭小，但是这绝不意味着资产阶级放松了对世界市场的统治。马克思在研究资本主义国家与企业内部时所判定的资本由绝对剩余价值转向相对剩余价值的趋势，在资本主义主导下的世界市场中同样适用，也就是说，资产阶级及资本主义国家通过世界市场，依然可以实现相当高效的相对剩余价值的生产，事实上，也正是从相对剩余价值的生产开始，资产阶级反而大大加强了对世界市场的控制，同时，也正是从此开始，资产阶级、资本主义国家等形色各异的资本的"代言人"，开始在世界市场上以"文明者"自居，把资本主义主导下世界市场的各种不公与压迫，全部掩藏在了"自由贸易"的规则下。

第二节　相对剩余价值与世界市场的规则体系

马克思认为，与单纯延长劳动者工作日的绝对剩余价值不同，相对剩余价值主要是通过缩短必要劳动时间，改变工作日中的两个组成部分的比例，也就是可变资本与不变资本的比例而实现。马克思在《资本论》第一卷第四篇中，对相对剩余价值的生产做了详细的考察，相对剩余价值的生产是马克思剩余价值学说中的核心理论，它戳穿了资本家"伪善"的面具，真正体现了资本为追求剩余价值的无所不用其极。当然，与考察绝对剩余价值的背景相同，马克思在考察相对剩余价值的生产时，立足点依然是在资本主义国家与企业内部的生产，并没有展开到世界市场的分析层面，但通过对马克思相对剩余价值论述的梳理，依然可以为我们理解相对剩余价值与世界市场的规则体系提供有益的借鉴。在此，结合《资本论》中关于相对剩余价值的相关内容，从以下三个方面来叙述这一问题。

一、相对剩余价值与世界市场的分工协作

马克思在对相对剩余价值的生产展开研究之时，第一个关注的问题就是协作。马克思将协作定义为："许多人在同一生产过程中，或在不同的但相互联系

的生产过程中，有计划地一起协同劳动，这种劳动形式叫作协作。"① 人类社会的协作历史由来已久，从根本上来看，这种"协作精神"是"许多力量融合为一个总的力量而产生新的力量"，这一历史进程始终在进行。马克思指明了协作的两个重要的趋势，首先是"协作可以扩大劳动的空间范围"，也就是说，由于协作，越来越多的人与地区都可以参与进来，这样劳动过程在空间上被延展了，不同空间、地区的人，即使相隔万里都可以参与到同一个劳动过程中。其次是"协作与生产规模相比可以相对地在空间上缩小生产领域"，这主要是指随着劳动过程在空间上的延展，在具体的生产中，可以通过协作走上"小而精"或者"专而强"的生产模式。这两大趋势都是协作的客观规律。但就资本主义生产而言，这也揭示了为什么资本主义如此渴求世界市场，因为世界市场正是劳动空间扩展最宏伟的表现，只要资本主义占据世界市场的统治地位，就可以通过世界市场的分工协作，也就是通过国际分工来赚取更多的相对剩余价值，特别是在资本主义发展的成熟阶段，资本主义国家工人运动日益高涨，使得剩余价值的生产面临困境，而资产阶级绝对不会忘记："协作仍然是资本主义生产方式的基本形式。"② 为此，资产阶级开始转移部分的生产，此时一个广阔且完全掌握在资产阶级手中的世界市场，使得资本主义的协作生产能够不局限于某一特定工厂中，而是在全球范围内组织生产，也就是不仅仅局限于国内分工，而是在世界市场中展开国际分工，这样，虽然看似劳动过程被延长了，但是其结果却是更多专业化、精细化生产部门的出现，不同的劳动过程虽然在空间上产生了更大的距离，但其向整个生产的靠拢反而更加紧密，随之而来的是更高的劳动生产力。这样，一些借助于世界市场分工协作而组织生产的资本主义企业，反而能够缩短生产商品的必要劳动时间，获取更多的剩余价值。所以，资产阶级必须不断扩大世界市场，并且将资本主义的生产延伸到世界的每一个角落。

关于相对剩余价值与世界市场的分工协作，还蕴含着一个深层次的问题，就是关于世界市场分工协作的判定，这实质上所涉及的也是在资本主义统治下世界市场的规则体系的问题。马克思本人也注意到这个问题，他写道："一切规模较大的直接社会劳动或共同劳动，都或多或少地需要指挥，以协调个人的活动，并执行生产总体的运动。"③ 显然，在现实中，资本主义生产往往跨越地域上的阻碍而组织更大规模的生产，那么是否可以理解为资本主义正在充分组织

---

① 马克思恩格斯文集：第五卷［M］．北京：人民出版社，2009：366.
② 马克思恩格斯文集：第五卷［M］．北京：人民出版社，2009：389.
③ 马克思恩格斯文集：第五卷［M］．北京：人民出版社，2009：312.

生产，使得各个地区都能够加入生产，从而在世界市场中实现"各司其职"？马克思认为，资本主义确实在更大的范围内组织生产活动，这促成了更为广泛的分工，而"一旦从属于资本的劳动变成协作劳动，这种管理、监督和调节的职能就成为资本的职能"①。换言之，就世界市场的分工来看，资本主义企业与资本家确实在发挥着管理、监督乃至调整世界市场的分工的职能作用，但是，马克思提醒人们注意，与其说这些是企业与资本家的"职能"与"使命"，倒不如说是"资本的职能"使然，马克思解释道，这种所谓的"资本的职能"就是："资本尽可能多地自行增值，也就是尽可能多地生产剩余价值。"② 这是整个资本主义生产的"动机和目的"所在。所以，对于资本主义占主导地位的世界市场而言，这种世界市场中所体现的分工协作，看似是"人为"来确定的，事实上却是由"非人"的"资本职能"确定的，它的走向完全是为了能够生产更多的剩余价值而设定的。这种世界市场的分工最鲜明的体现就是马克思前文嘲讽自由贸易者所谈到的："有人对我们说，自由贸易会引起国际分工，这种分工将规定每个国家的自然条件和相适应的生产""先生们，你们也许认为生产咖啡和砂糖是西印度的自然禀赋吧！"③ 马克思指出，在资产阶级统治下的世界市场，所谓的"国际分工"带有相当的强制性，其背后体现的是巨大的不平等，而资产阶级之所以会如此，是因为这种国际分工，完全是为了生产更多的剩余价值而出现的，至于说这种世界市场中的分工是否加剧了阶级、地区以及民族的对立，其所生产的商品是否能够真正满足世界市场的需求，资产阶级对这些问题都不关心。在亚当·斯密那里，这种世界市场的分工被理解为自然的历史过程；而在李嘉图那里，这种世界市场的分工又被描述成是依据地区特点，充分发挥"比较优势"的必然。马克思却已然通过资本特点的研究、剩余价值的研究，揭露了资本主义统治下世界市场的这种分工协作完全是由资本所牢牢掌握的，马克思所言的人类社会真正的"协作精神"，在世界市场中也完全蜕变为资本"这位将军的命令"，容不得任何人质疑。

二、相对剩余价值与世界市场的机器体系

马克思在《资本论》第一卷论述相对剩余价值的生产时，用了大量的篇幅来论述机器与大工业的问题。马克思阐述了机器对于人类社会的巨大意义，马

---

① 马克思恩格斯文集：第五卷 [M]. 北京：人民出版社，2009：385.
② 马克思恩格斯文集：第五卷 [M]. 北京：人民出版社，2009：384.
③ 马克思恩格斯文集：第一卷 [M]. 北京：人民出版社，2009：756.

克思写道："正像人呼吸需要肺一样，人要在生产上消费自然力，就需要一种'人手的创造物'。"① 马克思在此特别使用了"机器体系"的概念，马克思提醒读者要注意两种不同的机器生产，即"必须把许多同种机器的协作和机器体系这两件事区别开来"。② 马克思指出，前者主要是指整个产品由同一个机器来完成③，后者"机器体系"更为复杂也更为普遍，马克思给"机器体系"做出一个完整的说明："劳动对象顺次通过一系列互相联结的不同的阶段过程，而这些过程是由一系列各不相同而又互为补充的工具机来完成的地方，真正的机器体系才代替了各个独立的机器。"④ 不管是"同种机器的协作"，还是"机器体系"，它的出现都是为了节省人类生产活动中的耗费，以人类必不可少的生产资料的形式而存在，都应该应用于全人类的福祉当中。但现实情况却是在资本主义生产方式下，机器的应用以及机器体系的组合，完全掌握在资本的手中。马克思写道："在机器上，劳动资料的运动和活动离开工人而独立了。"⑤ 随之而来的结果是，机器应用的出发点不再是造福人类，而完全是实现剩余价值的最大化。"对资本来说，只有在机器的价值和它所替代的劳动力的价值之间存在差额的情况下，机器才会被使用。"⑥ 马克思在此指明了使用机器的"界限"所在，即机器应用的价值必须小于通过使用机器而替代的那部分劳动力的价值，如果没有超越这一界限的话，那么资本宁可雇用更多的劳动力从事手工生产，也不会展开机器生产。这一问题在世界市场中更为突出，在资本主义所组织的国际分工中，资本往往会雇用更多的劳动力从事手工生产以替代机器生产，资本对普及机器化的大生产相当排斥，主要是因为，在世界市场中有大量符合资本心意的"产业后备军"存在，机器的"替代品"更为便宜，这是资本最为乐意看到的情况。

当然，这并不是说资本主义的世界市场下就没有机器的应用，在国际分工中一旦资本意识到已经达到应用机器的界限时，资本会毫不犹豫地在生产中投

---

① 马克思恩格斯文集：第五卷［M］．北京：人民出版社，2009：444.
② 马克思恩格斯文集：第五卷［M］．北京：人民出版社，2009：435.
③ 马克思在文中就这种"许多同种机器的协作"以信封的制作举例道，以往信封的制作往往需要折纸、涂胶、折边、印样四个完全不同的工种来完成，而现代信封制作机的出现则把这些不同的工种统一到了同一台机器上，马克思说这种速度是如此之快，以至于一小时之内就可以制作3000个信封。详见《马克思恩格斯文集》第五卷，人民出版社2009年版，第435页。
④ 马克思恩格斯文集：第五卷［M］．北京：人民出版社，2009：436.
⑤ 马克思恩格斯文集：第五卷［M］．北京：人民出版社，2009：464.
⑥ 马克思恩格斯文集：第五卷［M］．北京：人民出版社，2009：451.

入机器，这正是世界市场中"机器刚刚为自己获得活动范围的初创时期"，马克思指出这个"初创时期"的特点是由于机器的首次使用，从而能够创造出异常高的利润。马克思写道："在机器生产还处于垄断状况的这个过渡时期，利润特别高，而资本家也就企图尽量延长工作日来彻底利用这个'初恋时期'。高额的利润激起对更多利润的贪欲。"① 世界市场中同样存在强制规定工作日的趋势，使得资本家延长工作日的愿望逐渐破灭，这时如果资本还想长期保持这个"初恋时期"，那么就必然要在机器体系上做出改进，马克思写道："自从剩余价值的生产永远不能通过延长工作日来增加以来，资本就竭尽全力一心一意加快发展机器体系来生产相对剩余价值。"② 这时就在世界市场中掀起了一股改进机器的热潮，机器的改进对资本而言，意味着能够在工作日已定的情况下，驱使劳动者在更短的时间内创造出更多的剩余劳动，这无疑会加大劳动者的劳动强度，给劳动者以更为严重的剥削，这是资本主义通过世界市场实现全球剥削与压迫的重要手段。

最后，研究相对剩余价值与世界市场的机器体系，可以得出以下一些思考。

首先应该先注意区分"机器体系"与"机器体系的资本主义应用"这两个不同的概念，根据马克思对"机器体系"的论述，可知其中有两个重要特点，即"相互连接的不同阶段""各不相同但互为补充的工具（机器）"，这两个特点在世界市场中同样有所体现，这也是世界市场总体向前发展的体现，事实上它主要是与广义上的世界市场相联系。更为直接地说，不管有没有资本主义，机器体系都会向前发展，它所体现的正是马克思所言的："机器体系的一切可能的大规模应用"。而"机器体系的资本主义应用"，是马克思《资本论》中重点考察的对象，它是一个特定的概念，主要是指资本主义应用于组织机器生产的方式，主要与狭义的世界市场发生联系，是"机器体系"的一个特殊阶段的表述，这一阶段的特殊之处就在于机器与人完全对立了，机器的应用不再由社会劳动所主导，而是由资本所掌控。在资本主义主导的世界市场中，一些先进的机器以及技术，往往成了若干资本主义国家在世界市场中树立霸权与威严的"法宝"，由于世界市场的特殊性（如地域、国家、民族间的差异性等），资本在世界市场中能够通过先进的技术长期维持这种"初恋时期"，这也解释了为什么世界市场中的一些资本主义国家特别热衷于技术垄断，人为切断世界市场中的技术流。

---

① 马克思恩格斯文集：第五卷 [M]. 北京：人民出版社，2009：468.
② 马克思恩格斯文集：第五卷 [M]. 北京：人民出版社，2009：471.

三、相对剩余价值与世界市场的产业后备军

不论是资本主义的协作，还是资本主义的机器体系的应用，都只是资本生产剩余价值的手段，并不是剩余价值的来源。剩余价值的唯一来源只有劳动者，所以，研究剩余价值与世界市场，不可能忽视对"人"与对劳动者的研究。对此，马克思在《资本论》中关于"产业后备军"的论述，是一个很好的切入点。首先应该探究的是，在世界市场中，马克思所言的资本主义的"人口规律"是否也存在。马克思写道："工人人口本身在生产出资本积累的同时，也以日益扩大的规模生产出使他们自身成为相对过剩人口的手段。这就是资本主义生产方式所特有的人口规律。"① 而产业后备军，正是这种人口规律的突出表现。事实上，随着资本主义生产规模的扩大，资本必然要通过世界市场来组织更大规模的生产，结果是这种资本主义所特有的"人口规律"，在资本主义主导下的世界市场中反而以更大的规模呈现出来。换言之，世界市场中的产业后备军，是资本主义用以统治世界市场的重要手段与直接结果。具体而言，在资本主义生产中，劳动者与机器之间存在的对立，使得在生产中一旦机器作为生产资料出现，立刻就成了工人的竞争者，由于生产过程被机器所替代，劳动者的劳动力这一特殊的"商品"便没有了使用价值，进而交换价值也就没有了，这时"工人就像停止流通的纸币"，对于资本而言，此时的劳动者没有任何价值，劳动者被资本无情地抛出了生产过程，马克思写道："受机器排挤的工人从工场被抛到劳动市场，增加了那里可供资本主义剥削支配的劳动的数量。"② 也就是对于资本主义生产而言，产业后备军的数量扩大了，"过剩的人口形成一支可供支配的产业后备军，它绝对地从属于资本，就好像它是由资本出钱养大的一样"。③ 产业后备军的扩大，一方面削弱了仍然从事生产的劳动者反抗资本主义的力量，使得资本能够更加疯狂地压榨劳动者，吸吮其剩余价值；另一方面，大量产业后备军的存在，也使得劳动者的劳动力贬值了，因为劳动者为了谋生不得不一再降低自己的工资，也就是资本购买劳动者的劳动力的那部分价格，这样，资本在扩大再生产之时，可以以比以往更少的花费雇用到相同的劳动者。

在世界市场的分工中，我们依然可以看到，生产规模的扩大带来的是更多的失业者，特别是每当世界市场中行业间整体生产效率普遍提高之时，更带来

① 马克思恩格斯文集：第五卷［M］．北京：人民出版社，2009：728.
② 马克思恩格斯文集：第五卷［M］．北京：人民出版社，2009：509.
③ 马克思恩格斯文集：第五卷［M］．北京：人民出版社，2009：729.

了大批的失业人群。因为在世界市场的分工与生产中，由于劳动力价格普遍较低，资本能够通过雇用大量劳动力，来实现超过机器应用所产生的剩余劳动，而一旦资本意识到应用机器的界限已然到来，那么资本就会毫不犹豫地将机器作为生产资料投入生产，在世界市场中的落后国家与地区，这种由于机器的应用而所能替代的劳动力，往往是资本主义国家的几倍，所以就会产生大量的相对过剩人口。同时，在资本主义国家，工人运动的长期不懈，使得资本主义国家不得不在社会保障以及其他方面做出相应的改进，而在世界市场中，由于多种因素的影响（如社会发展程度、受教育程度以及国家综合国力等），社会保障方面的进展往往较为滞后，所以每当资本将劳动者抛出生产之时，失业者往往面临更为严峻的后果。最后，劳动者为了谋生，绝对不会坐以待毙，都希望能够通过自己的劳动获得更多的回报，而世界市场的存在，为劳动者走向更为广阔的地域谋生提供了可能，但是在资本主义主导的世界市场下，这种发展是不平衡的，资本主义国家发展的优势，反而成为压制其他地区与种族劳动者的"棍棒"。当然，资本事实上是不分肤色与种族的，因为在资本眼中，只有更为低廉的劳动力商品。马克思深刻地写道："劳动力的价值不只是决定于维持成年工人个人所必需的劳动时间，而且决定于维持工人家庭所必需的劳动时间。"①从这一点上来说，资本需要人，需要劳动力，但又不需要家庭，除非家庭也能变为可供压榨的劳动力。所以，每当劳动者漂洋过海之时，在相当长的时间内都必须首先维持自身，这当然是资本乐于所见的，而一旦超越了这一界限，资本就会替这些劳动者来"操心"一下他们家庭关系是否真挚，或者说与本国各种"先进文化"是否相容，这无疑是人的全面发展的又一"枷锁"。在马克思的视域下，世界市场的发展是人类交往的必然，人类在交往中才能发现对方、认识自我。而在资产阶级那里，世界市场的扩展很大程度上在于能够发现更多可以榨取剩余价值的劳动者。资本所力图实现的，是"原子化"的个人，是一个没有任何交集的人类群体，因为只有这样，劳动者才不会发现马克思所言的，资本家所支付的仅仅是 100 个独立劳动力的价值，但是却可以得到一个大于 100 个独立劳动力的"结合劳动力的价值"。正是有了世界市场，资本才能把世界上任何一个民族都拉入资本主义的生产中去生产剩余价值，从而造成全世界范围内对人的剥削与压迫。

马克思剩余价值理论的创立，解释了资本主义生产的秘密所在。当然，正如前文一再指出的那样，马克思剩余价值的考察主要是针对资本主义企业的生

---

① 马克思恩格斯文集：第五卷 [M]．北京：人民出版社，2009：545．

产内部而出发的，而结合世界市场来理解剩余价值，也就必须有一个前提条件，即跨国资本输出成为可能，也就是资本主义不仅仅在世界市场中投入商品，而且通过世界市场在全球范围组织生产。在这种情况下，世界市场的存在就不仅仅是以商品流通为主要特征了，跨国资本输出的可能，使得资本家能够在全球建立起一整套真正完善的生产体系，以往工厂内部的剥削与压迫，就会转变为一种全球范围内的压迫，资本家迫切希望世界市场具有能够倾销商品的空间，这种商品的倾销往往能够获得高额利润，但这却不是资本家不断扩大世界市场的根本原因所在，资本主义的本质是扩大再生产，这种扩大再生产是建立在不平等的关系之上的，如果不平等能在更大范围内呈现，那么资本通过这种扩大再生产所实现的利润就非常可观。换言之，《资本论》中所揭露的资本为了掠取剩余价值所使用的种种手段，体现了资本主义生产所固有的不平等与压迫，也指明了资本为了掠取剩余价值以及超额利润的方法。而在研究世界市场的规则体系之时，只要世界市场的主导力量是资本主义，那么现有世界市场中的规则，本质上也是资本逻辑的进一步扩大化。当然，在现实中，不能排除资本主义出于自身生存的需要调整世界市场中的规则，使得整个世界市场中的资金流与技术流等趋向于合理化。但只要人类还没有走出资产阶级时代的世界市场，恩格斯对资本主义的诘问与嘲讽就始终具有代表意义，恩格斯写道："好一个自由！无产者除了接受资产阶级向他们提出的条件或者饿死、冻死、赤身裸体地到森林中的野兽那里去找一个藏身之所，就再没有任何选择的余地了。好一个'等价物'！它的大小完全是由资产阶级任意规定的。"① 在资本主义所主导的世界市场中，应该始终对抽象且虚幻的"自由"与"平等"抱有相当的警觉，因为此时世界市场的运行体系，是建立在全球的不平等生产基础上的。可见，即使是在当代，要想科学、全面地理解世界市场的规则体系，马克思剩余价值理论依然是一个非常重要的"批判的武器"，依然可以从剩余价值理论中汲取相当的智慧与观点，而在马克思和恩格斯逝世后，伯恩施坦等人对剩余价值理论的完全抛弃，最终使得他们得出了与马克思世界市场理论相反的观点。

---

① 马克思恩格斯全集：第二卷 [M]．北京：人民出版社，1957：360.

第三章

世界市场的危机论

第一节　世界市场的经济危机

马克思虽然多次计划在政治经济学的研究中创作一部"世界市场册",但最终并未实现。同时,关于这部"世界市场册"的内容马克思也没有做明确的说明,这使得学界探究马克思世界市场理论的具体内容面临不小的困难。但马克思明确指出,世界市场的危机论是其意图构建的世界市场理论的全部核心。在《〈政治经济学批判〉导言》中,也就是马克思所提及的"五篇"结构中,马克思将关于世界市场的内容划定为:"世界市场和危机",将世界市场直接与危机相联系。目前学界普遍认为,这个"五篇"中的"世界市场和危机"的表述最能代表马克思世界市场理论的核心思想。在《1857—1858年经济学手稿》中马克思解释道:"世界市场构成末篇,在末篇中,生产以及它的每一个要素都表现为总体,但同时,一切矛盾都展开了。于是,世界市场又构成总体的前提和承担者。于是,危机就是普遍表示超越这个前提,并迫使采取新的历史形式。"[①]在"六册"计划中,马克思直接采取了"世界市场"的表述,没有提及危机,但这并不意味着马克思放弃了关于世界市场中危机的认识,而是将世界市场的危机,上升为一种资本主义生产制度的内在规定性,是一个可以不必明确提及,但在理论的研究与实践中必然要面对与解答的问题。在马克思与恩格斯的著作中,关于世界市场的危机问题确实有大量的经典表述,也占据着相当的篇幅。所以,虽然对马克思世界市场理论的具体结构依然需要大量的研究与探索,但无论如何,关于世界市场的危机论,必然是马克思世界市场理论的核心所在,是支撑马克思世界市场全部理论最重要的"支点",因为这是马克思生前已然提

---

① 马克思恩格斯全集:第四十六卷(上)[M].北京:人民出版社,1979:178.

出的明确理论构想。为此，必须对马克思世界市场的危机论予以分析。

首先，世界市场的危机本质是经济危机，即生产过剩危机，它构成了世界市场所有危机的"原点"。马克思认为，在简单的物物交换情况下，在每一个交换的过程中，买者就是卖者，卖者就是买者，所以不存在危机。但是在商品交换的情况下，商品必须实现"惊险的跳跃"，也就是必须完成其形态的变化（W—G），如果这个过程不能实现，商品的所有者就会摔得"粉身碎骨"，为此商品必须能够转化为货币，但是在这一过程中，"商品必须转化为货币，而货币却不必立即转化为商品，因此卖和买可能彼此脱离。我们说过，这个形式包含着危机的可能性"。马克思进一步解释道，这种可能性从"相互联系和不可分离的因素彼此脱离"，① 也就是在原本的商品交换中，一种完全互通有无的状态，可能因为卖者与买者活动中的不对等而出现迟滞，从而产生交换的矛盾。但马克思指出，这也仅仅是危机的可能性，因为危机的真正产生还需要一定的现实条件，"这种可能性要发展为现实，必须有整整一系列的关系，从简单商品流通的观点来看，这些关系还根本不存在"。② 而资本主义制度的出现，恰恰为这种危机的可能性提供了现实的基础，在资本主义制度下，原本一切危机的可能性条件，现在都成了资本主义制度赖以生存的基础。所以当资本主义制度在世界市场中站稳脚跟之时，事实上也宣告了一种内含重大危机的生产方式在全球的扩张。而对于世界市场危机的分析，马克思指出这种危机的考察不是简单意义上讨论买与卖的分离，而是要结合现代资本的特点来谈，"要就危机来自资本作为资本所特有的，而不是包含在资本作为商品和货币的单纯存在中的那些资本形式规定，来进行这种考察"。③ 那么"资本所特有的规定"是哪些？马克思一语道中要害："资本不是进行简单再生产，而是进行扩大再生产，不是画一个圆圈，而是画一个螺旋形——会出现市场对于生产显得过于狭窄的时刻。这会发生在周期的末尾。但这也仅仅是说：市场商品充斥了。生产过剩现在变得明显了。"④ 此时，世界市场中危机的根源被真正解释，现存的世界市场之所以存在着危机，根本原因是现有的生产模式与制度，都是为"现代资本"所服务的，而"现代资本"的特点正是扩大再生产，只有扩大再生产，才能获取更多的剩余价值，进而实现资本的增值活动。而世界市场的发展，虽然在资本主义制度下已经不断加速，但是它的发展对于资本主义扩大再生产而言始终是不够的，

---

① 马克思恩格斯文集：第八卷［M］．北京：人民出版社，2009：247.
② 马克思恩格斯文集：第五卷［M］．北京：人民出版社，2009：135.
③ 马克思恩格斯文集：第八卷［M］．北京：人民出版社，2009：251.
④ 马克思恩格斯文集：第八卷［M］．北京：人民出版社，2009：264.

也永远不可能够。如马克思所言："市场和生产是两个彼此独立的因素，所以一个扩大同另一个扩大就可能不相适应。"① 而在资本主义制度下的世界市场，世界市场的发展速度"跑不赢"资本的扩张速度是一个经常性的现象。因为世界市场的发展是人类社会交往的缩影，它的发展往往会受到诸如民族消费习惯、国家政策以及文化心理等多种因素的影响，但是资本的扩张却是一个"无人之境"，它除了自身增值活动的需要，不带任何其他因素。所以在资本主义制度之下，资本主义生产就与市场的范围形成了尖锐的矛盾，最后"庞大的商品堆积"这一现代的奇景就出现了。

当然，资本面对危机绝不会坐以待毙，全球性经济危机的出现，只会使得资本与资产阶级更加狂热地去开拓世界市场，而世界市场的每一次发展，在客观上确实会缓解资本主义的经济危机，但这只是暂时性的，因为"新的市场——市场的新的扩大——可能很快被生产超过"②，而那时更大的危机就会在此显现。在现实中，资本主义还会同时采取另一种方法来应对世界市场的危机，那就是通过种种强制性的手段实现世界市场中生产与消费的暂时性的平衡，但是马克思认为资本主义的这种应对危机的方法，其力图实现的某种"平衡"也不过是另一个谎言。"因为这种平衡总是以有什么东西要平衡为前提，就是说，协调始终只是消除现存不协调的那个运动的结果。"③ 资本主义制度永远不可能改变现存的整个生产模式与体制，而只是局部调整与实现表面的平衡，并且往往并不是通过真正意义上的经济手段，而是通过暴力乃至战争才能够实现此种平衡，为此，马克思讲得非常精辟，对于资本主义而言，"危机无非是生产过程中已经彼此独立的阶段以暴力方式实现统一"④。

马克思认为世界市场所存在的经济危机，其根源只能在资本主义的生产，或者说只能从资本本身的特点中去寻找，不能采取"供需冲突"的分析视角来认识世界市场的危机。恩格斯在《反杜林论》中指出，杜林所认识的世界市场的危机，就是从供需的角度来理解的。但这并不是说马克思本人对于消费领域不重视，相反，马克思指出"生产过剩这个词本身会引起误解，只要社会上相当大一部分人的最迫切的需要，或者哪怕只是他们最直接的需要还没有得到满足，自然绝对谈不上产品的生产过剩""在这个意义上，在资本主义生产的基础

---

① 马克思恩格斯文集：第八卷［M］.北京：人民出版社，2009：264.
② 马克思恩格斯文集：第八卷［M］.北京：人民出版社，2009：264.
③ 马克思恩格斯文集：第八卷［M］.北京：人民出版社，2009：269.
④ 马克思恩格斯文集：第八卷［M］.北京：人民出版社，2009：247.

上经常是生产不足"①。现实情况也确实如此，依然有相当大的一部分人生活的产品需要根本得不到满足，马克思在此想提醒人们的是，对于资本主义的生产不能够抱以希望，因为此种生产模式永远不可能将人类社会带入一个真正的"丰饶社会"，马克思总结道，对于资本的扩大再生产而言，"这种大规模的生产的基础是：一方面，广大的生产者的消费只限于必需品的范围；另一方面，资本家的利润成为生产的界限"。② 而从世界市场来看，马克思的这个结论同样适用，在资本主义所主导的世界市场中，落后国家与地区的生产者甚至连最基本的生活必需品都无法得以满足，对于资本家来说，在落后国家与地区进行生产活动反而能够以更少的投入换回更多的利润，从世界市场中生产者的消费来看，世界市场的经济危机实质上是更大规模的生产不足。当然，这个从消费观点来认识经济危机的结论必须建立在对于资本主义生产特点有明确认识的基础上，也就是需要从商品生产过剩的背后认识到资本的生产过剩，马克思认为在资本主义制度之下，前者是后者的一个外在表现，是不能割裂的。马克思在其分析中，以一种通俗的话语做了总结："资本的生产过剩无非是，为了发财而生产的东西过多了，或者说，不是预定用作收入加以消费，而是预定用来赚取货币（进行积累）的那部分产品太多了；这部分产品不是预定用来满足它的所有者的私人需要，而是预定用来为它的所有者创造抽象的社会财富即货币，创造更大的支配他人劳动的权力——资本。"③

第二节　世界市场的信用危机

在世界市场的经济危机之外，还存着世界市场的信用危机，这一危机也是马克思所重点关注的。当然，世界市场的信用危机不是世界市场的根本性危机，它是经济危机的一个外在延伸。从这个意义上来说，信用危机的出现也是由资本的本质特征所决定的。首先就信用本身来看，信用本身是一个古老的议题，在资本主义制度兴起之前就已经出现，但是资本主义制度无疑将信用的发展带入了全新的高度，因为资本主义的扩大再生产，高度依赖信用制度才能实现，

①　马克思恩格斯文集：第八卷 [M]. 北京：人民出版社，2009：267.
②　马克思恩格斯文集：第八卷 [M]. 北京：人民出版社，2009：268.
③　马克思恩格斯文集：第八卷 [M]. 北京：人民出版社，2009：273.

正如马克思写的"再生产过程的全部联系都是以信用为基础的生产制度"①。在现实社会中,信用制度承担着重要的角色,信用制度的存在能够组织更多的社会闲置资本将其投入生产领域。但是,对于资本主义扩大再生产而言,问题就出在这种依托于信用的再生产模式带有相当大的盲目性与投机性,马克思指出"正是信用促使每个生产领域不是按照这个领域的资本家自有资本的数额,而是按照他们生产的需要,去支配整个资本家阶级的资本"②。也就是说,在资本主义再生产的情况下,资本家以信用方式融资以扩大再生产之时,往往会忽略其"自有资本的数额",也就是忽略自身的支付能力与偿还能力,直接以扩大再生产为出发点,力图最大限度地通过信用制度套取整个资本家阶级的全部资本用以扩大生产。而在世界市场中,这种情况被扩大了,因为世界市场的存在,意味着有更多的国外资金、技术以及劳动力可以被投入资本主义扩大再生产中,这将会极大地加速再生产的速度,所以对于资本家而言,在世界市场中的交易往往更加忽视"自有资本的数额",以期获得更多的再生产资本,可以发现,资本主义生产的全部环节是依靠信用制度联系起来的,但信用制度却异常脆弱。"只要信用突然停止,只有现金支付才有效,危机显然就会发生。"而信用危机的本质,马克思写道:"事实上问题只是在于汇票能否兑换为货币。但是这种汇票多数是代表现实买卖的,而这种现实买卖的扩大远远超过社会需要的限度这一事实,归根结底是整个危机的基础。"③ 马克思在此意欲强调,从根本上来说是资本主义的生产模式没有从真正的社会需要出发,而是从资本的增值出发,才为世界市场的危机提供了可能,而信用制度的崩溃只是世界市场危机的导火索而已。

其次,马克思关于世界市场中信用危机的论述,实际上也关乎虚拟资本的认识,对于正确理解虚拟资本,进而规范虚拟资本的运营也有着重要的指导意义。当然,马克思所论及的虚拟资本,主要是从股票债券以及银行汇票入手的,但是,马克思通过对虚拟资本的论述,已然指明了虚拟资本所固有的一些重要特点。马克思指出,虚拟资本并不能即时带来利润,而是需要在一个特定的时间范围内才能获得利润,并且此种利润的实现带有一定的风险性。结合世界市场来看,由于世界市场的存在,虚拟资本能够走得更远,而所获得的预期收益也更多,这样就会出现资本的收益远远大于劳动收益的情况,加之世界市场的

---

① 马克思恩格斯文集:第七卷 [M]. 北京:人民出版社,2009:555.
② 马克思恩格斯全集:第二十六卷(2)[M]. 北京:人民出版社,1973:233-234.
③ 马克思恩格斯文集:第七卷 [M]. 北京:人民出版社,2009:555.

不断发展，在很大程度上加剧了信息的不对称，这就使得虚拟资本有可能在世界市场上找到"法外之地"，从而加剧世界市场的危机。在《资本论》第三卷第二十五章"信用和虚拟资本"中，马克思专门考察了世界市场上"东印度"公司的贸易问题，马克思发现在"东印度"公司的跨国贸易中，已经出现为单纯追求虚拟资本的利润而转卖商品的情况。马克思写道："在东印度贸易上，人们已经不再是因为购买了商品而签发汇票，而是为了能够签发可以贴现、可以换成现钱的汇票而购买商品。"①值得注意的是，恩格斯在《资本论》第三卷中的补充，他在马克思的这一论述下专门补充道，此种"贸易上的欺诈"而存在的空间正在越来越小。恩格斯写道："在来往印度的商品必须绕过好望角用帆船运送的时候，这种欺诈办法一直流行着。但自从商品通过苏伊士运河并用汽船运送以来，这种制造虚拟资本的方法就丧失了基础：漫长的商品运输时间。而自从英国商人对印度市场的状况印度商人对英国市场的状况能够在当日由电报得知以来，这个办法就完全行不通了。"②此处恩格斯的论述对于破解世界市场中虚拟资本的过度发展有着重要的启示，恩格斯认识到，在世界市场中之所以虚拟资本能够获得巨大的生存空间，最主要的原因还是世界市场发展得不够充分，造成了世界市场不同的参与者往往会获得完全不同的市场情报，此种信息上的不对称是造成虚拟资本无序发展的重要推手，而一旦世界市场的联通加强，信息更加公平、透明之际，虚拟资本所带来的危机，其存在的空间就会越发狭小，这也从另一个角度指明了加快推进世界市场融合发展的必要性。放眼当今，虽然恩格斯所提出的"漫长的商品运输时间"在世界市场中已然是一个能够被克服的问题，但随着科技的发展，虚拟资本不再局限于由汇票等来承接，而是可以在虚拟的空间中实现快速流转，这事实上也加剧了虚拟资本的危机，2008年的危机就是很好的例证。恩格斯的这一观点，为真正实现世界市场的互通有无，进而加强对虚拟资本的监管有着很强的借鉴意义。

第三节　世界市场的道德危机

通常意义上，关于世界市场中信用危机的研究，往往基于经济运行的层面。但是，"信用"本身就是一个从属于价值观与道德层面的词语，从这个意义上来

---

① 马克思恩格斯文集：第七卷［M］．北京：人民出版社，2009：461.
② 马克思恩格斯文集：第七卷［M］．北京：人民出版社，2009：462.

说，信用危机也是一种"道德危机"，资本家为什么会忽视自身的支付与偿还能力，不惜冒着"名誉扫地"的风险去投资？为什么世界市场上能够允许这种情况屡次发生？可见，如果从价值观念的层面来思考世界市场的信用危机，会发现世界市场中信用危机的出现，也预示着在资本主义统治下的世界市场，一个更深层次的道德危机正在向人类袭来。关于世界市场中的道德危机，目前学界的相关研究并不多，从马克思的著作来看，关于道德危机的表述也不多。但这并不意味着马克思忽视了这一问题，相反，马克思对于这一问题进行了积极的探索，马克思在《德意志意识形态》中就写道："单个人随着自己的活动扩大为世界历史性的活动，越来越受到对他们来说是异己的力量的支配，受到日益扩大的、归根结底表现为世界市场的力量的支配。"① 可见，在人的活动扩大为世界历史性的活动后，单个人受到了一种异己的力量的支配，从根本上来说，是受到了世界市场的力量的支配，也就是在资本主义制度之下，世界市场的存在反而成了人异化的重要原因，这在前文中已提及，不再赘述。此处的侧重点在于，这种人的异化是全方位的，它既是对人行为活动的改变，也是对人心灵、精神的扭曲。而人是组成市场乃至世界市场的最基本的要素，正是基于此，个人道德观念的改变，将会对市场的价值准则产生相当大的影响，也会从根本上改变世界市场的发展方向。为此，世界市场的道德危机可以从两个方面来理解，即在资本主义统治下的世界市场中，人的价值观念有何改变，以及这个世界市场推崇何种精神。

首先，在资本主义所统治的世界市场中，人类社会被笼罩在"三大拜物教"的阴影之下，这可以说是人群最为典型的道德症候。在人类社会的发展历程中，拜物教的现象在人类社会的早期就已经存在，原始社会的图腾、自然神崇拜都是典型代表，但是资本主义却将人类社会带入一个自身无法感知，甚至无法察觉的新的"三大拜物教"的阴影之下。马克思在《资本论》中，仔细考察了这"三大拜物教"的特点，并完成了"商品拜物教—货币拜物教—资本拜物教"的"三大拜物教批判"。由商品生产开始，马克思写道："劳动产品一旦作为商品来生产，就带上拜物教性质，因此拜物教是同商品生产分不开的。"② 原本是作为劳动者劳动凝结的产品，一旦变成商品，就会以交换价值这种抽象的概念取代使用价值，正如马克思所言："价值还把每个劳动产品转化为社会的象形文

---

① 马克思恩格斯文集：第一卷 [M]. 北京：人民出版社，2009：541.
② 马克思恩格斯文集：第五卷 [M]. 北京：人民出版社，2009：90.

字。"① 由此开始，作为私人劳动而存在的劳动者与社会总劳动之间的关系便开始模糊。在商品拜物教之后，是货币拜物教，它几乎可以说是在一夜之间为整个资本主义生产蒙上了更为神秘的色彩，马克思写道："金和银，一从地底下出来，就是一切人类劳动的直接化身。货币的魔术就是由此而来的。"② 货币的出现，使得商品交换的过程中劳动者之间的关系更加神秘化，货币价值的数额，这种既看不见又摸不着的事物，却逐渐影响了人的思想，人所关心的不再是货币价值实现背后的劳动力产出，而是金银乃至纸币化的价值尺度。在货币拜物教之后，资本拜物教在更高阶段上实现了对人的统御，马克思将资本拜物教视为资本主义社会"最具有拜物教的形式"，马克思写道："我们看到的是 G—G′，是生产更多货币的货币，是没有在两极间起中介作用的过程而自行增值的价值。"③ 资本的增值在更大程度上遮盖了商品生产的关系。马克思曾言，货币拜物教是商品拜物教更加明显、更加耀眼的存在，同理，资本拜物教又是货币拜物教更加耀眼的存在。在"三大拜物教"的阴影下，人与人的关系逐渐演变为一种人与物，乃至物与物的关系而存在，而世界市场的存在，反而使得这种扭曲的精神状态在全球范围内蔓延，世界市场这一人类的创造物，反而成了人类道德危机的最大"帮凶"。正如恩格斯所言："卷入（世界市场的）竞争斗争的人，如果不全力以赴，不放弃一切真正人的目的，就经不住这种斗争。"④ 显然，恩格斯与马克思一样，都指明了在资本主义制度所统治下的世界市场中，人类必须去放弃"一切真正人的目的"，转而被一种全人类都不甚了解的新的"宗教信仰"所统治。马克思关于"三大拜物教"的批判反映了随着人类交往的扩大，反而带来更大的精神困顿，马克思的观点远比前文所述的默泽的文化批判更为深刻，世界市场中的资本拜物教正在以"神明"⑤ 的身份登上人类的神坛，主宰人类的精神世界，如果随着世界市场的进一步发展，所带来的却是人类精神上的扭曲与萎靡，这不能不说是世界市场的一次道德危机。

其次，在资本主义主导的世界市场中，"资本精神"作为一种价值观念被无限抬升，最终成了世界市场中的主导精神。当然，资本精神侧重数理化的表述，

---

① 马克思恩格斯文集：第五卷 [M]. 北京：人民出版社，2009：91.
② 马克思恩格斯文集：第五卷 [M]. 北京：人民出版社，2009：112.
③ 马克思恩格斯文集：第七卷 [M]. 北京：人民出版社，2009：440.
④ 马克思恩格斯文集：第一卷 [M]. 北京：人民出版社，2009：77.
⑤ 马克思在《1844 年经济学哲学手稿》中就曾引用了莎士比亚描写货币的话语："（1）它是有形的神明；它使一切人的和自然的特性变成它们的对立物，使事物普遍混淆和颠倒，它能使冰炭化为胶漆。（2）它是人尽可夫的娼妓，是人们和各民族的普遍牵线人。"参见《马克思恩格斯文集》第一卷，人民出版社 2009 年版，第 245 页。

在现实中以价值观念而存在的资本精神，往往会采取多种表现形式。如"零和博弈""你输我赢""大小通吃""丛林法则"等都可以看作是资本精神的表现，这些价值观念以及思维模式的共同点在于它们确实普遍强调发展的重要意义，但是这种发展理念往往强调为了自身利益的实现，可以完全忽视其他相关方的利益，乃至吞噬一切可以获得利益的空间。在这种思维模式的指导下，世界市场就逐渐演变成资本逐利的天堂。恩格斯在《反杜林论》中谈道："大工业和世界市场的形成使这个斗争成为普遍的，同时使它（资本主义生产方式）具有了空前的剧烈性。"这种在世界市场斗争中的"空前的剧烈性"有什么样的表征？恩格斯对此回答道："这是从自然界加倍疯狂地搬到社会中来的达尔文的个体生存斗争。动物的自然状态竟表现为人类发展的顶点。"① 众所周知，达尔文关于生物进化的观点，为人类社会更好地了解自然界提供了划时代的方法，但是恩格斯却指出，在资本主义所统治的世界市场中，这种达尔文所指明的自然界"优胜劣汰"的法则，竟然成了世界市场中备受推崇的精神，人类这一高级的灵长类生物，竟然在自己的创造物——世界市场中采取了动物界的精神法则来指导实践，这可以说是对全人类莫大的讽刺。对于全人类而言，世界市场中长期推崇的"资本精神"，事实上也是对全人类道德发展的巨大挑战，也使人不得不发问，难道随着世界市场的深入发展，全人类却注定要抛弃一切凝结于各个文明中的优秀价值观念，而在世界市场中去践行动物世界的法则？这不能不说是资本主义世界市场所呈现的另一重道德危机。

第四节 世界市场的"总危机"

马克思关于世界市场"总危机"的观点，是马克思世界市场理论中关于世界市场危机论的一个重要思想。如前文所言，马克思在《1857—1858年手稿》中关于世界市场的危机曾写道："世界市场构成末篇，在末篇中，生产以及它的每一个要素都表现为总体，但同时，一切矛盾都展开了。"而马克思在《1861—1863年手稿》中进一步提出要总体理解世界市场危机的认识，马克思写道："资产阶级生产的一切矛盾，在普遍的世界市场危机中集中地爆发，而在特殊的（按内容和范围来说是特殊的）危机中只是分散地、孤立地、片面地爆发。"②

① 马克思恩格斯文集：第九卷 [M]. 北京：人民出版社，2009：290.
② 马克思恩格斯文集：第八卷 [M]. 北京：人民出版社，2009：274.

同样是在《1861—1863 年手稿》中，马克思又写道："世界市场危机必须看作是资产阶级经济一切矛盾的现实的综合和暴力方式的平衡。"① 在资本主义所统治的世界市场下，资本主义也许会通过一些政策暂时地度过经济危机，但只要世界市场还被资本主义完全主导，世界市场就不能真正摆脱危机，而随着危机的加深，资本主义生产的一切矛盾将完全展开，伴随着无产阶级力量的崛起，资本主义终将灭亡，而世界市场也将迎来一个真正符合全人类发展的世界市场。马克思所论述的"一切矛盾都展开了"，是意图凸显世界市场中所存在的经济危机、信用危机以及道德危机等，都是资本主义制度所固有的无法真正克服的矛盾，这些矛盾在世界市场中得到了集中的体现，而资本主义制度最终将在涵盖一切矛盾的世界市场总危机中湮灭，世界市场的总危机可以说是资本主义文明最后图景的鲜明体现。

应当认识到，马克思在论述世界市场"总危机"的认识时，并没有将其与世界市场中的经济危机等具体危机画上等号，它的存在与提出，是标明资本主义必将灭亡的历史趋势，是"两个必然"的重要体现，是马克思通过运用唯物史观的分析方法，对未来世界市场发展阶段的一个带有指向性的观点，而不是具体的说明。换言之，不能将经济危机等具体的危机与总危机等同起来，认为只要世界市场的经济危机波及范围大、持续时间长，就一定代表世界市场的总危机即将到来。下文所述的斯大林在"两个平行的世界市场"的理论中，就存在将第二次世界大战后资本主义世界市场中政治与经济的危机，错误地理解为马克思语境下的世界市场"总危机"到来的标志。事实上，准确理解世界市场"总危机"的到来，最为关键的是要结合马克思在《〈政治经济学批判〉序言》中所指出的"两个绝不会"来理解。马克思在这部文献中写道："无论哪一个社会形态，在它所能容纳的全部生产力发挥出来以前，是绝不会灭亡的；而新的更高的生产关系，在它的物质存在条件在旧社会的胎胞里成熟以前，是绝不会出现的。"② 世界市场总危机的到来，意味着现有世界市场体系再也不能容纳生产力发展的需要，资本主义永远地失去了凌驾于世界市场之上的能力，生产力与旧有的生产关系必然发生强烈的碰撞，世界市场作为资产阶级市民社会最为重要的外延，这种激烈的涤荡必将更加明显，人类社会正是由此开始才能真正走出资本的阴影，进而重新组织世界市场的运行，而这显然并不是几次经济危机所能够涵盖的。更为直白地说，世界市场的总危机中必然包含有世界市场的

---

① 马克思恩格斯文集：第八卷 [M]. 北京：人民出版社，2009：247.
② 马克思恩格斯文集：第三卷 [M]. 北京：人民出版社，2009：592.

经济危机、信用危机以及道德危机等，但是世界市场中的经济危机，不一定导致世界市场总危机的爆发，乃至将世界市场中所有的危机都集中起来，也不能代表世界市场的总危机。总的而言，世界市场的总危机是资本主义制度历史局限性的体现，它是资本主义制度一切矛盾的完全展开，它不等于世界市场中某几次特定的危机，对于资本主义制度而言，也许可以通过调整政策来度过世界市场中的经济危机、信用危机，但是却始终不能克服世界市场总危机的出现以及解决世界市场危机，世界市场总危机是人类真正走出"资产阶级时代的世界市场"的契机与起点。

第四章

马克思世界市场理论的方法论

第一节　以资本运动为世界市场的推演主线

马克思对于世界市场的研究，并不是简单意义上的经济学研究，而是在唯物史观的指导下，通过对世界市场的研究，进而揭示人类社会发展规律的研究。为此，在马克思世界市场的研究中蕴含着一些特定的研究方法，这些研究方法是马克思研究思路的体现，也可以说是马克思为世界市场研究的"后来人"所划定的一整套进入理论的路径。其中，值得关注的就是马克思坚持以资本运动为世界市场的推演主线。

结合前文的论述，马克思认为世界市场的发展阶段与人类社会的进步紧密相连，世界市场经历了不同的发展阶段，只是资本主义的兴起使世界市场阶段的划分能够更加鲜明地凸显出一个全新的"资产阶级时代的世界市场"。可以说，资本这个古老的事物，与世界市场一旦发生碰撞，便迸发出惊人的发展态势。马克思世界市场理论之所以异常深刻，就是因为在马克思的认识中，世界市场发展的必然性与研究的必要性不仅是从历史发展与经济现象中引申出来的，还是从现代资本发展的必然性中得出来的。正如前文所指，马克思在《资本论》中写道："世界贸易和世界市场在 16 世纪揭开了资本的现代生活史。"① 而现代资本的出现不是偶然的，也需要历史条件，马克思认为，"只有当生产资料和生活资料的占有者在市场上找到出卖自己劳动力的自由工人的时候，资本才产生；而单是这一历史条件就包含着一部世界史。因此，资本一出现，就标志着社会生产过程的一个新时代"。② 可见，现代资本一旦登上历史舞台，就要沿着自身

---

① 马克思恩格斯文集：第五卷 [M]．北京：人民出版社，2009：171．
② 马克思恩格斯文集：第五卷 [M]．北京：人民出版社，2009：198．

的需要去构建一部属于自己的"世界史",而世界市场正是这部资本"世界史"的载体。马克思在《1857—1858 年手稿》中则更为鲜明地写道:"(资本)从本质上来说,就是推广以资本为基础的生产或与资本相适应的生产方式。创造世界市场的趋势已经直接包含在资本的概念本身中。"① 此时,马克思关于世界市场理论推演的"原点"就十分明确了,马克思认为,随着资本主义的兴起,对于世界市场的研究已然不能用"前资本主义时期"的思维模式来理解世界市场了。换言之,不能还是单纯依靠商品的交换、人类的交往等观点来看待世界市场的发展,这些现象虽然依然存在,但是已经不能凸显世界市场新阶段的特点了。马克思指明,要想更好地理解这个特殊历史阶段下的世界市场,就必须结合现代资本的运动来理解世界市场,更为具体地说,所谓结合现代资本,就是结合资本主义的生产方式来研究世界市场。资本主义生产方式的特殊性从根本上决定了现阶段世界市场发展的样态,马克思构思政治经济学批判的研究之时,不论是"三部"还是"五篇"抑或是"六册",就世界市场的研究而言,都是从资本主义的生产方式中引导出世界市场的研究。可以说,资本运动的必然性构成了马克思政治经济学批判计划的全部主线,同时,在人类处于"资产阶级时代的世界市场"之时,资本的运动也决定了世界市场的发展走向。

马克思以资本运动与资本主义的生产方式作为世界市场研究的主线,对于正确理解马克思世界市场理论有着十分重要的意义。客观而言,世界市场的研究是非常复杂的研究,涉及非常多的研究内容,马克思清醒地认识到这一点,为此才会始终把"世界市场"置于政治经济学批判的"最顶层"。如果忘却了马克思的提醒,很容易会在如此宏大的体系下"不知所措",而一旦忽略了资本主义生产方式的特殊性,不能从总体上认识现代资本运动的趋势,就会转向完全相反的认识道路上。比如,在马克思与恩格斯相继逝世后,第二国际的理论家们在研究世界市场问题之时,虽然都能够抓住一些客观的世界市场发展的新情况,但第二国际的理论家们普遍不能从总体上认识现代资本的运动特征,马克思世界市场理论在第二国际理论家的视野下,最终变成了一种绝对意义上的"经济研究"。而列宁关于马克思世界市场理论的深入分析与创造性的发展,一个重要的基础就是列宁始终是在资本的运动中阐发其关于世界市场的观点,这从根本上保证了列宁世界市场理论的科学与合理。

---

① 马克思恩格斯文集:第八卷 [M]. 北京:人民出版社,2009:88.

第二节 以社会分工体现世界市场的历史性

前文指出，马克思所构建的世界市场理论，其中内含世界市场发展历史阶段的考察。为此，掌握当前世界市场的历史阶段，或者说认识到当前世界市场所处的历史方位，是马克思世界市场理论的一个重要的方法论。可以说，马克思所有关于世界市场的相关研究，都是从马克思所指的资本主义占主导地位的世界市场的情况而出发的。这种世界市场的历史性始终贯穿于整个马克思世界市场理论，而世界市场的阶段特征，更决定了马克思世界市场的主要内容，那么世界市场这种历史性的具体表现为何？换言之，在马克思世界市场理论的研究方法中，马克思的哪些思路与观点，体现了对世界市场历史阶段的认识？结合前文观点来看，马克思对蒲鲁东的反驳最能体现其关于世界市场历史阶段的认识。如前文所指，蒲鲁东在《贫困的哲学》一书中，提出了关于世界市场的认识与观点，但是马克思却认为，蒲鲁东关于世界市场的观点，是一整套小资产阶级的空想，是非历史的。马克思指出，蒲鲁东在谈论分工之时，竟忘了谈论世界市场，所以必然忽视分工的历史性与世界市场的历史性。事实上，马克思的这一论断也指明了对世界市场历史阶段的考察，有一个重要的事实依据，那就是对社会分工的考察。可以说，在马克思世界市场理论中，以社会分工体现世界市场的历史性，是马克思一贯坚持的重要方法。

毫无疑问，社会分工的进程绝不是一个主观臆造的事物，而是社会历史发展的重要结果。社会分工的存在远远早于资本主义制度的诞生，资本主义制度前的社会分工，在客观上为资本主义的兴起提供了物质基础，而资本主义的兴起，则剧烈地引发了社会分工的新进程。正是资本主义的社会分工的特殊性，深刻地改变了世界市场的面貌。马克思认为资本主义分工的特殊性，关键在于以往的产品生产被大规模的商品生产所替代。马克思写道："（资本主义意义上的分工）产品本身越片面，它所交换的商品越多样化，表现它的交换价值的使用价值的系列越大，它的市场越大，产品就越能在更充分的意义上作为商品来生产，它的交换价值就越不取决于它作为使用价值的直接存在。"① 对于资本主义制度而言，其所带来的分工结果正是"产品片面化"的趋势，以往有限的商品生产越发地被分割为一定数量简单的、工人间不得不相互联系的工序，产品

---

① 马克思恩格斯全集：第二十六卷（三）[M]. 北京：人民出版社，1974：296.

片面化了，生产者也片面化了，最终演化为恩格斯所言的，在资本主义制度下，"分工是劳动资料对工人的直接支配"的结局。马克思并不否认随着资本主义分工进程的加快而带来的社会生产力的快速发展，但马克思却指出："分工使劳动的社会生产力，或者说，社会劳动的生产力获得发展，但这是靠牺牲工人的一般生产能力来实现的。所以，社会生产力的提高不是作为工人的劳动生产力的提高，而是作为支配工人的权力，即资本的生产力的提高而同工人相对立。"①显然，这一过程不是自然发生的，而是刻意人为造成的。就世界市场而言，马克思意在提醒世人，应该在世界市场的商品流通、交换的背后，看到原本依靠世界市场而紧密联系在一起的人，反而不得不普遍地被动参与到资本主义的社会分工进程中，不得不出卖自己的劳动力，而世界市场越是发展，反而宣告着"资本权力"的愈加膨胀，而依据世界市场建立起普遍联系的人类，却旋即被资本主义的分工变为"原子化"的人。应该清醒地认识到，在资本主义所主导的世界市场中，世界市场与任何市场一样，首要的存在意义都是作为实现交换价值的场所而存在，即使是资本主义所推行的"国际分工"依然是并且只能是建立在这个历史现状的基础上的。

马克思曾写道："在秘鲁也有分工；在自给自足的小小的印度公社中也有分工。但是这样一种分工，它的前提不仅不是以交换价值为基础的生产，相反是在或大或小程度上直接的共同生产。"②显然，蒲鲁东正是因为将现存世界市场的分工与"秘鲁的分工"以及"印度公社的分工"混为一谈，才会没有认识到世界市场的历史阶段性，没有认识到现存的资本主义社会分工是世界市场最为鲜明的阶段特点，也就是没有意识到资本主义分工的特殊性。分工的存在是变革世界市场的重要依据，马克思在《德意志意识形态》中的论断依然十分精辟："只要分工还不是出于自愿，而是自然形成的，那么人本身的活动对人来说就成为一种异己的、同他对立的力量，这种力量压迫着人，而不是人驾驭着这种力量。"③资本主义的分工显然不是自愿的，但其特殊性就在于，由于劳动者与生产资料的完全分离，资本主义分工形成了更大的对立力量以及对劳动者更大的压迫。而这些都被掩藏在自由的假象之中，所有的古典政治经济学家，或者说蒲鲁东等人，都被这种自由假象所迷惑，而忘记了资本主义的分工实质上是一种"资本的自由"。根据马克思世界市场理论的观点，世界市场未来的发展阶

① 马克思恩格斯全集：第三十四卷［M］. 北京：人民出版社，2008：259.
② 马克思恩格斯全集：第三十一卷［M］. 北京：人民出版社，1998：351.
③ 马克思恩格斯文集：第一卷［M］. 北京：人民出版社，2009：537.

段，是对以往分工的否定，它是一种真正自由与自愿的分工进程，而这种未来阶段的实现，既需要有相应的物质基础，也就是世界市场必须向前发展，进而进入一个发展程度较高的阶段。同时，也要有无产阶级对世界市场的规则体系进行有力的回击，换言之，未来世界市场不是"超阶段"的，不能建立在依然是落后的社会分工的基础之上，而对于当前世界市场的发展阶段而言，如果世界市场中整体的分工进程依然是建立在劳动者与生产资料相分离的基础之上的，资本依然在发挥作用，其分工的进程依然不是自愿自发的，那么世界市场总体而言依然是资本主义主导下的世界市场，是马克思所指出的"资产阶级时代的世界市场"。前文所述的欧文关于世界市场中构建"飞地"的失败，以及后文苏联"经互会"的实践困境都与忽视社会分工进程，从而对世界市场发展阶段的误判有着直接关系。

第三节 以世界市场话语权的重塑体现革命性

未来世界市场的愿景必须通过革命才能实现，在马克思世界市场理论中，这种世界市场中革命的精髓，就是无产阶级积极争取世界市场话语权的重塑，致力于实现世界市场的革命性变革，使得世界市场最终能够走出资本主义的阴影，最终迎来一个全新的发展阶段。从某种程度上而言，谁坚持了无产阶级对世界市场的革命历史任务，谁就能真正了解马克思世界市场理论的全部核心主旨。马克思的这种以世界市场话语权的重塑，体现了无产阶级的先进性与革命的认识，也是马克思世界市场理论中的一个重要方法论，具体而言，这种话语权的重塑可以从以下两个方面的内容来理解。

首先，世界市场话语权的变革不是一朝一夕就能实现的，有一个客观的历史进程。这一观点，必须结合马克思《哥达纲领批判》中的重要思想来理解，马克思在《哥达纲领批判》中谈道："在资本主义社会和共产主义社会之间，有一个从前者变为后者的革命转变时期。"[①] 这一革命转变时期的重要特点就是："它不是在它自身基础上已经发展了的，恰好相反，是刚刚从资本主义社会中产生出来的，因此它在各方面，在经济、道德和精神方面都还带着它脱胎出来的那个旧社会的痕迹。"[②] 马克思的这一论断，同样适用于世界市场的变革，换言

---

① 马克思恩格斯文集：第三卷［M］. 北京：人民出版社，2009：445.

② 马克思恩格斯文集：第三卷［M］. 北京：人民出版社，2009：434.

之，世界市场的话语权不是空喊的口号，而是需要一定的物质基础才能实现，这种现实力量的积聚需要时间，人类社会必然会面临一个既有资产阶级规则体系存在，也有先进力量存在的世界市场的发展状态，也就是说，在这个发展阶段下的世界市场，新旧力量会相互交错。马克思的这个论述，有助于我们正视资本主义，克服绝对化地将资本主义所创造的一切全部扔进"历史的垃圾堆"，而是逐渐将世界市场的发展引导到符合全人类福祉增进的方向。

其次，认识到世界市场话语权的变革需要客观的物质条件，是一个客观的历史进程，并不意味着无产阶级就要消极地"等待"，"坐等"世界市场中资本主义国家政策的调整。恩格斯在 1895 年马克思所著的《1848 年至 1850 年的法兰西阶级斗争》的导言中，在指出革命的长期性与革命策略的多元化的基础上，特别指明："须知革命权是唯一的真正'历史权利'。"① 对于世界市场来说，无产阶级在世界市场中的革命权也是唯一真正的"历史权利"，放弃了这个"历史权利"就丧失了无产阶级的先进性，只是这种"历史权利"应该作何理解？是否就意味着即刻在世界市场中打碎一切资本主义国家统治，建立起真正的未来体制？事实上，无产阶级在世界市场中的革命，意味着无产阶级始终勇于面对资本的挑战，勇于与世界市场上资本的疯狂逐利做斗争，进而最终重塑世界市场的话语权，这是无产阶级在世界市场中革命的精髓所在。这就意味着无产阶级应该根据世界市场的发展态势做出科学的判定与斗争策略，而不是坐等资本主义的消亡。应当清醒地认识到，未来世界市场的一整套体系，不可能在一夜之间就建立起来，不能以一种"布朗基主义"的思维去理解这种变革。但这并不意味着，在此期间，无产阶级这一人类社会"先进力量"的直接代表就应该毫无作为，这只会离马克思所构想的未来世界市场的目标越发遥远。马克思关于未来世界市场的构想，事实上向无产阶级提出了不断提升觉悟、制定斗争策略的更高要求，随着世界市场的发展，无产阶级理应不断提升此种觉悟，在不同时期与世界市场中资本的逐利展开坚决的斗争，努力推动世界市场话语权的变革。

---

① 马克思恩格斯文集：第四卷 [M]．北京：人民出版社，2009：551．

第五篇
第二国际时期马克思世界市场理论的争论与发展

▼
▼

马克思与恩格斯相继逝世后，马克思与恩格斯的"学生""战友""后继者"们，依据马克思世界市场理论的观点与学说，对这一问题进行了积极的探索，特别是以伯恩施坦、考茨基、希法亭、卢森堡等为代表的第二国际的理论家们，对于马克思世界市场理论纷纷阐发了自身的观点，同时就马克思世界市场理论中的一些问题展开了激烈的争论。这一批理论家可谓离马克思最近的人，因为其中很多人甚至亲自接受过马克思与恩格斯的教诲，可目前学界关于这一时期马克思世界市场理论的发展鲜有论述，但不可否认的是，第二国际时期关于马克思世界市场理论的争论，是马克思世界市场理论发展史的重要一环，是完整、全面理解马克思世界市场理论不可或缺的内容。总体而言，第二国际时期的理论家们，对于马克思世界市场理论虽然有一定的发展，但却存在相当大的误读，这些经验与教训应该予以充分的重视，对于我们更好地理解马克思世界市场理论以指导实践有着重要的意义。同时，第二国际的相关理论家众多，所提及的观点也不尽相同，为了论述的清晰与明确，在此依据理论的关联度，选取若干第二国际的代表人物，并以右、中、左三派来分别论述其关于世界市场的观点，总结其关于马克思世界市场理论的失误与教训。①

---

① 此处关于第二国际左、中、右三派具体代表人物的陈述，主要是以其代表观点与著作来划分的。如文中所论及的希法亭，列宁就曾指出："希法亭既想在工人群众中享有'左派'的声誉，又想在资产阶级奴仆的国际中保留一个席位。"（详见《列宁全集》第三十七卷，人民出版社 2018 年第二版·增订版，第 185 页）但希法亭在其代表作《金融资本》一书中，其观点体现了明显的左派色彩，所以依然将希法亭置于第二国际左派的理论家中。

第一章

第二国际右派代表对世界市场理论的偏离

第一节　世界市场危机的整体消弭

　　伯恩施坦是第二国际最为重要的活动家与理论家，特别是在马克思和恩格斯相继逝世后，伯恩施坦一度成为马克思主义的后继者与理论诠释者，但是伯恩施坦作为第二国际的重要领导人，在马克思主义的理解上却产生了严重的偏离，进而对马克思主义进行了多方面的责难与攻击，提出对马克思主义进行所谓的"修正"，完全背离了马克思主义。而这种对马克思主义核心观点的歪曲与背离，从伯恩施坦所持有的世界市场的"新论点"中就可以得到鲜明的体现。伯恩施坦关于世界市场的论述，主要集中于《崩溃论和殖民政策》以及《社会主义的前提和社会民主党的任务》中，在这两篇著作中，伯恩施坦详细地阐述了其所认为的马克思主义的"窘境"与"缺陷"。而就世界市场而言，伯恩施坦1898年所发表的《崩溃论和殖民政策》就率先对马克思的危机理论提出了责难，伯恩施坦从根本上否认世界市场危机的存在，认为在当前的社会历史条件下，世界市场的危机已经整体消弭，这就从根本上瓦解了马克思世界市场研究的核心思想。伯恩施坦写道："这个不可避免的巨大经济危机将扩展成一个囊括一切的社会危机，结果将是无产阶级作为当时唯一自觉的革命阶级而掌握政治统治，在这个阶级统治之下将按社会主义方向实现社会的全面改造。"① 此处伯恩施坦所论述的危机，不禁会使人想到前文所述的马克思在《1861—1863年手稿》中写到的"世界市场的危机必须看作是资产阶级经济一切矛盾的现实的综合和暴力方式的平衡"的表述。事实上，伯恩施坦此处所言的，正是马克思世

---

　　① ［德］爱德华·伯恩施坦著，殷叙彝编．伯恩施坦文选［M］．北京：人民出版社，2008：59.

界市场理论中关于世界市场"总危机"的认识。然而，伯恩施坦却在理论上急转直下，进一步写道："毫无疑问，这种观念在极多场合是与实际情况相矛盾的。"① 伯恩施坦的这一个观点，其实是反对马克思所提出的资本主义制度的固有矛盾必然在未来集中地爆发，在"总危机"中退出历史舞台的正确认识。伯恩施坦反对"总危机"的观点，否认了资本主义必然灭亡的历史趋势与潮流，这样资本主义制度就能够通过克服世界市场中一些特定的表象上的危机，而实现对世界市场永恒的统治。显然，这已经完全背离了马克思研究世界市场的真正主旨。

伯恩施坦之所以会得出完全背离马克思世界市场理论的观点，与其片面认识世界市场的发展形势有着密切的关联。伯恩施坦认为，19 世纪末期以来，世界市场本身已经发生了巨大的变化，现今世界市场有两个最为值得注意的"新动态"：首先是"营业种类的不断增加"，其次是"工业界的适应能力和活动性的增加"。前者主要是指在整个资本主义社会，工业、农业以及其他行业都有了显著发展，企业雇员的人数，特别是大型企业的雇员人数在逐年上升，失业者客观上已经大幅度减少；后者主要是指对于资本主义企业而言，特别是对如卡特尔、托拉斯等大型垄断企业来说，市场更为广阔，同时获取市场情况的能力与手段也在逐渐提高，这就导致企业本身对市场的"适应能力"大大增强。同时，信用制度也有了新的发展，信用制度更加灵活，使得资本主义生产能够"取长补短"。航运与交通运输的发展，则再次极大地扩展了世界市场的范围与深度，也使得世界市场的商品流转加快。伯恩施坦认为，这些都是马克思当年在研究世界市场危机之时所没有遇到的新情况，而这一切所导致的一个共同结果就是，以往资本主义生产的无政府状态已然有了根本性的改变，以往资本主义生产下的生产过剩也逐步消弭，为此，世界市场的危机已然不复存在。伯恩施坦写道："因此非常有可能，随着经济发展的迈进，一般来说我们将根本不再遇到一向的那种营业危机，并且必须抛弃一切把它当成巨大社会变革的前导的那种冥想。"②

伯恩施坦在《崩溃论和殖民政策》一文中还表达了这样的观点，伯恩施坦认为世界市场以及世界贸易的存在，是促进民族繁荣与发展的有力"杠杆"，所以，在现今的社会历史条件下，世界市场与世界贸易的发展是一件值得称许的

---

① ［德］爱德华·伯恩施坦著，殷叙彝编. 伯恩施坦文选［M］. 北京：人民出版社，2008：63.

② ［德］爱德华·伯恩施坦著，殷叙彝编. 伯恩施坦文选［M］. 北京：人民出版社，2008：65.

事情，在他那里，世界市场的扩张是一项绝对的法则，是历史规律，应该予以顺从。他写道："社会民主党也将放弃对于把这些民族纳入文明化制度的任何反抗，认为这是不合时宜的，同样也将放弃对扩大市场的任何原则的反抗，认为这是空想的。市场和国际贸易关系的扩展一向是社会进步的最有力的杠杆之一。它在非常大的程度上促进了生产关系的发展，并表明是增加民族财富的一个因素。"① 显然，伯恩施坦在此处的论述，将马克思所论及的资产阶级开拓世界市场的伟大历史功绩绝对化了，而忽视了马克思始终坚持的观点，也就是世界市场只要还在资产阶级的统治下，只要还是以资本主义生产方式为主，那么世界市场的存在就必然是人异化状态的重要原因，可以说马克思所谈论的世界市场与国际贸易的发展，都是在阶级对立日益严重的基础之上来分析的，而伯恩施坦却抽离了这一论点，以抽象的"文明化进程"来为世界市场中激烈的对立关系寻找"说辞"，因此，伯恩施坦认为在讨论殖民政策之时，应该分出"好的殖民政策"与"坏的殖民政策"，他写道："社会主义者对待殖民政策的态度""在很大程度上取决于要推行这种政策的那个国家的制度和形势，取决于计划中的殖民地性质以及该国进行殖民和治理殖民地的方式"②。事实上，这种"好的剥削"与"必要的压迫"的论断，可以说已经与马克思世界市场理论"分道扬镳"了，也在无形中弱化甚至取消了马克思所论述的世界市场中剥削与压迫的观点，这也必将导致伯恩施坦在世界市场的革命性与未来走向等重大问题上再次背离马克思的思想。

第二节　"最终目的"与世界市场

伯恩施坦于 1899 年发表的《社会主义的前提和社会民主党的任务》（以下简称《前提和任务》）一文，是《崩溃论和殖民政策》的理论继续，也是伯恩施坦意图对马克思主义进行"全面修正"的尝试。在《前提和任务》中，对马克思主义的攻击有多个方面，而就马克思世界市场理论来看，有以下值得注意的论断。首先，伯恩施坦继续坚持《崩溃论和殖民政策》中的观点，认为世界市场以及资本主义的发展，使得资本主义生产的适应性大大增强，从而抵消了

---

① ［德］爱德华·伯恩施坦著，殷叙彝编. 伯恩施坦文选［M］. 北京：人民出版社，2008：68-69.

② ［德］爱德华·伯恩施坦著，殷叙彝编. 伯恩施坦文选［M］. 北京：人民出版社，2008：69.

世界市场危机发生的可能性。伯恩施坦写道："世界市场巨大的地域扩展同消息传递和运输交通所需时间的异常缩短并在一起，是否已经使抵消各种扰乱的可能性如此增加""以致至少在较长时期内可以把像从前那种类型的普遍营业危机看成根本不可能发生的了"①。伯恩施坦提醒人们注意，"世界市场不仅有广度上的扩展，而且也有深度上的扩展，而后者比前者更为重要得多"②。这一论述本身是正确的，但伯恩施坦却在此基础上认为与世界市场在地域上的扩展相比，世界市场的"深度扩展的界限是不能先验地规定的"。伯恩施坦认为马克思在世界市场的研究中，对于世界市场广度上的扩展确实做了深入的研究，而对于世界市场深度的融合与发展，马克思没有也不可能做出相应的研究。在伯恩施坦那里，世界市场的深度发展主要就是指资本主义的企业，特别是诸如托拉斯等大型垄断企业的兼并过程以及信用制度的进一步发展，使得整个资本主义生产的适应性大大增强。伯恩施坦认为，世界市场在深度上的融合已经使得世界市场的整体面貌有了根本性的改变，世界市场的危机已经走远，所以马克思以往关于世界市场的论断，由于没有考虑这些新情况，必须予以"修正"。

其次，是伯恩施坦关于"最终目的"的论断。伯恩施坦在《前提和任务》中写道："对我来说运动就是一切，人们通常所说的社会主义最终目的是微不足道的。"③ 这一论断人尽皆知，已然是伯恩施坦的"座右铭"。在此，需要研究的是伯恩施坦所言的如此微不足道的"最终目的"，与马克思研究的世界市场有何种关系。从一般意义上来看，作为马克思主义者，或者说对于无产阶级来说，"最终目的"就是共产主义的实现，是人类社会步入全新的历史发展阶段。而世界市场的发展，是人类社会进一步交往所必须依赖的，它的发展是人类社会向前进步的必不可少的物质与精神财富。但是，由于现今的世界市场是在资本主义所统治下的，所以它反而也是人的异化状态的重要原因。因此，就世界市场而言，无产阶级所肩负的历史重任正是从根本上重塑世界市场，把世界市场引入符合全人类共同发展的轨道上来，这是马克思在世界市场研究中赋予无产阶级的"历史使命"，马克思在《不列颠在印度统治的未来结果》等文献中，对这一问题都有重要的表述。也可以这样理解，马克思与恩格斯之所以花费大量

① ［德］爱德华·伯恩施坦著，殷叙彝编．伯恩施坦文选［M］．北京：人民出版社，2008：212.
② ［德］爱德华·伯恩施坦著，殷叙彝编．伯恩施坦文选［M］．北京：人民出版社，2008：218.
③ ［德］爱德华·伯恩施坦著，殷叙彝编．伯恩施坦文选［M］．北京：人民出版社，2008：104.

的时间与精力研究世界市场的相关问题，并不是因为世界市场是一个"研究热点"抑或是"理论兴趣"，而是因为马克思与恩格斯意图彻底推翻这个现行的由资产阶级所统治的非人道的世界市场。从某种意义上来说，这是马克思与恩格斯研究世界市场的"最终目的"所在，马克思所有关于世界市场的研究，也都是为了支撑这一目的。无产阶级如果忘却了这一目的，那么必然会在世界市场上无所作为，丧失自身的革命性。当然，从革命的实践来看，这种对世界市场的彻底变革不可能一夜之间就实现，但这并不是说无产阶级就要"等待"——等待资本主义彻底自行瓦解，等待资本主义去"改造"世界市场，与之相反的是，无产阶级应该为重塑世界市场话语权进行理论上的准备与实践上的尝试。而在伯恩施坦那里，这种应该而且只能由无产阶级所实现的世界市场的变革，统统都变为一种"布朗基主义式"的破坏行为，或者他认为当前的无产阶级还"不够格"或者"不够成熟"，所以不能完成马克思所赋予的这项使命。总体而言，从马克思世界市场的研究来看，伯恩施坦所认为的"最终目的"的微不足道，事实上就是意图静静等待无产阶级"接手"资本主义一切的那一天，其中也包括由资本主义所主导的世界市场。伯恩施坦认为，只有那时才是无产阶级真正在世界市场中大展拳脚之时。显然，伯恩施坦的观点已经完全背离了马克思世界市场理论最为重要且最具革命性的核心，马克思世界市场理论在伯恩施坦那里变为了纯粹的经济学研究。

第三节 世界市场科学分析方法的全面否定

伯恩施坦作为第二国际时期最重要的右派理论家，其观点颇具代表性。客观来看，伯恩施坦确实正确指出了一些资本主义经济以及世界市场发展的新情况。但与此同时，伯恩施坦却完全背离了马克思分析世界市场所一贯秉持的科学方法。当然，必须指出的是，第二国际时期的理论家们在坚持与贯彻马克思世界市场研究方法论这一问题上，都存在或多或少的失误，只是以伯恩施坦为代表的右派错误最为明显、最具代表性，以至于完全走向了理论的反面，这种方法论上的背离主要有以下表现。

首先，伯恩施坦对资本的发展趋势往往采用一种"微观"的理解，以企业，特别是股份制企业的内部情况来审视资本的发展趋势，伯恩施坦写道："它（股份公司）容许已经积聚的资本进行广泛的分裂，并且使各个巨头为积聚工业企业的目的而占有资本成为多余的事。"① 伯恩施坦以微观企业中资本的趋势来套用现代资本的所有特征，事实上，就世界市场来说，资本的集中趋势始终存在，特别是进入 19 世纪末期，一些资本主义跨国企业确实放松了对国内资本的吸收，却通过世界市场吸收了大量外国资本，而且正是通过世界市场的深入发展，资本主义的生产集中可以跨越地域与空间上的界限，从而实现比固定地域生产集中还要更大的扩大再生产。同时，伯恩施坦对于世界市场分工趋势的判定也存在着严重的偏离，马克思在分析世界市场之时，一向坚持通过对社会分工的研究来进一步确定世界市场的时代性，马克思认为，现今的世界市场主导的生产模式，依然是资本主义的生产方式，即原有的劳动过程被阻断了，生产者与生产资料相分离，并不存在真正意义上的自由生产者，而只存在局部地方、被迫从事生产的个人。但伯恩施坦却认为在资本主义社会中，一个"人数众多的中等阶级"已经形成，马克思所谈到的那种原有的无产阶级与资产阶级的对立已经相当弱化了，社会结构变了——"社会结构同从前比起来远没有简单化，不如说它无论就收入水平还是职业活动来说，都高度地分化了。"② 伯恩施坦在此仅仅依靠直观的观察就意图推翻马克思的论断，他忽略了截至目前，整个资本主义生产的主导权依然是由资本家所控制的，劳动者依然是以异化状态存在的。特别是将这一问题放置于世界市场的角度来看，全球范围内出现大量的赤贫阶级，地区间的发展差距依然存在甚至还在逐渐扩大，而这种局面的形成，最根本的原因是人为的，是资本主义在全球压迫与盘剥所造成的。或者说，在世界市场中，一方面是资本主义国家财富的积聚与社会富裕阶层的出现，而一方面却是世界市场中其他落后地区、民族继续受殖民政策的压迫，这种情况绝不是马克思所意图实现的，反而是马克思所一向予以反对的。以上种种，最终导致伯恩施坦将马克思世界市场中关于危机的学说全部"修正"了，但正如列宁所言"只有在极短促的时间内，只有最近视的人，才会在几年的工业高涨和繁荣的影响下，想要改造马克思学说的原理。现实很快就向修正主义者表明，危机的时代并没有过去：在繁荣之后，接着就来了危机。各个危机的形式、次序和情景是改变了，但是危机仍然是资本主义制度不可避免的组成部分"。③ 而之后的世界市场的发展现实，显然印证了列宁的观点。

---

① ［德］爱德华·伯恩施坦著，殷叙彝编．伯恩施坦文选［M］．北京：人民出版社，2008：186.

② ［德］爱德华·伯恩施坦著，殷叙彝编．伯恩施坦文选［M］．北京：人民出版社，2008：190.

③ 列宁选集：第二卷［M］．北京：人民出版社，2012：5.

其次，伯恩施坦对重塑世界市场话语权的放弃，使得马克思世界市场理论最为革命性的内容也消失殆尽。在马克思的研究中，无产阶级重塑世界市场的话语权，实现世界市场的革命性变革，应该是理论上的自觉与实践上的自发，使人类早日脱离世界市场中"暴君"的统治。而伯恩施坦却"坐等"世界市场中的"暴君"自行"退位""禅让"，只是对于资本主义而言，追寻世界市场的统治，是资本的宿命使然，是意图获取更多剩余价值的关键所在，可以说直到现代资本存在的"最后一日"，资本主义与资产阶级都不会放弃对世界市场的统治。当然在伯恩施坦那里，剩余价值被理解为"一个以假说为根据的公式"，伯恩施坦以一种似是而非的观点来看待剩余价值学说，认为它"是正确的，又是不正确的"，他认为剩余价值是建立在"构想出来的一个共同经营的社会"之上，而在现实中则根本无法完全认定剩余价值，因为"创造剩余价值的劳动的界限是多么狭小"①，伯恩施坦认为，在现实的商品交换中，商品还受稀缺性以及供应关系、消费欲望的影响，而这些都是应当考虑到商品的价值层面的东西，所以伯恩施坦反对以剩余价值来反映资本家对工人剥削的事实。伯恩施坦写道："仅仅根据雇佣工人不能获得他劳动的全部价值这一事实，是不能为社会主义或者共产主义做出科学的论证的。"② 事实上，"雇佣工人不能获得他劳动的全部价值"，正是资产阶级统治下世界市场分工协作的真实写照，是马克思始终坚持重塑世界市场话语权的出发点。至此，伯恩施坦就已经与马克思"相隔万里"了。

---

① ［德］爱德华·伯恩施坦著，殷叙彝编．伯恩施坦文选［M］．北京：人民出版社，2008：181.

② ［德］爱德华·伯恩施坦著，殷叙彝编．伯恩施坦文选［M］．北京：人民出版社，2008：183.

第二章

第二国际中派代表对世界市场理论的认识

第一节 世界市场与"管理共同体"

奥托·鲍威尔是第二国际时期的重要理论家与领导者，也是奥地利马克思主义学派的代表人物，鲍威尔对于哲学、经济学，特别是民族学①都有很深的研究。纵观马克思与恩格斯逝世后，马克思世界市场理论的思想演变，鲍威尔的研究很值得关注，因为鲍威尔在其著作中，从比较少见的民族学视角，阐发了其对未来世界市场发展趋势的看法与认识，这种全新的视角以及鲍威尔理论上的偏离，值得深入分析。首先，鲍威尔从人类历史上不同民族的"共同体"的演变来审视资本主义的生产。鲍威尔从人类的交往活动中引申出共同体在历史上出现的必然性，而资本主义的兴起则破坏了人类继续联结为共同体的可能性。但鲍威尔指出，要特别注意随着资本主义的扩张，不同国家与地区之间的交往日益密切，为了能够更好地调节生产，国际公约与国际法逐渐显露重要的作用，这其实为人类再次联结为共同体提供了必要的物质基础。同时，资本主义为了掠取更多剩余价值，开始诉诸武力，它的历史反动已然到达了一个顶点。鲍威尔写道："当资本在争夺销售市场和投资领域的斗争中投入数百万的现代化强大军队时，资本就登上了它的权力的顶峰，多走一步就会跌入深渊。恰恰是帝国主义的世界动荡将引发社会主义性的世界彻底变革。"鲍威尔认为："社会主义最终也将在旧的资本主义国家的废墟上，实现其关于共同体构成和界限划分的原则。"② 鲍威尔认为，在资本主义灭亡之后，人类的交往依然存在，国际

---

① 在鲍威尔所处的时代，奥地利是奥匈帝国的重要组成部分，而奥匈帝国本身是一个典型的多民族国家，这是奥地利的马克思主义者对于民族问题始终予以关注的重要原因。

② ［奥地利］奥托·鲍威尔著，殷叙彝编. 鲍威尔文选［M］. 北京：人民出版社，2008：51.

分工也依然存在。"社会主义也将实行国际分工，因此它也将把独立的民族共同体联结成许多国际性的管理共同体，这些共同体最终将成为组织成团体的民族权力共同体的机关""把整个文明人类联合起来去共同征服自然"。① 可见，在鲍威尔那里，"管理共同体"的概念十分重要，它将在资本主义灭亡之后，继续在世界市场中发展作用，是人类更高级国际分工的重要组织机构，也继续推动整个人类社会向前发展。

　　结合前文所论述的马克思在《不列颠在印度统治的未来结果》一文中的思想，鲍威尔的观点似乎十分符合马克思关于未来世界市场发展趋势的认识，即在未来世界市场中实行一种完全不同于以往资本主义的全新生产组合原则，任何参与世界市场的主体都有充分的话语权与监督权。但是，如果深入了解鲍威尔口中的"管理共同体"，会发现它不仅没有发展马克思的观点，还直接回到了马克思之前古典政治经济学家的认识。这种未来世界市场中的"管理共同体"是怎样的一幅图景？鲍威尔写道："大的民族生产各种不同的产品，小的民族将全部劳动力投入一个或少数几个物品的生产中，所有其他的货物都通过与其他民族交换来获得；这样，小民族虽然弱小，却可利用大企业的一切优点。"事实上，鲍威尔的这番论述完全就是李嘉图"比较优势原理"的翻版。更为嘲讽的是，鲍威尔居然在著作中再次重申了李嘉图观点的权威性，"李嘉图早已不容置疑地证明了，即使是那些自然条件最不利的经济地区也能通过国际分工得到它的任务：它将生产哪些货物——与它比较起来，所有其他国家在这方面的优势都是最小的——并必须用这些货物去换取其他国家的产品"。鲍威尔最终写道："这样，整个文明人类通过国际分工而成为一个巨大的有机体；正是通过这一切，所有民族的政治自由和统一才成为可能。"② 鲍威尔坚持认为，在资本主义的"废墟"之上，世界市场依然存在，人类间的交往依然存在，为此，社会主义无疑也是要组织国际间的分工的。这一论断本身是正确的，但是，鲍威尔所陈述的这种领导世界市场进一步发展的"管理共同体"，事实上只是徒有其表，只具有"共同体"的名称，整个运行机制依然是资本主义统治下的世界市场的分工体系与原则，与马克思所构想的未来世界市场的精神相去甚远。

　　鲍威尔持有这种观点并不是"空穴来风"，而是与其所认识的资本主义发展趋势有关。鲍威尔认为，资本主义在 19 世纪末以来有了新的发展，最为突出的

---

① ［奥地利］奥托·鲍威尔著，殷叙彝编．鲍威尔文选［M］．北京：人民出版社，2008：64.

② ［奥地利］奥托·鲍威尔著，殷叙彝编．鲍威尔文选［M］．北京：人民出版社，2008：56-57.

表现是资本主义已经步入了一个"有组织的资本主义"的阶段特征，这是资本主义世界发生的重大变化。在《资本主义的世界观》一文中，鲍威尔写道："一种新的、有组织的资本主义克服了比较旧的个人主义的资本主义发展起来了。卡特尔、农业合作社和工会组织了市场。时代的口号不再是自由竞争，而是组织起来。"① 鲍威尔特别强调在这种"有组织的资本主义"下，资本主义生产有了非常大的发展，他认为以往那种政治革命事实上并不可取，因为在政治革命的同时，原有的社会财富生产体系被破坏了，即使政治革命取得了成功，由于这种有组织的资本主义的生产体系的消失，也必然是一个遍地赤贫的结局。为此，鲍威尔提出这样一个原则："除非能够同时建立起社会主义财富的生产组织结构，不然不得不破坏资本主义财富的生产组织结构。"② 世界市场也可以说是从属于社会财富的"生产组织结构"的范畴，但鲍威尔却在此犯了形而上学的错误，将两种社会生产的组织结构完全对立起来，忽视了马克思所一直强调的社会历史发展的规律。换言之，社会主义财富的生产组织结构与资本主义财富的生产组织结构，确实是完全不同的，但这并不是说社会主义的这种生产组织结构，就完全与资本主义制度没有任何关系。相反，正如前文所述，马克思在《哥达纲领批判》中谈到了共产主义社会的第一阶段的特点，这个社会制度"不是在自身基础上已经发展了的，恰好相反，是刚刚从资本主义社会中产生出来的"。鲍威尔将社会主义的生产组织结构、将未来的世界市场完全理解为在"自身基础上发展"的事物，提出要同时建立真正未来社会的一整套完善的制度，如果不能的话，无产阶级在世界市场变革的合法性就不存在。鲍威尔做出这个论断，完全是在维护资本主义国家的权威与利益，他认为在这种有组织的资本主义下，个人与国家的关系也发生了变化，"现在一个市民感觉自己首先是组织的成员和国家的公民；对于他具有最高价值的不再是个人的自由，而是对国家的忠诚和组织内部的纪律"③。鲍威尔也成了这样的一批人，所以他极力维护本国的利益。而就世界市场的变革来说，鲍威尔提出的是一个带有空想色彩的要求，那就是一夜之间建立起一个马克思未来社会构想中真正的世界市场，如果不能，就不准打破现有世界市场的体系，这显然是不符合马克思世界市场理论

① ［奥地利］奥托·鲍威尔著，殷叙彝编. 鲍威尔文选［M］. 北京：人民出版社，2008：66.

② ［奥地利］奥托·鲍威尔著，殷叙彝编. 鲍威尔文选［M］. 北京：人民出版社，2008：98.

③ ［奥地利］奥托·鲍威尔著，殷叙彝编. 鲍威尔文选［M］. 北京：人民出版社，2008：66.

的观点学说的。

第二节 "超帝国主义"下的世界市场

在第二国际的所有马克思主义理论家中，卡尔·考茨基无疑是最为重要的理论家，堪称第二国际马克思主义理论家群体中的"核心"，从这个意义上来说，考茨基在第二国际的发展历程中，长期扮演着马克思主义"理论权威"的角色。这主要是因为从考茨基的经历来看，考茨基无疑是马克思与恩格斯最为重要的"学生"，在他的一生中，多次直接受到马克思，特别是恩格斯的教诲与指导。与此同时，考茨基为马克思主义的发展也做出了相当多的贡献，如《资本论》相关卷次的进一步出版以及其他宣传性的工作。而就马克思世界市场理论的发展来看，考茨基在其著作中也阐发了关于马克思世界市场理论的新认识与看法，这些观点值得在此进行陈述与分析。

首先是考茨基关于未来世界市场发展构想的相关论述。考茨基在1902年发表的《社会革命》一书中，以《社会革命后的日子》为题，专门阐述了无产阶级革命后未来社会的可能特征，其中就涉及了考茨基关于未来世界市场的构想。考茨基认为，"危机是对现代化生产方式最严厉的批评。无产阶级政权最重要的任务之一就是消灭危机"。① 这一论断是正确的，马克思与恩格斯坚持认为，世界市场中的危机不可能由资产阶级来克服，能够解决这一问题的只有无产阶级，无产阶级必然会在世界市场中推行全新的生产模式、国际分工以及消费，也就是说在马克思世界市场理论中，无产阶级确立世界市场的领导地位、变革现行世界市场的话语权是全方位的变革行动，涉及世界市场中的各个层面。但是考茨基却认为，无产阶级的这种"历史的任务"主要在于"调节产品的周转"②方面，而进入真正的组织生产领域，依然要走资本主义的生产方式。考茨基写道："人们总是认为，社会主义的任务就是组织生产。但是，这一任务有一部分已由资本加以解决了，其方法是用拥有数千名工人的大企业的生产来代替许许多多独立的小企业的生产。托拉斯甚至能组织整个工业部门的生产，但是有一

---

① ［奥地利］卡尔·考茨基著，王学东编．考茨基文选［M］．北京：人民出版社，2008：176.

② 考茨基"调节产品的周转"论述，并不单指企业内部生产资料的转换，而是一种广泛的含义，也就是说既包含个人消费，也包含生产性消费。

个唯独无产阶级政权才能解决的任务，即有计划地调节产品的周转。"① 考茨基认为，现有的世界市场中，真正需要被关注的是"消费资料"的生产，而"生产资料"的生产随着卡特尔、托拉斯等企业联合程度的提高，是可以实现平衡的。这样，资本主义世界市场中危机的真正来源事实上已经被资本主义生产中的新情况所"克服"了。考茨基认为，"消费资料"的生产却是一个需要真正分析的问题，因为它很大程度上受到供需关系的影响，在未来的世界市场中，需要沿用现有的"生产资料"的生产模式，而只在"消费资料"的生产中进行调节即可。马克思关于未来世界市场的一整套全新的体系，在考茨基那里则变为："并不是非得在一夜之间凭空建立起一套调节生产和周转的全新体系不可。在一定程度上，这种体系已经有了。"② 也就是现有的资本主义的生产体系。最后，考茨基以一种形而上学的思维提出了变革的思路，"不宜一切推倒重来，而仅仅在某些方面加以扩大，在另一些方面加以限制，使原来松弛的关系更趋紧密即可"。③ 事实上，考茨基在此所提出的依然是一个"橡皮擦"式的未来世界市场蓝图，考茨基力图"擦去"现有资本主义生产中生产的盲目性与无政府性，而继续沿用资本主义的生产方式来组织世界市场中的生产，但是资本主义的生产方式本身就蕴含着巨大的不公，这种生产方式才是世界市场中"暴君""恶魔"屡次出现的根源。考茨基关于未来世界市场的构想，并不见得比鲍威尔高明多少，它依然是披着社会主义的外衣，却有着资本主义的内核。

如果说《社会革命》体现了考茨基对未来世界市场的发展存有调和的幻想，那么在考茨基关于帝国主义的观点中，则对当代世界市场的发展态势做出了错误的判断。考茨基在《取得政权的道路》《帝国主义》及《帝国主义战争》等文献中，以一种"超帝国主义"的视角，对世界市场的发展做出了说明。首先，考茨基认为，"帝国主义是高度发展的工业资本主义的产物。帝国主义就是每个工业资本主义民族力图征服和吞并愈来愈多的农业区域，而不管那里居住的是什么民族"。④ 这是考茨基对帝国主义的一个著名论断，而就世界市场来看，考茨基认为在世界市场中，"所有的工业国都因此而对世界市场，从而也对作为扩

① ［奥地利］卡尔·考茨基著．王学东编．考茨基文选［M］．北京：人民出版社，2008：176.
② ［奥地利］卡尔·考茨基著．王学东编．考茨基文选［M］．北京：人民出版社，2008：176-178.
③ ［奥地利］卡尔·考茨基著．王学东编．考茨基文选［M］．北京：人民出版社，2008：177.
④ ［奥地利］卡尔·考茨基著．王学东编．考茨基文选［M］．北京：人民出版社，2008：296.

大对外贸易市场的手段的殖民政策，表现了最大的兴趣"。考茨基认为，世界市场的存在使得资本主义国家能够实现帝国主义的理想，也就是通过世界市场来蚕食更多的落后地区，特别是落后的农业地区，而这一行为背后的动机是工业资本的需要。考茨基指出，工业的繁荣、交通运输的发达，使得世界市场扩大了，而资本主义的商品在农业地区完全可以替代传统的手工业制品，由于传统的农业地区缺乏成熟的工业体系，往往会形成劳动力的过剩，由于世界市场的存在与发展，农业地区的廉价劳动力又能够流入先进的工业国。其次，考茨基认为，当前世界市场中最重要的特点是整个世界市场受到工业资本的推动，对落后的农业地区进行商品的倾销，考茨基并不否定在世界市场中出现的资本输出，但是考茨基却认为当前"资本不再迫切要求输出了"，同时，考茨基的语境中所谓的"资本输出"，主要是指资本主义国家向落后的农业国进行的资本输出，也就是考茨基所言的"工业民族出借资本"的行为，考茨基认为即使是这种资本输出，归根结底还是为资本主义国家工业产品的购买力的提高而服务的。最后，考茨基认为，资本主义经济正在跨过国家的范围，在世界市场中实现前所未有的联合。他写道："正是资本主义经济受到资本主义国家间的对立的最严重的威胁。任何一个有远见的资本家今天都要向他的伙伴们大声疾呼：全世界资本家联合起来！"① 考茨基在此用类似"全世界无产者联合起来"，这一最生动且革命的马克思主义的话语来陈述资本家的联合，是想强调时至今日，资本家的联合已不再是以往的简单合作，而是更加紧密地"团结"在一起，形成一个整体，来实现对全球农业地区的侵蚀与压迫。也正是基于此，考茨基认为，在整个资本家群体中，普遍出现了"卡特尔思想"即联合发展的思想。这实质上也引出了考茨基所言的"超帝国主义"的思想，他写道："资本主义不是不可能再经历一个新的阶段，也就是把卡特尔政策应用到对外政策上的超帝国主义阶段。"② 显然，考茨基所认为的帝国主义仅仅是若干资本主义国家所采取的一种政策，可以存在，也可以人为取消。

考茨基关于世界市场发展的陈述，看似十分符合现实，但如果结合马克思世界市场理论来看，事实上考茨基是将马克思世界市场理论做了简单化的理解。首先，考茨基过分注重世界市场中工业国（民族）与农业国（民族）之间的关系。在马克思世界市场理论中，确实有这方面的内容，比如马克思在论述中国、

---

① ［奥地利］卡尔·考茨基著，王学东编. 考茨基文选［M］. 北京：人民出版社，2008：309.

② ［奥地利］卡尔·考茨基著，王学东编. 考茨基文选［M］. 北京：人民出版社，2008：309-310.

印度等东方国家时，对这一问题就有所涉及。但这却不是马克思世界市场理论所主要针对的，马克思世界市场理论始终是对资本主义国家以及资本主义生产方式的进一步说明，探讨世界市场中不同经济制度与体制之间的关系，当然是马克思世界市场理论的研究内容，但这一研究需要在充分认识与了解资本主义的基础上才能展开，是一个由此衍生出的研究议题。过分强调世界市场中"文明"与"落后"的研究，事实上反而弱化了马克思对世界市场中整个资本主义生产体系的研究，将马克思世界市场理论转变为一种简单的市场力量强弱的经济分析。正如列宁所言："（考茨基）片面地、任意地和错误地突出了（工业资本）对农业区域的兼并。"① 其次，考茨基存在以马克思时代世界市场的特点来"套用"当前阶段的错误，马克思在《共产党宣言》中曾写道，资产阶级所生产的商品，宛如"重炮"一般，可以摧毁一切仇外心理与民族隔阂的"万里长城"，是资产阶级在世界市场中横行无阻的依托。马克思在此主要是根据资本主义刚刚确立统治地位的情况来谈的，至于资本主义在世界市场中是否动用这种"重炮"完全是根据资本的增值需要来决定的，如果资本输出能够获得更大的利润，那么资产阶级在世界范围内建立联系就不单单是获得更大的销售市场这么简单了，而是将整个资本主义生产体系建立在全球范围内。从考茨基所处的时代来看，资本集中趋势得到了加强，金融资本的兴起使得"食利国"能够通过在全球范围内组织生产而掠取更多的剩余价值，这时的剥削更为隐秘。但考茨基却认为，资本主义永远会用商品的"重炮"轰击落后地区，考茨基论述道："人们称这一政策为帝国主义的政策。它是一种现代化了的、最大规模的重商主义。"② 考茨基认为，资本主义世界市场中出现的新情况，不过是原有"重商主义"的"回魂"，只不过是资本家"守财奴病"的再次复发。显然，在考茨基的认知中，所谓的资本家更多的是精明的商人，已经不是马克思所认为的"资本的人格化"了，这最终导致考茨基对资本主义发展的特点估计不足。再次，在考茨基对世界市场的论断中，由于考茨基片面强调"工业国"对"农业国"的压迫，考茨基必然将革命的力量寄希望于受压迫的农业地区的群众，这种革命更多地体现于在经济上争取落后地区的发展权与生存权，由于考茨基认为帝国主义是一种政策，显然这种政策上的收紧与放松，也是资本主义国家所能够主导的，这也就不得不再次寄希望于资本主义国家政策的调整，来为世界市场

---

① 列宁专题文集：论资本主义 [M]．北京：人民出版社，2009：177.
② ［奥地利］卡尔·考茨基著，王学东编．考茨基文选 [M]．北京：人民出版社，2008：315.

中的"后来者"腾出必要的发展空间。事实上，这已经与马克思所表述的重塑世界市场话语权、实现世界市场中政治与经济上的变革相去甚远了。最后，考茨基关于世界市场中资本主义经济联合的论断，也存在片面与绝对化的认识，考茨基忽视了资本主义国家不仅要吞并农业区，同时也要疯狂地兼并一切国家，包括其他资本主义国家。资本主义经济的联合是事实，但绝不可能成为"铁板一块"，相反，这种联合在资本增值最大化的诱惑前，既显得十分强硬，又显得十分脆弱。形象地说，考茨基热衷于对世界市场中"暴君"与"臣属"之间的分析，突出世界市场中的不平等，却忘了回头看一眼"暴君"统治世界市场的手法已然变了模样。

第三节　资本主义国家政策的调整

纵观第二国际中派代表人物对世界市场的分析与论证，会发现第二国际中派代表人物事实上存在共性问题，他们虽不像伯恩施坦等人完全否认世界市场的危机与变革的必要性，但却普遍地流露出对资本主义国家做出政策调整的期盼，特别是对外经济政策上的调整。换言之，第二国际中派代表人物往往在理论上确实展开了对资本主义的批判，也都能够认识到在资本主义制度的主导下，世界市场上确实存在着巨大的不公与压迫，但以考茨基为代表的中派，在对实现世界市场变革的问题上却寄希望于资本主义国家。他们认为，世界市场中出现的种种新情况，是一种"国家行为"，是可以改变的。特别是在第一次世界大战后，这种论断更加突出。考茨基等人认为，资本主义国家普遍认识到，战争的爆发一度使得商品流通中断、资本主义国家的对外投资受阻，列强已经认识到必须做出相应的改变，才能使世界市场远离战争的威胁。换言之，在这种情况下，资本主义国家的资本输出就不得不采取一种和平的政策，如果资本主义国家的对外政策能够调整，那么世界市场的整体环境也不是不可能有很大的改善。"这位牧师（考茨基）在规劝资本家转向和平的民主，并且说这是辩证法：假如先有过自由贸易，后来又有过垄断和帝国主义，那么为什么就不能有'超帝国主义'，就不能再有自由贸易呢？"① 事实上，考茨基等人已经完全在资本主义国家的政策中"打转儿"了，马克思与恩格斯已然揭示了自资本主义在世界市场中站稳脚跟以来，所有的一切政策，不论是自由贸易还是垄断与联合，

---

① 列宁选集：第二卷［M］．北京：人民出版社，2012：478.

都是资本主义本身特点所导致的，有其历史必然性，虽然具体表象可能有所不同，但都没有改变资本不惜一切代价以实现增值的特点，无论在何种情况下，资本绝对会长期保持一种不平等的关系，这是资本掠取剩余价值获得超额利润的出发点。不管是资本主义"好"的政策还是"坏"的政策，都是意图通过世界市场实现资本的增值，都是为资本而服务的。事实上，战争也是如此，列宁指出，对于资本国家而言，战争本身也会带来巨大的超额利润，"资本本身就是靠同它竞争的资本家和同它竞争的国家的破产获利，以实现更高程度的积聚，因此，经济竞争即在经济上促使对手破产的斗争愈尖锐、回旋余地愈'狭窄'，资本家就愈是力求辅之以军事手段来促使对手破产"。① 这可以说是资本主义国家不惜动用武力的最真实的动机。

如果将变革世界市场的力量寄希望于资本主义国家，那么无产阶级对世界市场变革的领导地位就会被削弱。在第二国际中派代表中，普遍将马克思关于未来世界市场的整体变革，理解为一种不讲任何革命策略与技巧的"布朗基主义"般的行动，对马克思所提倡的革命主动性大加指责。如饶勒斯在《方法问题》中写道："《共产党宣言》的建议，不是一个有自信心而且其时机终于到来的阶级进行革命的方法。这是一个不耐烦的、软弱的、想用人为手段促使事物更快进展的阶级进行革命的权宜之计。"为此"我的格言是，尽可能争取更多的东西"。② 正如前文指出的，马克思关于世界市场变革的核心是直面资本主义制度的挑战，而不是在所谓的"政策"与"路线"中"兜圈子"，完全回避世界市场中的"恶魔"与"暴君"。列宁在《第二国际的破产》中指出，马克思主义内含的革命精神，绝对不是一种盲动的革命，而是需要充分研究"革命形势"，列宁指出这种形势的判断主要有三个特征：（1）统治阶级已经不能照旧不变地维持自己的统治，这主要是说在统治阶级的内部，往往出现了危机，迫使统治阶级内部也不得不调整。（2）被压迫阶级的贫困和苦难超乎寻常地加剧了。（3）群众的积极性大大提高了。而 20 世纪初以来，世界市场发展的新情况正是这种革命形势最直接的反映，凸显了新的革命形势的到来。真正的马克思主义者应该根据革命形势，积极制定新的斗争策略，而不是成为资本主义国家的"说客"，落入大国沙文主义者的群体中。从这个意义上来说，第二国际中派人物在实践中所秉持的观点与伯恩施坦的左派观点事实上并无本质区别。

---

① 列宁选集：第二卷 [M]．北京：人民出版社，2012：476.
② [法]让·饶勒斯著，李兴耕编．饶勒斯文选 [M]．北京：人民出版社，2008：246-247.

第三章

第二国际左派代表对世界市场理论的发展

第一节　资本积累下世界市场的发展

　　罗莎·卢森堡是第二国际时期左派的知名代表，她既是一位马克思主义理论家，更是一位坚定的无产阶级战士，在很大程度上，卢森堡可谓第二国际左派的一面"旗帜"。正是在卢森堡的带领下，第二国际的左派对右派及中派在理论上对马克思主义的歪曲以及在革命斗争中的妥协，都给予了有力的回击。卢森堡在马克思主义，特别是马克思政治经济学的研究上有很深的造诣，在其相关著作中，也阐发了很多关于马克思世界市场理论的观点与看法，这些观点构成了马克思世界市场理论发展的一个重要阶段，对更好地理解马克思世界市场理论有很重要的意义，所以有必要予以简要的陈述与分析。卢森堡关于世界市场的研究，是通过构建其"资本积累"这一理论来实现的，事实上，关于资本积累的相关研究，也是卢森堡整个政治经济学研究的核心所在。

　　卢森堡在 1913 年发表的代表作《资本积累论》中①，提出马克思在《资本论》中构建的关于资本主义社会资本积累的观点过于理论化而没有与实践相结合，特别是没有将流通的问题纳入考察范围。毫无疑问，在马克思的视域下，所谓的资本积累就是剩余价值的资本化，这是资本主义扩大再生产的特点与本质，卢森堡对此是认同的，卢森堡写道："在资本主义基础上扩大再生产的历史

---

　　① 列宁对《资本积累论》一书非常重视，该书一经出版，列宁便阅读了该书并对此书做了详细的笔记与批注，同时，列宁还试图写一篇关于《资本积累论》的评价，为此整理了提纲与数据资料，遗憾的是列宁最终并未实现这一研究构想。参见《列宁全集》第二版增订版，第五十九卷，人民出版社 2018 年版，第 389—430 页。

特点。它必然表现为资本积累，这就是它的特殊形式，又是它的特殊条件。"①
但卢森堡指出，马克思首先在《资本论》第二卷第三篇第二十五章中提出资本
主义扩大再生产的"图式"，就是资本主义社会第Ⅰ部类（生产资料）与第Ⅱ
部类（消费资料）之间是可以实现积累的，也就是说两个部类之间的资本家在
扩大再生产之时，可以互相找到买主，这样这两个部类之间的扩大再生产就可
以无限扩大下去，资本就能实现积累。但是，与之相矛盾的是，马克思又在
《资本论》第三卷第三篇第十五章中提出在资本积累中"无论是补偿不变资本和
可变资本的部分，还是代表剩余价值的部分，都必须卖掉"，但是这种情况"受
不同生产部门的比例关系和社会消费力的限制"。② 为此，卢森堡认为，马克思
关于资本积累的矛盾之处就在于一方面马克思通过对两大部类扩大再生产的分
析，指出资本主义生产，也就是资本积累在资本主义国家内部就可以顺利实现，
另一方面，马克思却指出，这种社会消费力是有限的。卢森堡认为，这是马克
思在分析资本主义扩大再生产时的一个重要缺陷，更为直接地说，卢森堡认为，
"资本家抑制自己不把剩余价值全部消费掉，但其余的剩余价值，即积累的部
分，该如何呢？它给谁使用呢"？③ 显然，资本家如果全部消费、挥霍掉了，那
么资本家就不称为资本家了，同时，工人也没有这个消费能力。卢森堡进一步
指出，在马克思的政治经济学研究的构建下，只有工人与资本家，这就不能很
好地解释到底是谁实现了剩余价值，为此，在理解资本积累之时必须有一个独
立于工人与资本家之外的"第三方"来实现资本积累，在卢森堡的表述中这种
"第三方"就是"非资本主义环境"。至此，卢森堡的"资本积累论"逐渐明
晰，卢森堡认为："资本的积累，没有非资本主义环境，在任何场合是不可能
的，那么，假设资本主义生产方式占唯一的、绝对的统治地位，是不能提供一
个正确的图景的。"④ 卢森堡认为，在理解资本积累之时，不能仅仅考虑资本主
义，要把资本主义与非资本主义联系起来才能理解资本积累。卢森堡所言的这
种"非资本主义环境"主要指的是什么？卢森堡认为，在资本主义国内这种
"非资本主义环境"主要是指农民、农业等群体与产业，但这还不具有典型的意

---

① [德] 卢森堡. 资本积累论 [M]. 彭尘舜，吴纪先，译. 上海：上海三联书店，1959：
66.
② 马克思恩格斯文集：第七卷 [M]. 北京：人民出版社，2009：272.
③ [德] 卢森堡. 资本积累论 [M]. 彭尘舜，吴纪先，译. 上海：上海三联书店，1959：
88.
④ [德] 卢森堡. 资本积累论 [M]. 彭尘舜，吴纪先，译. 上海：上海三联书店，1959：
288.

义，真正要了解这种"非资本主义环境"就需要通过世界市场来理解①，特别是世界市场中那些非资本主义生产关系的地区与国家，这些地区与国家，提供了卢森堡所认为的实现剩余价值的支付能力，卢森堡认为，从这个角度出发就能很好地理解为什么资本主义国家对世界市场以及殖民地凸显了极大的狂热，疯狂地争夺对不发达地区的控制权，根本原因是如果没有争取到这些"非资本主义环境"的控制权，那么剩余价值就无法实现，资本主义扩大再生产就不得不停滞。为此，卢森堡总结道："剩余价值的实现，是依存于非资本主义的消费者。因此，剩余价值的非资本主义的购买者之存在，乃是资本及其积累的直接的生存条件。"② 以卢森堡的观点来看，世界市场正是这种购买者最多、最活跃的场所。所以，资本家才会不断地侵蚀世界市场的落后地区，世界市场对于资本积累而言不可谓不是一个"头等容量的积累领域"，卢森堡认为，所谓资本主义的灭亡，无非就是资本主义在全球的扩张，导致全球范围内再没有可以供资本积累的购买者，也就是世界市场中再也没有能够实现剩余价值的支付阶层，那时资本主义就会自动走向毁灭。卢森堡写道："对资本而言，积累的停顿意味着资本主义生产力的扩大发展的停止，同时，也意味着资本主义崩溃的客观历史必然性。"③ 在《资本积累论》中，卢森堡认为从资本积累的历史环境来看，资本的历史可以分为三个阶段，第一个阶段是"资本对自然经济的斗争"阶段，也就是资本必须在对自然经济的斗争中取得胜利；第二个阶段是"资本对商品经济的斗争"阶段，这里的商品经济主要是指简单的商品经济，也就是资本必须将资本主义的生产建立在一个更为符合资本增值的经济体制之上；第三个阶段是"资本在世界舞台上为争夺现存积累条件而斗争"阶段，卢森堡认为，当前的资本主义正处于第三个阶段，这一时期，资本为了维护自身积累的环境，必然要向全球最后的非资本主义环境发起进攻，将整个世界市场都纳入资本积累的范畴之中。由此，就引申出卢森堡关于"帝国主义"的观点，她认为："帝国主义是一个政治名词，用来表达在争夺尚未被侵占的非资本主义环境的竞争中所进行的资本积累""帝国主义虽是延长资本主义寿命的历史方法，它也是带

---

① 列宁对《资本积累论》的批注中，关于这种"非资本主义的环境"，列宁批注道"国外市场=非资本主义环境"，列宁指出卢森堡的这种论断事实上正是在寻找"非资本主义环境中实现剩余价值的市场"。参见《列宁全集》第二版增订版，第五十九卷，人民出版社 2018 年版，第 418 页。

② ［德］卢森堡. 资本积累论［M］. 彭尘舜，吴纪先，译. 上海：上海三联书店，1959：289.

③ ［德］卢森堡. 资本积累论［M］. 彭尘舜，吴纪先，译. 上海：上海三联书店，1959：333.

领资本主义走向迅速结束的一个可靠手段"①。换言之，卢森堡认为资产阶级在竭力开拓世界市场之时，恰恰说明了资本能够找到的购买者越来越少，资本主义的危机也就越来越临近。

总的来看，卢森堡事实上是以一种"消费不足"的观点来认识整个资本主义危机的。卢森堡在认识马克思扩大再生产理论时，没有真正了解马克思为什么要把对外贸易、世界市场等问题抽去的深意。马克思指出"对外贸易仅仅是以使用形式或实物形式不同的物品来替换本国的物品，而不影响价值关系""把对外贸易引进来，只能把问题搅乱，而对问题本身和问题的解决不会提供任何新的因素"②。马克思的扩大再生产理论，只是意图说明资本主义生产的总的规律，并不是说资本主义就可以依据这套图式永远存在下去，相反，在现实中这种扩大再生产的实现反而会遇到种种障碍，资本以及资本家当然不会坐以待毙，为了消除这种危机，资本家确实会通过对外贸易、世界市场等来力图消除危机，但是这并不是说资本主义在扩大再生产，必须"求助于"资本家与工人以外的"第三者"才能实现扩大再生产。卢森堡虽然在《资本积累论》中从资本积累出发，在形式上遵循了马克思分析世界市场之时所秉持的一贯思路，但是却将本属于生产领域的分析引导至消费领域，将世界市场的危机理解为一种"消费不足的危机"，正如前文所述，恩格斯在反驳杜林之时，就指出消费不足确实有，却不是资本主义社会危机的根本表现，仅谈消费危机无异于用"杯水风暴代替海上风暴"。事实上，卢森堡在这个问题上的转变经历了一个较长的历程，早在1898年卢森堡反驳伯恩施坦的《社会改良还是革命》一文中，针对伯恩施坦所认为的资本主义的新情况导致世界市场已然没有危机的论断，卢森堡认为"我们还没有到达像马克思的图式中所设想的那种发生周期性危机的资本主义成熟阶段。世界市场依然处在发展中"，而世界市场中暂时性的繁荣，只是说明"我们还没有看到世界市场的发展和力量消耗已经到达如此程度，以致生产力同世界市场的框框将发生致命的周期性的冲撞，即发生资本主义的老年危机"③。在这一时期，总的而言，卢森堡基本上还是沿着马克思思考世界市场的思路来展开研究的。而在《国民经济学入门》一书中，可以发现卢森堡已经逐渐开始转向研究单纯意义上的世界市场中的交换问题了，她写道："由于世界市场的创

---

① [德] 卢森堡. 资本积累论 [M]. 彭尘舜，吴纪先，译. 上海：上海三联书店，1959：359.

② 马克思恩格斯文集：第六卷 [M]. 北京：人民出版社，2009：527.

③ [德] 卢森堡著，李宗禹编. 卢森堡文选 [M]. 北京：人民出版社，2008：17.

立，不仅资本的权力和统治扩大到全球，而且资本主义生产方式也不断遍及全球。从而，生产的扩张要求以及扩张范围的可能性（贩卖的可能性），也陷入对彼此愈加不利的关系上。"① 从马克思世界市场理论来看，卢森堡的这一论断存有明显的"断裂"，卢森堡指出世界市场的存在导致资本主义生产方式不断遍及全球，这是正确的，但是卢森堡并没有继续深入下去，而是急转直下，将这种资本主义生产的扩张，理解为获得一种"贩卖的可能性"，为此，世界市场中的不平等关系事实上就被简单化为卖者与买者的不平等，这显然是违背马克思世界市场理论的。在《国民经济学入门》一书中，卢森堡正是以这种对交换的研究构建起全书的研究框架，至此，卢森堡在这一问题上，事实上已经直接退回到前文亚当·斯密的研究层面上。而将这种以供需、交换为主的分析思路进一步扩展，就是卢森堡在《资本积累论》中所认识的"消费不足"的观点。应当认识到，在马克思构建的世界市场理论中，马克思不否认资本主义所统治的世界市场的存在，确实会提高资本积累的速率。但是，这对于资本主义而言是个"可选项"却不是"必选项"，在单纯的资本主义体系中，资本积累即剩余价值也是可以实现的，卢森堡认为马克思在分析资本积累之时，抽去了对外贸易的因素，就表明马克思没有考虑需求的因素。事实上，马克思从来没有否认消费的意义，马克思一向认为工人阶级的需求对于资本主义扩大再生产也有着制约作用，换言之，资本主义社会的扩大再生产不可能完全脱离消费与需求而孤立、片面地发展。同时，资本家也不是不考虑需求，只是必须清醒地认识到，资本家所关注的需求是"使生产者可获得最大利润的价格水平上拥有支付能力的那部分需要，也就是有效需求。人的需要再迫切，如果其支付能力无法使生产者利润最大化，这样的需要不可能受到重视和满足"。② 列宁认为，卢森堡的这种错误与以往俄国"民粹派"的错误如出一辙，也就是认为剩余价值在"纯资本主义"社会中是不能实现的。列宁认为，卢森堡的这种所谓的"辩证法"事实上是折中主义的体现，③ 如果将此种分析方法应用到世界市场的分析中，显然会弱化世界市场中两大阶级的对立，一种本蕴含在资本主义制度中的生产矛盾，就会简单化为消费矛盾。

---

① ［德］卢森堡著．国民经济学入门［M］．彭尘舜，译．上海：上海三联书店，1962：258-259.

② ［德］卢森堡著．国民经济学入门［M］．彭尘舜，译．上海：上海三联书店，1962：158.

③ 此部分详细内容参见《列宁全集》第二版增订版，第四十六卷，人民出版社 2018 年版，第 242-243 页。

当然，也必须看到，卢森堡作为第二国际左派的代表有其不可忽视的历史功绩。首先，卢森堡的研究出发点是正确的，卢森堡的研究是从资本积累出发的，是从资本运动的规律来思考世界市场的，这是第二国际理论家中少有的一种理论尝试，虽然在研究中卢森堡从"供需论"的视角来理解，但从研究的形式来说，卢森堡的这种理论上的思考与马克思的最为接近，卢森堡关于"资本斗争"的三个阶段的论述，依然有很大的借鉴意义，特别是卢森堡对世界市场中鸦片贸易的研究，卢森堡提出英国对中国的鸦片贸易，必然是要通过"暴力侵入"来实现的，丝毫没有回避资本的残酷与贪婪。以至于列宁评价到这段论述时批注道"叙述得非常生动有趣，非常详细，真是学识渊博"！其次，卢森堡虽然提出资本主义制度在逐渐侵占世界市场，一旦这种"非资本主义环境"被资本完全吞食，资本主义制度就会自动瓦解，但这并没有影响卢森堡革命的意愿，相反，卢森堡始终是站在革命最前线的马克思主义者，与第二国际右派以及中派相比，显示了极大的革命精神，仅从这一点来说，更应该学习卢森堡的这种革命精神，这种革命的决意与勇气，正是马克思世界市场理论中变革世界市场话语权所必需的。列宁在《政论家札记》中很恰当地评价了卢森堡，"鹰有时比鸡飞得低，但鸡永远不可能飞得像鹰那样高""卢森堡在资本积累的理论上犯过错误""但她始终是一只鹰，不仅永远值得全世界的共产党人怀念，而且她的全部著作，对教育全世界好几代共产党人来说都将是极其有益的"。①

第二节　世界市场中金融资本的主导

鲁道夫·希法亭是第二国际时期知名的理论家，与鲍威尔一样，希法亭也是奥地利马克思主义学派的代表人物，回顾希法亭的活动轨迹，在第一次世界大战之前，希法亭总体上是第二国际左派的代表人物。希法亭于1902年参加奥地利社会民主党，在《新时代》中发表过多篇文章，于1904年与阿德勒一起创办了《马克思研究》丛刊，《马克思研究》丛刊是奥地利马克思主义的重要理论平台与阵地，希法亭曾专门刊文回击了庞巴维克关于马克思劳动价值理论的责难，这使得希法亭在第二国际内声名大噪，特别是1910年所出版的《金融资本》一书，它是希法亭早期重要的研究成果。但是，在第一次世界大战爆发以及结束之后，希法亭的观点与革命活动急转直下，逐渐转向了中派乃至右派的

① 列宁选集：第四卷 [M]．北京：人民出版社，2012：643-644.

立场，特别是希法亭曾于1923年与1928—1929年两次出任魏玛共和国的财政部部长，最终他成为第二国际机会主义的代表。关于希法亭世界市场观点的考察，主要是结合希法亭的《金融资本》来认识的，就这本书的观点来看，希法亭在这一时期，总体上依然站在左派的立场研究资本主义，它极大地推动了马克思世界市场理论的进一步发展，"《金融资本》改变了马克思主义经济学的图景：使得先前占主导地位的著作黯然失色"①。

希法亭关于世界市场的观点与学说，主要集中在《金融资本》第五篇第二十一章至第二十二章以及第二十五章中，是《金融资本》一书中"第五篇论金融资本的经济政策"篇目的主干内容。显然，希法亭将关于世界市场的研究纳入金融资本的"经济政策"之下，而这种金融资本希法亭又是通过研究货币来实现的。希法亭认为，人类社会的"生产共同体"，虽然有着十分悠久的历史，但是总的来看不外乎通过以下两种方式构成，第一种生产共同体构成的特点是，"它可以自觉地调节，在生产中自觉地作为一个生产共同体的部分彼此发生关系"；第二种生产共同体构成的特点是"缺乏自觉组织，它被分解为彼此互为独立的个人"。希法亭认为第二种生产共同体越是发展，货币的必然性就越是凸显，② 而资本主义显然是第二种"生产共同体"。希法亭认为，资本主义生产由于它的孤立性与无政府性，就必然会对银行信用的流通产生很大的依赖性，这种依赖性在"刺激各个资本家去获得最大利润的主观努力所达到的客观结果，却是为一切资本创造相同平均利润率的趋势"③ 的情况下变得尤为明显，特别是随着资本主义的进一步发展，资本的有机构成比必然提高，随之而来的结果则是平均利润率普遍下降。希法亭认为，资本家为了克服这种平均利润的下降，或者起码保证能够获取平均利润率，就必然走上联合的道路，而这一时期，资本家的联合往往需要更大的资本，以往的产业资本根本不足以支撑，这就与银行资本发生了关联，结果是"现代产业运用远远大于产业资本家总资本的资本进行经营"。④ 而银行资本与产业资本二者一旦结合，也就形成了希法亭所言的"金融资本"。希法亭写道："我把通过这种途径实际转化为产业资本的银行资本，即货币形式的资本，称为金融资本。"⑤ 希法亭认为，金融资本的形成是类

① ［加］M.C.霍华德，［澳］J.E.金. 马克思主义经济学史（1883—1929）［M］. 顾海良，等译. 北京：中央编译出版社，2014：100.
② "货币的必然性"是《金融资本》的第一个内容.
③ ［德］希法亭. 金融资本［M］. 福明，等译. 北京：商务印书馆，1994：201.
④ ［德］希法亭. 金融资本［M］. 福明，等译. 北京：商务印书馆，1994：251.
⑤ ［德］希法亭. 金融资本［M］. 福明，等译. 北京：商务印书馆，1994：252.

似黑格尔所言的"否定之否定"的一个运动过程，即古老的高利贷资本转向银行资本，而金融资本的出现又是对银行资本的否定。希法亭认为，银行业与产业的紧密结合以及金融资本的出现，是真正值得关注的"资本主义最新发展的研究"①。现代资本主义制度的一切都应该从金融资本的理解入手，由此就引发了希法亭对这种金融资本经济政策的讨论，而正是在这里，希法亭谈到了世界市场的变化。

希法亭认为，"金融资本的发展增强了经济区规模的重要性，这对资本主义生产的发展一直具有重大的意义"。金融资本的出现促使资本主义国家必须迅速扩张自己的"经济区"，这也正是希法亭所言的"资本输出和争取经济区的斗争"。"经济区"是希法亭分析中的一个特有概念，也正是其关于世界市场的重要观点。在希法亭的分析中，"经济区"主要是指一种资本主义生产方式其所能波及的生产与销售范围，它的界限不一定就等于国家的界限，而在一个特定的"经济区"中，金融资本有着相当的话语权，可以主导整个生产与销售。换言之，希法亭所论及的"经济区"是一种类似资本主义"市场份额"与"势力范围"的结合体，而现实中，这种经济区的划分往往有很大的不确定因素，一个资本主义国家的经济区，很可能在极短的时间内缩小，希法亭认为，资本的趋势是通过不断地扩展这种经济区的范围来防止可能的经济区的缩小，但在资本主义的早期，它只能重点通过商品输出来保证市场份额，所以资本会大声呼吁自由贸易，但是随着金融资本的兴起，它的作用形式就有了变化。"资本试图补偿由经济区的缩小造成的对生产发展的阻碍，但是不是通过向自由贸易过渡，而是通过扩大本国的经济区和加速进行资本输出。"② 只是在当前的历史背景下，由于金融资本的兴起，使得普遍的资本输出成为可能，这样对于资本而言，就很有可能通过资本的输出在很短的时间内扩大这种"经济区"，同时"新市场不再仅仅是销售地点，而且也是投资场所，那么，这也带来资本输出国的政治态度的变化"③。这实际上是指在资本的输出下"有更大的利害关系"，这种利害关系的形成，是资本主义国家能将其经济区在经济上为资本主义生产增值服务的同时，也真正变成其"势力范围"。

希法亭正确地指出了金融资本逐渐成为统治世界市场的力量，对于当前的资本主义而言，通过世界市场进行资本输出逐渐拥有重要的意义。同时，希法

① 《金融资本》一书的副标题即是"资本主义最新发展的研究"。
② ［德］希法亭.金融资本［M］.福明，等译.北京：商务印书馆，1994：360.
③ ［德］希法亭.金融资本［M］.福明，等译.北京：商务印书馆，1994：369.

亭关于"经济区"的论述，事实上也揭示了在资本主义制度的主导下，世界市场本身分裂为若干不同的部分，而资本主义国家所谓的"市场份额"，从来就不是单纯意义上的"经济区"，而是一种资本所能触及的边界，在这种"经济区"中意味着资本，特别是金融资本权力的至高无上。但是，希法亭认为，这还不属于发达资本主义的真正情况，"在发达的资本主义生产条件下，自由贸易会把整个世界市场联结成为一个唯一的经济区，并保证最高的劳动生产率和最合理的国际分工，这是没有疑义的"。① 这里，希法亭的观点就急转直下再次落入幻想，走向了古典政治经济学家的认识层面。同时，在《金融资本》一书中，希法亭实质上认为，在资本主义社会中"把整个世界市场联结为一个唯一的经济区"的力量已经出现，那就是"总卡特尔"，希法亭认为资本主义在世界市场中的联合已然出现，而讨论这种联合的边界在哪里是没有多大意义的，重点应该关注的是这种趋势的结果是什么。希法亭写道："卡特尔化的界限实际定在哪里？这个问题必须这样来回答：不存在卡特尔化的绝对界限。相反，倒是存在着卡特尔化不断蔓延的趋势。于是，作为这个过程的结果，产生了总卡特尔。"希法亭认为，这种"总卡特尔"的特点是，"整个资本主义生产将由一个主管机关自觉地进行调节，这个机关决定它的所有领域内的生产量"。最终结果是"随着无政府状态的消失、物的外观的消失、商品的价值对象的消失，从而货币也消失，由卡特尔分配产品"。② 这可以说是希法亭想象的未来世界市场的图景。

希法亭之所以认为这种"总卡特尔"能够承担起这样的"历史重任"，主要是因为希法亭认为"总卡特尔"的出现意味着资本主义社会已经能够克服世界市场中的危机。这也显示出了希法亭与马克思关于世界市场危机的重大分歧，希法亭认为，世界市场的危机更多的是一种"流通危机"，并不是生产过剩危机，更为具体地说，在希法亭那里，世界市场的危机是由于过剩的资本无法及时流入生产领域所带来的。事实上，二者之间的根本差别在于，前者是一种经济过程中的危机，而后者是蕴含在资本主义的生产特点中的危机。希法亭写道："资本主义的扩大，使商品生产普遍化，才形成民族市场和不断扩大的世界市场。随着市场的扩大，危机得以爆发的条件也发展起来了。"③ 希法亭认为，世界市场的兴起，事实上为资本的流转提供了更大的活动范围，资本可以超出时间与地域的阻碍而组织生产，而正是这种发展，使得资本流通中不可控的因素

---

① ［德］希法亭. 金融资本［M］. 福明，等译. 北京：商务印书馆，1994：356.
② ［德］希法亭. 金融资本［M］. 福明，等译. 北京：商务印书馆，1994：264.
③ ［德］希法亭. 金融资本［M］. 福明，等译. 北京：商务印书馆，1994：329.

增多，因而也就增加了这种危机的可能性。为此，希法亭认为："危机是否发生，取决于干扰的严重程度以及出现的突发性的程度。"① 换言之，希法亭认为，资本主义世界市场危机的发生，主要是受到市场波动的影响，而在世界市场中"总卡特尔"的出现，也意味着资本主义的生产体系逐渐掌握了更多的市场信息，为此，资本主义制度不是没有可能通过这种"总卡特尔"来消除世界市场的危机。事实上，希法亭的这种论断已经出现了将马克思所言的世界市场危机的必然性抹去的倾向，在这种思想下，希法亭必然也将帝国主义视为资本主义社会的经济政策。希法亭认为，所谓的帝国主义主要是在资本主义国家卡特尔关税的帮助下，以资本输出为主要扩张手段的经济政策。希法亭并不反对无产阶级斗争的历史意义，希法亭认为只有在斗争中"无产阶级才能成为这种政策（帝国主义）必然导致崩溃的继承人"，但是希法亭同时指出："这里所指的是政治的和社会的崩溃，不是经济的崩溃。经济的崩溃根本不是合理的概念。"② 这种以资本主义的政治危机代替经济危机、以局部危机代替根本危机的认识，已经退到了第二国际中派乃至右派的认识层面。

回顾希法亭关于世界市场的观点，希法亭认为就当前资本主义的发展阶段来看，资本输出逐渐成为资本主义国家世界市场的主流政策，这无疑是正确的。希法亭的这一论断，确实将马克思世界市场理论向前推动了一大步，将其带入一个全新的理论境遇之中，从这点来看，希法亭的观点可谓"跨时代的"，是完全符合现实情况的。但同时，希法亭的观点也有不全面与矛盾之处，核心问题在于希法亭片面强调世界市场的流通必然性，进而以流通危机、信用危机来替换世界市场的根本性经济危机，这是不符合马克思世界市场理论的。在马克思的理论中，这种经济危机本身就是蕴含在资本主义的生产特征中的，如果忽视了世界市场的经济危机，也就根本无法推论出世界市场上的其他危机。希法亭之所以会认定资本主义"经济崩溃是不合理的"，很大程度上是由于在希法亭创作《金融资本》时，资本主义迎来了一个高速发展的时期，特别是希法亭主要活动的德国，1871 年德意志帝国成立，同时由俾斯麦出任宰相，德国迎来了一个资本主义发展的快速阶段，德国的综合国力有了显著的提高。以往李斯特那种保守的思路，显然已经不适合德国资本主义的进一步发展了，为此，德国在世界市场中也频频发力。希法亭看到了资本主义在经济上的"新作为"与"新成就"，希法亭认为，这是资本主义制度值得保留，至少是经济制度值得保留的

---

① ［德］希法亭. 金融资本［M］. 福明，等译. 北京：商务印书馆，1994：336.
② ［德］希法亭. 金融资本［M］. 福明，等译. 北京：商务印书馆，1994：424.

重要原因，所以希法亭才会否认经济制度崩溃的可能性。同时，在希法亭看来，"总卡特尔"等联合形式的出现，不是资本主义发展的必然性所导致的，而是资本为了应对利润率下降的一种政策，是人为主观造成的，这就造成了希法亭认为可以依靠"总卡特尔"来克服世界市场危机，甚至可以通过这种卡特尔使得资本主义一劳永逸地走出危机，还给全人类一个宁静和谐的世界市场，这实质上就完全走向了马克思世界市场理论的反面。

第三节　世界市场理论的总体回顾与批判

回顾第二国际时期马克思世界市场理论的发展历程，以伯恩施坦为代表的右派对马克思主义进行了所谓全面的"修正"，其中也涉及了对马克思世界市场理论的质疑以及篡改。当然，不可否认的是，面对以伯恩施坦为代表的右派，考茨基等人的中派以及卢森堡等人的左派，都对其进行了坚决的回击，特别是卢森堡等人的理论批判，值得充分予以肯定。但是，总的来看，在恩格斯逝世后，第二国际的所有理论家都偏向主张以一种实证主义的态度来重新研究马克思的世界市场理论。① 事实上，以孔德这位圣西门学生为代表的实证主义者，逐渐成为第二国际内部的方法论指导，成为第二国际中某种隐形的"精神领导"。纵观第二国际时期马克思世界市场理论的全部理论成果，到处可以看到孔德这种"实证精神"的影子。如孔德曾写道："我们的实证研究基本上应该归结为在一切方面对存在物做系统评价，并放弃探求其最早来源和终极目的。"② 这一论述几乎就是伯恩施坦的那句名言在方法论上的翻版。孔德在《论实证精神》中，提出人类心智的发展已然不需要那种古希腊式或者黑格尔式的哲学思辨，而需要真正贴近生活的观察。"人类智慧放弃追求绝对知识（那只适宜于人类的童年阶段），而把力量放在从此迅速发展起来的真实观察领域，这是真正能被接受而且切合实际需要的各门学识的唯一可能的基础。"③ 孔德进一步指出，所谓

① 在第二国际的理论家群体中，特别是以伯恩施坦为代表的右派理论家的观点中，往往还夹杂着许多其他思想的影响，如新康德主义、庸俗进化论、马赫主义、折中主义的多因素决定论等，这里仅仅是从世界市场理论的研究来看，指出第二国际理论家就世界市场理论所凸显的共性的问题。

② ［法］奥古斯都·孔德. 论实证精神［M］. 黄建华，译. 南京：译林出版社，2011：10.

③ ［法］奥古斯都·孔德. 论实证精神［M］. 黄建华，译. 南京：译林出版社，2011：9.

的"实证"主要可以从五个对立来理解，即"真实与虚幻"的对立、"有用与无用"的对立、"肯定与犹豫"的对立、"精准与模糊"的对立、"组织与破坏"的对立，实证主义者选取前者，直白地说，实证主义所秉持的方法，与马克思在《〈政治经济学批判〉导言》中所陈述的政治经济学研究的"两条道路"格格不入，实证主义既反对"完整的表象蒸发为抽象的规定"——这种古典政治经济学所持有的第一条道路，更反对马克思为自己研究所划定的"抽象的规定在思维行程中导致具体的再现"的第二条道路。在实证主义者那里，只有对所谓的"真实的表象"的具体研究，容不得任何抽象与逻辑上的推演。从这个角度而言，第二国际的理论家们由于方法论上的缺陷，其关于世界市场的研究，只能是各种具体片面经济现象的集合，与马克思政治经济学研究的高度与水平相去甚远，甚至都没有超越马克思所批判的古典政治经济学家关于世界市场的研究，或者将古典政治经济学家的部分理论神圣化，缺乏马克思的那种更为深入的剖析。这也能够解释为什么会在第二国际的理论家群体中，每每论及世界市场的问题之时，总是会出现大卫·李嘉图在"比较优势"理论下所倡导的国际分工的身影。

与此同时，从具体的马克思世界市场理论来看，在这种实证主义的影响下，在第二国际的理论家群体中，虽然互有论述以及相互批判，却普遍以一种"需求论""消费论""流通论"的视角来研究马克思世界市场理论。比如伯恩施坦之所以认为世界市场的危机已然走远，主要的依据就是资本主义的企业间已经实现普遍的联合，逐渐掌握了市场信息，甚至开始以需求为导向开展生产活动。考茨基等人则认为，当前世界市场的危机主要是消费不足引起的，所以争取工资就是世界市场斗争中的"头等大事"。卢森堡则认为世界市场是资本主义"消费"剩余价值的一个"非资本主义环境"，如果没有世界市场的存在，整个资本主义的消费是不能顺利完成的，而只要资本主义所侵占的世界市场再也不能给予其提供消费的空间，那么资本主义的灭亡不需要无产阶级的革命就能走向毁灭，这实质上也是一种隐形的"自动崩溃论"的认识。在这个基础上，几乎第二国际的所有理论家，对马克思在《资本论》的研究中将世界市场抽象掉的理论必要性不甚了解，认为马克思在这一问题上考虑不成熟。由于马克思把世界市场、对外贸易等因素"抽象"掉了，所以第二国际的理论家们认为马克思关于资本主义的批判是存在巨大漏洞的，马克思关于世界市场的理论研究也是不成熟的，为此，第二国际的理论家们纷纷意欲"修正"马克思的世界市场理论，结果反而忽视了马克思世界市场理论中最为核心的观点学说，马克思世界市场理论在第二国际理论家们的手中，逐渐变成了纯粹的"经济学研究"。

　　通过分析会发现，几乎所有第二国际时期的理论家都陷入了"曼海姆悖论"之中。马克思世界市场理论绝不仅仅是一般意义上的政治经济学研究，对无产阶级来说，这一理论同时还具有革命性的目标与说明，毫无疑问，马克思世界市场理论本身就是无产阶级的思想武器。但是在曼海姆看来，一种社会研究一旦与意识形态、党派等产生关联，那么这种研究就必然会有个人的主观色彩在其中，必然会有偏见，也就难以保证其内在的科学性。为此，曼海姆提出真正的社会研究必须"不带党派偏见地分析实际存在的社会状况中的一切可能影响"。同时，曼海姆指出，对社会的研究必须认识到："我们在这里讨论的不是不变的、客观的实体，而是处于不断流动状态的倾向和努力。进一步困难的是：众多相互作用的因素在持续地变化着""还有一个困难，这就是观察者本人并不置身于非理性的领域之外，而是参与了各种因素的冲突。这种参与通过他的评估和利益不可避免地使他受制于某一流派的观点"①。最后，曼海姆认为，真正的研究必须由"无社会依附的知识分子"来完成。第二国际的理论家们只是片面地强调马克思关于世界市场的论述，还有太多的因素没有注意到，还有太多的研究主题被他们忽略了，而为了保证马克思世界市场理论与世界市场发展现实的充分契合，对马克思世界市场理论提出了责难，进而将世界市场中的经济分析与世界市场的革命分而立论，认为这是两个不同维度的问题。正如前文所指，一旦忽略了无产阶级实现世界市场革命性变革的历史使命，那么整个马克思世界市场理论就没有了"灵魂"，而第二国际的理论家们越是这样做，反而就越像曼海姆所言的"无社会依附的知识分子"了。

---

①　[德] 卡尔·曼海姆. 意识形态与乌托邦 [M]. 黎明，等译. 上海：上海三联书店，2011：115-116. 曼海姆于 1893 年生于布达佩斯，于 1947 年卒于英国伦敦。显然，曼海姆在理论上的活跃要晚于第二国际时期，这里仅仅是从理论的层面，以"曼海姆悖论"这一意识形态研究经典议题，来分析第二国际理论家思想的特点。

第六篇
苏联时期马克思世界市场理论的发展与实践

▼
▼

马克思世界市场理论是内涵丰富的理论学说，但在马克思与恩格斯相继逝世后，马克思的"学生"们在理解马克思世界市场理论之时，开始出现严重的分歧，最终背离了马克思世界市场理论的核心观点。从某种意义上来说，在恩格斯逝世后，马克思世界市场理论一度到了"生死存亡"的关键时刻。如何捍卫以及继续发展马克思世界市场理论，是每一位真正的马克思主义者都应该深思的重大问题。在俄国这个相对落后的资本主义国家，以列宁为代表的俄国马克思主义者，对马克思世界市场理论进行了积极的探索，捍卫了马克思世界市场理论的真理性并取得了新的理论成果，将马克思世界市场理论带入了新的理论境遇中。十月革命的成功，使得世界市场不再是资本主义的天下，无产阶级以全新的面貌登上了世界市场的舞台，列宁就处理好社会主义国家与世界市场的关系这个问题，提出了很多深刻的观点。列宁逝世后，斯大林逐渐走向领导核心，特别是第二次世界大战后斯大林对马克思世界市场理论的新诠释，深刻改变了世界的面貌，也使苏联在世界市场的实践上最终走上了偏离马克思世界市场理论的轨道，其中的经验与教训值得我们反思。

第一章

苏联早期对马克思世界市场理论的探索与开拓

第一节　列宁早期对世界市场理论的探索

探寻苏联时期马克思世界市场理论的发展历程，首先应该关注的是列宁在革命活动的早期对马克思世界市场理论的探索。这一时期列宁在与俄国民粹主义者的斗争中，提出了关于马克思世界市场理论的认识与看法。如在 1893 年的《所谓市场问题》一文中，列宁依据马克思的思路，初步提出了科学分析与认识资本主义的"市场问题"。"市场问题"是俄国民粹主义者否定俄国资本主义发展的一个重要借口，其主要观点是，在俄国这样一个落后的东方国家，与欧洲资本主义国家相比，整体社会发展程度相当滞后，事实上，俄国根本不存在真正意义上的市场，所以资本主义在俄国显然是无法落地生根的，更进一步来说，马克思主义在俄国也就行不通。"这就是我国著作界经常提出来反对俄国马克思主义者的一些问题；没有市场，这个说法是否认马克思的理论适用于俄国的最主要的论据。"① 列宁首先陈述了到底什么是市场、如何理解市场的出现，列宁认为从最广泛的意义上来讲，市场的出现是人类社会发展的一个必然结果。列宁写道："'市场'这一概念和社会分工这一概念是完全分不开的。哪里有社会分工和商品生产，哪里就有'市场'；社会分工和商品生产发展到什么程度，'市场'就发展到什么程度。"② 列宁在此对市场的分析，沿着马克思的观点一针见血地指出考量市场的发展问题，最核心的不是去考量买者与卖者的力量，而是要从生产领域出发，从分工与商品生产的特征出发。列宁指出，在一般商品生产的情况下，每个生产者往往只生产一个特定的产品，而为了满足生活上

---

① 列宁全集：第一卷 [M]. 北京：人民出版社，2017：56.
② 列宁全集：第一卷 [M]. 北京：人民出版社，2017：79.

的需要，就需要在市场中买卖产品，这时，原来的产品就变为了商品。资本主义的兴起，事实上预示着这种一般意义上的商品生产发展到一个全新的阶段，在这个阶段最显著的特点是，不仅人需要商品，就连人的劳动力本身也成为商品，而以往那种生产者特定生产一个产品的情况也被大规模的分工协作所代替。列宁指出，只要沿着这种生产上的变动去审视俄国的实际情况，就会发现俄国资本主义兴起的事实已然存在。同时，列宁指出，俄国民粹主义者以"人民大众的贫穷化"这种"民粹派所有关于市场的议论的不可或缺的组成部分"的观点来否认市场的发展，既可笑也站不住脚。事实上，对于资本主义来说，"人民大众的贫穷化"对资本主义而言就意味着大量的小生产者变为雇佣工人，他们就不得不通过市场去购买必需的消费品，由于极端的贫穷，工人往往只能购买品质较差的消费品，而劳动者转变为雇佣工人所丧失的生产资料，则集中到少数人手中变为可以投入生产的资本，可以生产更多的商品进入市场。列宁指出："大众变穷而少数剥削者发财，小企业破产和衰落而较大的企业加强和发展，这两个过程都在促进市场的扩大。"① 《所谓市场问题》是针对俄国资本主义发展的国内市场而言的，但列宁通过对民粹派的反击，事实上系统地陈述了马克思主义视域下"市场问题"该有的分析思路，这种思路同样也是马克思世界市场理论所必须坚持的，如在《所谓市场问题》中，列宁谈到世界市场之时，写道："资本主义国家必须有国外市场，显然丝毫不违背下述这个规律，即市场不过是商品经济中社会分工的表现，因而它也能够和分工一样无止境地发展。"② 这为列宁继续探寻世界市场理论奠定了科学的出发点。在列宁的早期文献中，已然能够看到列宁作为一个革命者应有的素养。列宁写道："（资本主义分工）结果又是人民的贫穷化、资本主义发展和市场扩大；这又推动了社会分工的进一步发展和深入。这个运动到何处为止呢？这谁也说不上来，正如谁也说不上来它从什么地方开始一样，但这无关紧要。重要的是在我们面前有一个活生生的有机过程，即商品经济发展和资本主义的增长过程。"③ 列宁在此意欲指出的是，不应该过分强调市场的起源与终结，而是强调马克思主义者的任务是要把注意力聚焦于"活生生"的资本主义经济，只有紧紧抓住资本主义来研究市场问题，才能发现市场扩展背后所隐藏的人民的日益贫穷，才能真正地了解市场的起源与未来的走向。

---

① 列宁全集：第一卷 ［M］. 北京：人民出版社，2017：81.
② 列宁全集：第一卷 ［M］. 北京：人民出版社，2017：81.
③ 列宁全集：第一卷 ［M］. 北京：人民出版社，2017：100.

　　如果说《所谓市场问题》体现了列宁对马克思世界市场研究方法的坚持，那么在《俄国资本主义的发展》一文中，列宁则将这种分析方法应用到俄国资本主义的研究中，有力地回击了民粹派的错误思潮，进一步捍卫了马克思世界市场理论。在《俄国资本主义的发展》中，列宁回击了以丹尼尔逊、沃龙佐夫为代表的民粹派关于资本主义为什么如此迫切需求国外市场的问题。事实上，俄国的民粹主义者在此与卢森堡一样，对剩余价值的实现产生了质疑。他们认为，剩余价值的实现必须依托国外市场，依托这一资本主义经济的"外围"来实现，也就是必须通过世界市场来实现商品的流转与消费，特别是对俄国这样落后的国家来说，即使有资本主义经济的存在，也必然是完全依赖世界市场的。民粹派认为，所谓资本主义的"矛盾"，就是对于俄国来说没有足够宽广的世界市场来实现剩余价值。列宁在著作中指出了民粹派片面理解马克思的"实现论"问题，将实现论完全等同于消费论，而忽视了马克思在分析这一问题时将对外贸易"完全抛开"的必要性。同时，列宁指出，民粹派关于资本主义"矛盾"的理解是"极为肤浅"的，"自以为指出实现额外价值①的困难，就对资本主义的矛盾做出了深刻的估计"。列宁认为，资本主义真正的矛盾在于"各生产部门分配的不合比例而引起的困难"，这种困难在现实中往往是一系列的矛盾，既有可变资本与不变资本的实现矛盾，也有实现消费品与生产资料的矛盾，讲剩余价值的实现困难只是问题的一个方面。这些蕴含在资本主义生产内部的矛盾，是资本主义真正的"困难"所在，往往只能通过危机才能克服。列宁写道："没有这种'困难'和危机，资本主义生产，即各个单独的生产者为他们所不知道的世界市场进行的生产，是根本不可能存在的。"②

　　既然世界市场的存在并不是资本主义实现剩余价值的"出路"，那么世界市场对于资本主义到底意味着什么？这是马克思世界市场理论中的一个重大问题，事实上，马克思对这一问题已然做出了解答，但是客观来看，马克思关于这一问题的论述，往往散落在不同的著作中，需要进一步抽象与综合，如果片面地认识马克思某些关于世界市场的论述，很容易走入误区。形象地说，如果马克思能够真正创作出"世界市场册"，那么就能对这个问题实现圆满的回答，但这显然是个苛求于人的假设。在此，列宁的《俄国资本主义的发展》，对这一理论问题进行了科学与全面的回应，在《俄国资本主义的发展》第一章第八节中，

---

①　此处的额外价值即剩余价值。列宁在 19 世纪 90 年代的著作中，常并用"额外价值"与"剩余价值"，在后期则只用剩余价值的表述。

②　列宁全集：第一卷［M］．北京：人民出版社，2017：173.

列宁以"为什么资本主义国家必须有国外市场"为题，生动地剖析了资本主义与世界市场之间的内在关系，实现了理论上的重大澄清。列宁指出，世界市场与资本主义必须要从以下三个方面来理解。"第一，资本主义只是超出国家界限的广阔发展的商品流通的结果。第二，（资本主义）社会生产各部分间的比例……不是平衡发展，而是互相超越，因此较为发达的部门就寻求国外市场。第三，资本主义企业必然超出村社、地方市场、地区以至国家的界限……每个资本主义生产部门的自然取向使它必须寻求国外市场。"① 列宁的这一论断，是马克思世界市场理论发展史中的重要理论节点，对于完整理解马克思世界市场理论有着极为重要的意义。具体来说，列宁所指的第一点，主要是指资本主义这种制度本身就是建立在一个比较发达的商品流通体系之上的，可以这样说，自从资本主义诞生，就是踩在那个由冒险者、寻金者们大大扩展的世界市场之上的，这是历史不断向前发展的必然体现。列宁在此建议民粹派不如仔细去考察一下对外贸易发展史、商品流通发展史，了解一下资本主义是从哪里来的，再去谈所谓的国外市场问题。列宁所指的第二点，主要是根据资本主义生产的特点来说的，也就是资本主义各个生产部门之间往往是相互超越发展的，因此较为发达的生产部门往往会汇聚大量资本，此时一个部门的平均利润率就面临下降的风险，资本必须转移到其他部门，但在资本主义生产模式下，这种资本在生产部门间的转移必须通过部门的危机才能实现，资本家当然不愿经历危机，为此，列宁写道："有什么原因能够阻止受到这种危机的威胁的资本家不去寻求国外市场，不去寻求促进输出的补助费和奖金等呢？"至此，资本家所面临的危机并没有消失，只是得以暂时性缓解，但是世界市场中更大规模危机的可能性却增加了，对于资本家而言，这已然足够了。列宁所指的第三点，则主要是就资本主义的生产规模而言的，列宁指出"前资本主义的生产方式"的生产规律是在原有的规模与原有的基础上的重复。而"资本主义的生产规律，是生产方式的经常改造和生产规模的无限扩大"②。为此，资本主义生产部门的这种无限扩大使得资本主义的生产体系更加庞大，所以资本主义生产体系的"触角"必然越出村社、地方市场、地区以及国家的界限，开始染指整个世界市场。列宁在此对于世界市场认识的三个重要结论，事实上都是从资本主义的生产特征来谈的，这三点都可以说是资本主义生产事实的具体表现，列宁在此坚决反对第二国际的理论家，以及俄国民粹主义者从供需、消费的视角来理解世界市场，

---

① 列宁全集：第一卷 ［M］. 北京：人民出版社，2017：192.

② 列宁全集：第一卷 ［M］. 北京：人民出版社，2017：192.

使自己与马克思和恩格斯的认识保持着高度一致。世界市场的研究一定要结合资本主义的生产来谈，而不能泛化地从消费、供需去理解，只有在这条路上才能真正揭示资产阶级统治下的世界市场到底蕴含着何种不公，这是列宁在《俄国资本主义的发展》一文中对马克思世界市场理论的重要探索与贡献，也是列宁早期探索马克思世界市场理论最有代表性的研究成果与观点。

第二节　《帝国主义论》对世界市场理论的独特贡献

列宁在革命早期对马克思世界市场理论的探索与贡献，主要体现在对马克思世界市场理论的内容与方法的捍卫上。进入 20 世纪，列宁则依据资本主义的新变化与新特点，继续展开对世界市场问题的研究，将马克思世界市场理论带入全新的理论境遇，为马克思世界市场理论做出了独特的贡献。这一时期列宁对马克思世界市场理论的进一步探索与创新，集中体现在列宁的《帝国主义是资本主义的最高阶段》（下文简称《帝国主义论》）一书中。在此，应该认识到，《帝国主义论》并不仅仅是一本独立的著作，事实上，列宁为了创作《帝国主义论》展开了大量的相关研究，搜集与阅读了大量的素材，形成了《关于帝国主义的笔记》（下文简称《笔记》）的丰富材料。为此，探寻《帝国主义论》对世界市场的独特贡献，应该将《笔记》与《帝国主义论》统筹起来，更为完整与全面地认识《帝国主义论》。

一、《关于帝国主义的笔记》中对世界市场理论的研究准备

《笔记》主要的创作时间为 1915 年到 1916 年，在此期间列宁为了研究帝国主义问题前后写下了 20 本笔记，其中有 15 本笔记列宁按照希腊字母做了编号，即从"阿尔法"笔记到"奥米克隆"笔记，除此之外还有 5 本笔记列宁未做编号。结合《笔记》的内容来看，《笔记》所涉及的内容非常广泛，可谓 19 世纪末与 20 世纪初全球政治与经济的一个缩影。在《笔记》中，列宁阅读了大量关于全球经济与贸易的相关著作，其中含有大量的经济数据与图表，为列宁更好地理解世界市场的发展态势提供了必要的支撑，当然，列宁绝不仅仅是一位经济观察家，更是一位马克思主义者，从马克思世界市场理论来看，列宁在《笔记》中特别关注了以下两个重点。

一是《笔记》中关于世界市场中金融资本流动的考察，这是始终贯穿全部《笔记》的一个重要问题。如列宁在"贝塔"笔记中考察了欧·阿加德的《大

银行与世界市场》① 一书，阿加德认为，金融资本的跨国输出已然在俄国成为现实，为此，俄国银行业的发展呈现出这样的特点，"就其外表来说是'俄国的'、就其资金来源来讲是'外国的'、就其经营方式来讲是'不精明的'、就其所冒的风险来讲是'内阁式的'银行，已经变成了俄国经济生活中的寄生者"。② 列宁对这一论断表示赞同，并画线批注道"说得好"。不过，阿加德认为银行业应该全面建立起来对生产者与消费者的统治，这样就能成为经济的主人，调节经济活动，列宁则为此批注道："阿加德'忘记了'一件小事：资本主义和资本家阶级！"③ 列宁在此意欲指出的是，虽然金融资本确实在跨国输出，但是其结果必然是资本家与银行业的联合以获取更高的利润。又如，在对耶德尔斯的《德国大银行与工业的关系》④ 一书的阅读中，列宁对耶德尔斯所论述的"工业与银行的新关系"十分重视，耶德尔斯认为，资本主义的每一次危机都会引起资本的集中，特别是 1900 年的经济危机，"只有 1900 年的危机才大大加速了工业和银行业的集中过程，巩固了这个过程，第一次把同工业的关系变成大银行的真正垄断，并大大密切了和加强了这种关系"。耶德尔斯指出，这种关系还是十分隐秘的存在，"不同工业部门和不同企业之间的联系和相互依赖关系都是通过大银行这种机构表现出来的，而隐蔽的联系越来越成为真正的合作"。⑤ 耶德尔斯关于金融资本与工业生产联合的论断是符合现实的。为此，列宁评论关于金融业与工业关系的新趋势，"耶德尔斯谈得更丰富、更生动、更巧妙和更科学"。除此之外，列宁还依次考察了法国、英国、德国的银行业发展，以事实的数据得出金融资本逐渐在世界市场中活跃起来，资本输出越加重要的结论。当然，世界市场金融资本的活跃是一个客观存在的现象，列宁没有止步于此，而是思考这种经济现象背后的主导力量是什么。在"贝塔"笔记的末尾⑥，列宁写下了关于整个金融资本的"几点看法"。列宁写道："金融资本并不是资本主义偶然的赘瘤，而是资本主义无法消除的继续的产物……不仅是殖民地而且还是（a）资本输出，（b）垄断，（c）金融联系和依附网，（d）银行

---

① 本书的全名为《从大银行对俄国国民经济和德俄两国关系的影响来看大银行在世界市场上的经济作用和政治作用》。
② 列宁全集：第五十四卷［M］．北京：人民出版社，2017：116．
③ 列宁全集：第五十四卷［M］．北京：人民出版社，2017：123．
④ 本书的全名为《德国大银行与工业的关系，特别是冶金工业的关系》。
⑤ 列宁全集：第五十四卷［M］．北京：人民出版社，2017：168．
⑥ 《笔记》中还有其他列宁关于金融资本的摘录，只是列宁在"贝塔"笔记中有意摘录了大量金融资本的著作，它是所有笔记中关于金融资本最为集中的一部笔记。

的无限权力，（e）租让和收买，等等。"① 列宁在此已然从资本主义的必然性来理解资本输出了，而这一阶段的世界市场本身就是这种"金融联系""依附网"的重要载体与缩影。这一思路，在随后的《帝国主义论》中得到了更加鲜明的体现。

二是《笔记》中关于资本主义强国瓜分世界的摘录。与希法亭的"经济区"以及考茨基工业国与农业国的思路不同，列宁在《笔记》中首先关注的是资本主义国家之间瓜分与争夺世界市场，其次才是世界市场的资本主义国家与其他地区之间的关系。也就是说，列宁重点关注的是世界市场中资本主义国家之间的不平衡，而不是抽象地去谈世界市场中"文明"与"落后"的不对等。如在对施特芬的《世界大战和帝国主义》的阅读中，列宁认同施特芬关于帝国主义互相瓜分争夺的趋势，施特芬认为现在的帝国主义是"实行瓜分的帝国主义"，它不同于古代社会的"单一帝国主义"，而二者最大的区别在于，现阶段的帝国主义有多个国家参与，而古代社会的帝国主义往往只有一个君主国。施特芬写道："世界历史教导我们，帝国在或多或少的程度上瓜分了世界各大洲没有主人的土地之后，有一种'互相'瓜分的趋势。"② 列宁在这一论断下画线批注道"说得好"。但施特芬却以此认为可以谈谈不同的资本主义国家帝国主义的"好与坏"，施特芬写道："到目前为止，德国帝国主义的表现在很大程度上，正是使用这样一种比较和平的扩张方法。"事实上，这种论断与考茨基的构想如出一辙，以至于列宁在最后写道："这本书一开头看起来好像还有点内容，结果却是极其庸俗的亲德沙文主义。"③ 资本主义国家之间争夺世界市场的斗争日益激烈，以至于诉诸武力，列宁对前文阿加德的《大银行与世界市场》中的最后一句话"通过战争还是通过理智来获得金融市场的自由和世界市场的自由，——让人们去选择吧"，画线并批注道"'世界大战'的威胁"，事实上所指的正是资本主义国家不惜通过战争来重新划分世界市场的势力范围。除了注意在资本主义国家之间发展的不平衡之外，列宁在《笔记》中还特别注重跨国间的大型资本主义企业之间的联合与斗争。例如，列宁特别注重考察一些资本主义大型企业在19世纪末以来的兼并与重组，如西门子—舒克尔集团、通用电气公司、

---

① 列宁全集：第五十四卷［M］. 北京：人民出版社，2017：194-195.
② 列宁全集：第五十四卷［M］. 北京：人民出版社，2017：279.
③ 列宁全集：第五十四卷［M］. 北京：人民出版社，2017：282.

电气总公司等，列宁都通过图表做了摘录，① 值得注意的是，列宁在摘录西门子—舒克尔集团的兼并之时，在兼并图表旁边标注了"利益共同体"，这可以说是对资本"联合"最生动的诠释。列宁认为，随着跨国企业的兴起，跨国企业逐渐开始代替国家走上世界市场的舞台，而资本主义国家则通过大型垄断企业来统治世界市场。列宁摘录了库尔特·海尼希的《电力托拉斯》一书，摘录了其中的 1907 年电气总公司与通用电气公司所订立的《电气总公司康采恩与通用电气公司托拉斯》协议，列宁批注道这种资本主义大公司间所签订的协定是"瓜分世界的协定"，结果是通用电气公司获得了美国和加拿大的市场，而电气总公司则获得了德国、奥匈帝国、俄国、荷兰、丹麦、瑞士、土耳其、巴尔干的市场，但是这种联合并不可能改变资本主义国家的本质，其结果只是资本主义统治世界市场的手段更为隐秘与残酷。② 列宁在《笔记》中对《关于帝国主义问题》的总结中，提出帝国主义这一概念"大体上"可以有以下的认知路径"1. 作为集中结果的垄断—2. 资本输出（成为主要的）—3. 瓜分世界—4.（α）国际资本的协议+（β）殖民地"。③ 事实上，随着全球民族独立运动的兴起，世界市场中传统意义上的殖民地逐渐消失，资本主义国家瓜分世界市场越来越不能通过殖民地的争夺来实现。为此列宁所总结的"国际资本的协议"，反而越加成为资本以及资本主义国家主导世界市场的主要渠道与手段，而在《帝国主义论》中，列宁对这一问题进行了更为集中的阐述。

二、《帝国主义论》对马克思世界市场理论的独特贡献

列宁在《笔记》的基础上，将《笔记》中大量的经济数据与素材予以进一步的提炼与升华，完成了《帝国主义论》这一 20 世纪初最杰出的马克思主义政治经济学著作。在《帝国主义论》中，列宁通过对帝国主义这一"资本主义发展的最高阶段"的论述，事实上完成了对马克思世界市场理论的独特贡献，将马克思世界市场理论带入一个全新的"理论高点"，列宁在这一问题上的贡献可以从以下两个方面来理解。

一是《帝国主义论》中列宁对世界市场发展新阶段的论述，这主要是通过

---

① 关于这三家企业的兼并、重组的图表，详见《列宁全集》第五十四卷，人民出版社 2017 年版，第 378、379、382 页。同时，列宁将这三幅图表做了精简，呈现在《帝国主义论》中，详见《列宁专题文集·论资本主义》，人民出版社 2009 年版，第 156-157 页。
② 列宁全集：第五十四卷 [M]. 北京：人民出版社，2017：376.
③ 列宁全集：第五十四卷 [M]. 北京：人民出版社，2017：201.

批判希法亭与霍布森来实现的，这种批判既有对其合理观点的继承，也有对其错误与不足的批驳。① 首先是希法亭，如前文所述，希法亭通过《金融资本》一书，对世界市场的发展趋势给予了说明，希法亭的观点可以说是第二国际理论家中最有价值的，但这种论述还有欠缺，也有第二国际理论家们的"通病"。列宁指出，希法亭认为当前世界市场中金融资本逐渐占据主导地位，这一论断总体上是正确的，但是如何理解"金融资本"，列宁认为，希法亭的"金融资本就是由银行家支配而由工业家运用的资本"的论断存在缺陷，列宁指出："这个定义不完全的地方，就在于它没有指出最重要的因素之一，即生产和资本的集中发展到了会导致而且已经导致垄断的高度。"② 换言之，希法亭偏向以一种银行组织的联合与垄断的视角来认识资本主义的新情况，却忽视了资本主义生产这一最核心的议题。列宁《帝国主义论》的第一个章节"生产集中和垄断"，事实上依然是从资本主义的生产领域探寻资本主义的发展情况，列宁指出："资本主义最典型的特点之一，就是工业蓬勃发展，生产集中于越来越大的企业的过程进行得非常迅速。"③ 而由于世界市场的存在与发展，卡特尔、托拉斯等大型垄断企业可以实现全球范围内的联合，也就是在更广的范围内实现列宁《笔记》中所批注的"利益共同体"。列宁指出，在自由竞争的时代，各个企业彼此分散，对市场状况不甚了解，而现在资本的集中"已经到了这样的程度……同盟对市场的容量也进行大致的估计，并且根据协议'瓜分'这些市场"④。这实际上是指，资产阶级由于"利益共同体"的联合，使得资产阶级把控世界市场的欲望更加强烈，也更加无所不用其极。列宁提醒人们："单是看看垄断者同盟为了这种'组织'而采取的种种现代的、最新的、文明的斗争手段，也是大有教益的。"⑤ 列宁在此写下了八个重要的资产阶级所谓的"文明的手段"，分别是：（1）对生产原料的剥夺与限制；（2）用协议方法剥削劳动力，使得劳动力无法流转至其他非同盟的企业；（3）剥夺运输权；（4）剥夺销路，独占销售权；（5）与买主订立合同，使得其他企业无法销售商品；（6）有计划地压低价

---

① 关于列宁对希法亭与霍布森的研究与批判，在《关于帝国主义的笔记》中就已经开始涉及，列宁在《笔记》中的"卡帕（κ）"笔记，全部是对霍布森《帝国主义》一书的摘录与评注，关于希法亭《金融资本》的摘录则在"太塔（θ）"笔记中，列宁对这二人的评注在《帝国主义论》中有最直接的表述。详见《列宁全集》（第二版增订版）第五十四卷，人民出版社 2017 年版，第 367、450 页。
② 列宁专题文集：论资本主义 [M]．北京：人民出版社，2009：136.
③ 列宁专题文集：论资本主义 [M]．北京：人民出版社，2009：107.
④ 列宁专题文集：论资本主义 [M]．北京：人民出版社，2009：115-116.
⑤ 列宁专题文集：论资本主义 [M]．北京：人民出版社，2009：116.

格；（7）限制甚至剥夺其他企业的信贷渠道；（8）宣布集体抵制某种商品。列宁指出，单单是对生产原料的剥夺，就是使小企业"强迫加入卡特尔的主要手段之一"，而在现实中，垄断企业往往会打出"组合拳"，使得所有的小企业都无情地被垄断资本所吞噬，没有任何可以抵抗的力量。列宁此处所论及的资产阶级的"八个手段"，实际上也是资本主义进入垄断阶段，继续维护世界市场霸权的重要手段，而这八个典型的手段，出发点依然是资本主义的生产制度的特点，是资本权力的集中体现，资本对世界市场的统治就意味着资本有能力在全球范围内使用这些手段，而以金融资本为代表的银行业则为此提供了可能，"银行渠道的密网……把成千上万分散的经济变成一个统一的全国性的资本主义经济，并进而变成世界性的资本主义经济"①。换言之，有了金融资本的助力，为卡特尔、托拉斯企业的联合提供了契机，而以往垄断企业地区范围内的一个政策，则可能变为全球范围内的政策，如对生产资料进行全球的垄断抑或是全球范围内抵制某种商品。此时，列宁所言的"国际资本协议"就变成了帮助资本家实现这种全球性政策的"帮凶"。希法亭对金融资本认识的重要失误，就在于对金融资本与工业资本的融合不甚了解，金融资本占据统治地位是事实，但是并不意味着资本主义就放松了统治，资本输出越加重要，就意味着资产阶级能够通过资本输出始终在世界市场上保留"话语权"优势，而话语权的巩固又为资本输出提供了保障，这本身与资本主义的寄生性并不矛盾，相反，在这种模式下的世界市场，资本主义的腐朽与寄生性得到了绝好的体现。关于资本主义寄生性的论述，是英国学者霍布森的《帝国主义论》一书中列宁认为最有价值的一个观点。霍布森在《帝国主义论》中指出，当前大部分资本主义国家，特别是英国，真正的重点不在于争夺商品销售市场，而在于争夺投资市场，他写道："可以毫不夸张地说，目前英国的外交政策主要致力于争夺有利可图的投资市场。英国越来越广泛地成为一个依赖海外纳贡而生存的国家。"② 霍布森以英国为例，认为英国在过去30年间的对外政策上被"组织严密的利益集团"所把持，而这个利益集团规模庞大，涉及各行各业，也是霍布森书中所谈论的"帝国主义"最坚定的"信徒"。霍布森认为，金融家等投机者逐渐在这个组织中占据了领导地位，③ 为此，对投资利益的获取逐渐成为这个集团所重点关注的问题，"投资者将其（资本输出）看作巨额利润的源泉，如果在国内无机可投，他

---

① 列宁专题文集：论资本主义 [M]．北京：人民出版社，2009：124.

② ［英］霍布森．帝国主义 [M]．卢刚，译．北京：商务印书馆，2017：58.

③ 这是列宁在《帝国主义论》一书中，认为霍布森"比较正确地估计到现代帝国主义的两个特点"中的第一个特点。

们就会坚持要求政府协助他们在国外实现资本增值"。霍布森解释道,帝国主义者认识到资本输出"这一政策的经济价值绝不仅限于当前这些市场的价值""必须将当前帝国主义政策的成本看作是一项资本投资,从中收获利益的是我们的子孙后代"。① 列宁在《帝国主义论》中谈到这种动机是,"金融资本必然力图扩大一切经济领土,甚至一般领土。托拉斯估计到将来'可能获得的'(而不是现有的)利润,估计到将来垄断的结果,把自己的财产按高一两倍的估价资本化"。② 列宁在此指出,若干资本主义大国通过资本输出能够获得高额利润,甚至可以不直接参与生产就能够实现资本的疯狂增值。列宁进一步解释道:"其所以有资本输出的可能,是因为许多落后的国家已经卷入世界资本主义的流转。"事实上,之所以有资本输出的可能,正是因为世界市场的存在,更为准确地说是资本把持的世界市场的存在。理解列宁所说的资本主义"寄生性",核心在于资本主义国家在世界市场中的资本输出,其出发点是根据资本增值的最大化需要来设定的,完全没有其他任何动机。更为通俗地说,只要哪个地区、哪种原料、哪个民族能够使资本实现更大的增值,资本就会通过世界市场输入这些地区与领域,从而赚取超额利润。正是因为资本主义国家与资产阶级牢牢把控着世界市场,世界市场中"纳贡"的情况才肆无忌惮地发展,"纳贡"这种明显不公平的交易行为,在资产阶级统治下的世界市场中时有发生,而这是自马克思所处的时代就已经有的不公,只是如今的不公更加体现了资本增值的残酷性。换言之,如果世界市场能够真正被先进力量所监督与利用,资本主义的这种"寄生性"就会被打破。当然,霍布森这位列宁口中的"社会自由主义者"在这个问题上却存有幻想,霍布森看到了若干资本主义大国之间的激烈争夺,以至于不惜通过战争来瓜分世界,争夺投资市场③,霍布森认为关键就在于投机者与金融家绑架了"国家政策",制止帝国主义的方法在于恢复民主国家的权威,"把国家资源全部用来为国家利益服务""如果说有效的国际主义或国家之间所有可靠关系的建立需要一个前提的话,那就是强盛的、安定的、发达的和负责任的国家存在"。④ 在这点上,霍布森与考茨基有着趋同的论断。当然,列宁认为,考茨基这位第二国际的核心人物事实上比霍布森还要"后退一步",在考茨基那里,马克思夺取世界市场话语权的革命主动性被完全忽视,而列宁则

---

① [英]霍布森. 帝国主义 [M]. 卢刚,译. 北京:商务印书馆,2017:73.
② 列宁专题文集:论资本主义 [M]. 北京:人民出版社,2009:171.
③ 这是列宁在《帝国主义论》一书中,认为霍布森"比较正确地估计到现代帝国主义的两个特点"中的第二个特点。
④ [英]霍布森. 帝国主义 [M]. 卢刚,译. 北京:商务印书馆,2017:317.

在《帝国主义论》中恢复了这种世界市场中革命的主动性。列宁理论上的"接续"，是建立在完整地论述世界市场中金融资本主导的"来龙去脉"，回归资本主义的生产特点，结合资本的新趋势，真正阐明世界市场金融资本主导下的阶段特征与资产统治的新手段的基础上的。

列宁在《帝国主义论》1917年的序言中提到他本人为了应付沙皇政府的书报检查，在《帝国主义论》中只能侧重经济上的分析，而不得不采取一种"伊索式"的语言来论述政治上的观点。这使得了解《帝国主义论》中关于政治方面的内容存在不小的困难。但这并不代表《帝国主义论》就不是一部马克思主义的革命文献，相反，可以从两个方面来理解列宁对世界市场话语权革命的论述。首先是列宁在《帝国主义论》中对考茨基的批判，考茨基对世界市场的错误认识前文已经叙述，而此处特别强调的是，列宁在《帝国主义论》中对考茨基将资本主义经济的分析与革命行动割裂开的批驳。列宁十分反对"考茨基把帝国主义的政治和它的经济割裂开了""照这样说来，经济上的垄断是可以同政治上的非垄断、非暴力、非掠夺的行动方式相容的"。① 列宁认为，考茨基的错误在于看不到资本主义体现出的经济上的新情况是与政治上的行动相联系的。世界市场上的新情况，也是与资产阶级加紧对世界市场的把控相联系的。考茨基号召与托拉斯等垄断企业做斗争，但却将此希望寄托于资本主义国家政策上的调整，认为这样就可以取得世界市场中的长治久安，但是考茨基却忽视了当前世界市场中托拉斯等垄断企业的肆意横行，正是因为这个世界市场整体的运行规则本身就是由资本主义生产方式所确立的，列宁对此批评道："同托拉斯和银行的政策'做斗争'而不触动托拉斯和银行的经济基础，那就不过是资产阶级的改良主义与和平主义。"② 如果不从根本上与资本的肆意横行做斗争，不推翻世界市场的"暴君"，那么世界市场中的剥削与压迫就更加突出与残酷。马克思曾经批判蒲鲁东认为仅仅依靠"几道法令"就能废除残酷竞争的幻想，同理，资本主义国家政策上的"几道法令"也许能够暂时使世界市场的各个投机者退却下去，但是并不能从根本上改变现存世界市场中的不平等，这不是马克思主义者应该有的观点。为此，列宁认为考茨基的这种"调和论"是"全面背离马克思主义理论和马克思主义实践的那一整套观点的基础"③。马克思关于世界市场的革命性变革，这一最能体现无产阶级先进性与革命性的观点，在考茨基那里全然消失了。

---

① 列宁专题文集：论资本主义 [M]. 北京：人民出版社，2009：156-157.
② 列宁专题文集：论资本主义 [M]. 北京：人民出版社，2009：156-157.
③ 列宁专题文集：论资本主义 [M]. 北京：人民出版社，2009：156-157.

　　二是列宁在《帝国主义论》中以一种"伊索式"的话语，指明了世界市场变革的革命性。列宁并不否认当前世界市场的发展程度与马克思所处的那个时代相比有了巨大的发展。世界市场的深入发展所带来的结果就是全球生产社会化程度的不断提高，可以说世界之间的联系更为紧密了，人类间的交往也更加密切，而这一切都是"新的社会秩序"所必需的。基本上第二国际所有的理论家们都得出了类似的结论，但是列宁却没有止步于此。列宁指出："生产社会化了，但是占有仍然是私人的，社会化的生产资料仍然是少数人的私有财产。"而资本主义国家资本输出所获得的高额利润"这种金融勾当和欺骗行为的基础是生产社会化，人类历尽艰辛所达到的生产社会化这一巨大进步，却造福于……投机者"。① 此时，列宁的论述事实上已经逐渐明晰，世界市场本身就是人类交往的体现，世界市场的高度发展确实是人类历尽艰辛所实现的，但在当前的历史阶段下，世界市场非但没有为全人类做出应有的贡献，反而被资本家以及投机者所利用，用以掠取高额利润，少数的国家与投机者享有了远比马克思所处时代更高的高额利润。形象地说，如果马克思与恩格斯处于《帝国主义论》的年代，他们一定会惊叹世界市场的新发展成果，但更会对世界市场上更大的不公展开猛烈的批判。列宁的这个分析思路，是沿着马克思世界市场的研究思路进一步深入的结果，作为全人类共同所有的世界市场，却变成了资本家与投机者压迫全人类的武器，世界市场革命性变革的原因就在于此。在理解列宁的这一论断时，就应该发挥"伊索式"的思考了，难道一个真正的马克思主义者看到此情此景会无动于衷吗？抛出粉饰资本主义者的一个个"方案"麻痹群众？真正的马克思主义者的回答是显而易见的。事实上，如果回到《关于帝国主义的笔记》中便会发现列宁所言的这种"可恶的伊索式"的话语不见了，取而代之的是真正革命者应有的姿态，在《笔记》中，每每涉及关于世界市场中斗争的摘录内容总是列宁所关注的重点。如列宁对《新时代》上的《关于工资不断降低的国外工人和国际对这些工人的态度》的结论就予以了重视："就整个世界市场范围内的群众来说，先进的无产阶级，只有团结起来，支援落后者，而不是与他们不相往来，不是和他们互相隔绝，不是抑制他们，才能够捍卫自己。在无产阶级受目光短浅的行会习气影响而采取后一种方法②的地方，这种方法或早或晚要破产并成为削弱无产阶级解放斗争的最危险的手段之一。"③ 列宁在

---

① 列宁专题文集：论资本主义［M］. 北京：人民出版社，2009：156-157.
② 指单纯提高工资待遇的斗争策略，这是当时第二国际理论家们普遍强调的"斗争新方向"。
③ 列宁全集：第五十四卷［M］. 北京：人民出版社，2017：743.

这一论断下标注了三行下划线并批注"注意",同时在"整个世界市场范围内""先进的无产阶级""支援落后者""目光短浅的行会习气"下标示了着重点。又如对希法亭依赖资本主义国家以维护世界市场稳定的这种考茨基主义观点,列宁也给予了明确的回击,"首先必须自己掌握政权,而不要空谈'政权'"①。列宁在《笔记》中赞同霍布森的"还在谈论劳动国际合作的时候,资本就已经实现了国际合作"② 的观点,也正是基于此,无产阶级革命的紧迫性越加凸显,对革命策略的要求也更加具体化。正如恩格斯所言,真正的马克思主义者不应该在"国家利益"上迷失方向,而是应该根据时代的特点积极探索无产阶级的革命策略。列宁在评潘涅库克的《国家支出的抵补问题和帝国主义》一书中,就反对抽象地谈社会主义斗争的"眼前利益"。列宁批注道:"要集合起来的不是争取改良的斗争+社会主义的词句,而是两种斗争",也就是"争取社会主义的斗争,是争取工人阶级当前利益的斗争(相应地争取改良)同夺取政权、剥夺资产阶级、推翻资产阶级政府和资产阶级的革命斗争的统一"。③ 这充分显示了列宁对无产阶级革命性与主动性的尊崇。而就马克思世界市场理论的发展来看,事实上,在第二国际大多数理论家那里被置于尴尬境遇的世界市场革命性变革,在《帝国主义论》中得到了恢复与坚持。为此,列宁《帝国主义论》对马克思世界市场理论的特殊贡献不仅仅在于列宁真正完整全面地表述了当代世界市场发展的阶段特征,还在于将马克思世界市场理论中被忽视的革命性这一历史使命再次交予了无产阶级。

第三节 世界市场中落后国家无产阶级革命的可能性

列宁的《帝国主义论》以马克思主义的观点生动地再现了 20 世纪初世界市场的发展态势,在完全意义上指明了世界市场的阶段特征,同时恢复了第二国际长期忽略的无产阶级关于变革世界市场的历史任务。在这一基础上,列宁进一步探索,进而提出"社会主义可能首先在少数甚至在单独一个资本主义国家内获得胜利"④ 的思想,而这一观点事实上与马克思世界市场理论有着紧密的关联,可以说是在革命的实践中进一步发展了马克思世界市场理论。这一观点

① 列宁全集:第五十四卷 [M].北京:人民出版社,2017:695.
② 列宁全集:第五十四卷 [M].北京:人民出版社,2017:476.
③ 列宁全集:第五十四卷 [M].北京:人民出版社,2017:293.
④ 列宁全集:第二十六卷 [M].北京:人民出版社,2017:376.

所涉及的主要文献，是列宁的《论欧洲联邦口号》以及《无产阶级革命的军事纲领》这两篇文献。

以世界市场理论来看，列宁的这两篇文献，一个基本的出发点是资本主义世界市场发展的不平衡。列宁认为，世界市场是资本主义国家发达程度与发展阶段的一个集中体现，而通过《帝国主义论》的分析，列宁已然指出在当前的世界市场中各个资本主义国家发展的不平衡在加剧。列宁在《论欧洲联邦口号》中写道："经济和政治发展的不平衡是资本主义的绝对规律。由此就应得出结论：社会主义可能首先在少数甚至在单独一个资本主义国家内获得胜利。"而在《无产阶级革命的军事纲领》中列宁则写道："资本主义的发展在各个国家是极不平衡的。而且在商品生产下也只能是这样。由此得出一个必然的结论：社会主义不能在所有国家内同时获得胜利。它将首先在一个或者几个国家内获得胜利，而其余的国家在一段时间内将仍然是资产阶级或资产阶级以前的国家。"①正如前文所指，在马克思与恩格斯关于世界市场的论述中，马克思与恩格斯认为由于世界市场的存在，无产阶级革命必然是世界性的革命，甚至可以说，正是由于世界市场的存在，马克思与恩格斯才会喊出"全世界无产者联合起来"这句最激动人心的话语。但列宁的论断似乎在表明，由于世界市场的存在，无产阶级革命必然是在一国内胜利的革命。对此，不少人认为这是列宁对马克思革命思想的背离，事实上，如果从马克思世界市场理论来看，可以发现列宁在此的观点与马克思的论断有着紧密的联系。

应该认识到，资本主义主导下的世界市场其发展的不平衡是一个绝对的规律，这种不平衡有多种表现，如资本主义国家间的不平衡、资本主义国家与其他社会制度国家间的不平衡、各个企业间的不平衡。在资本主义发展的不同阶段，世界市场中不平衡的表现也不尽相同。马克思与恩格斯的年代，世界市场中最凸显的不平衡是英国与其他国家、地区间的不平衡，换言之，马克思所处时代世界市场的主要矛盾是英国与其他各个世界市场参与者之间的矛盾。这是由英国资本主义发展的客观情况所决定的，英国在充当"世界工厂"的同时，也成为世界市场的"霸主"。在这样一种情况下，英国的无产阶级革命，这个处于世界市场"中枢"的资本主义国家的革命，必然在全球范围内产生异常深刻的影响。但是，随着资本主义的发展，英国在世界市场中"一家独大"的局面被打破，随之而来的并不是另一位简单意义上的"暴君"，而是涌现出多个新兴势力，甚至是像俄国这样落后的资本主义国家也跃跃欲试，意欲重新划分世界

---

① 列宁全集：第二十六卷 [M]．北京：人民出版社，2017：88．

市场的势力范围，争夺更多的市场份额。此时世界市场上不平衡的主要表现已经不是"英国"与"非英国"之间的不平衡了，而是多个"暴君"之间的不平衡，是多个主要资本主义国家发展的不平衡。形象地说，马克思所处时代的世界市场更像是英国的"后花园"，英国可以肆意妄为，所以可以实现互通有无。而列宁《帝国主义论》所处时代的世界市场已经被主要列强贴上了各自"私有物"的名牌，所以必然有重重限制，这是资本主义发展的必然。因此，无产阶级革命只可能是在一国或几个国家内同时发生，不可能同时发生。马克思与列宁虽然有着不同的认识，但是他们的出发点都是在研究资本主义主导下世界市场中最为重要的不平衡是什么。一名合格的马克思主义者应该及时地捕捉到世界市场中的动态，而不是明显看到世界市场已经发生的重要变化，却依然死守马克思的论断。

在马克思的研究中，英国这一世界市场中最为先进的资本主义国家通过无产阶级革命，理应成为领导世界市场变革的决定力量，但现实是俄国这样一个在世界市场中较为落后的资本主义国家率先取得了无产阶级革命的胜利，这不是马克思的失误，而是如恩格斯所言，是英国工人运动后期直接参与了"世界市场的统治"，最终才导致英国工人阶级毫无作为。而对于俄国来说，为了能与世界市场中的其他资本主义强国一较高下，俄国就不得不加紧对国内无产阶级的压迫，这是列宁在与民粹主义者论战之时就已然指出的。事实上，列宁的这一论断，从世界市场来理解，它凸显了世界市场中的若干国家，特别是世界市场中的"后者来"与"野蛮地区"，由于资本主义发展的不平衡，其所受到的压迫必然更为严重，他们变革世界市场的愿望远比发达的资本主义国家更为强烈，而资本主义在将生产扩展到全球之时就已然为这些国家带去了"无产阶级"这一真正世界市场的革命力量。

第四节　布哈林关于马克思世界市场理论的探索

考察苏联早期马克思世界市场理论的发展历程时，还有一位不应该被忽视的马克思主义理论家，那就是布哈林，这位列宁遗嘱中称赞的"党最宝贵和最大的理论家"对马克思世界市场理论也做了深入的思考与探索，这些观点与学说集中体现在布哈林的《世界经济和帝国主义》以及《过渡时期政治经济学》两本著作中。如果仅仅从文献的题材与形式来讲，布哈林的这两本著作是苏联马克思世界市场理论发展史中少有的对世界市场进行专门性研究的著作。在此主要结合这两部著作论述布哈林关于马克思世界市场理论的发展。

《世界经济和帝国主义》（下文简称《世界经济》）创作于 1915 年的秋天，是十月革命前布哈林的著作。① 在这部著作中，布哈林提出了一些关于世界市场非常有见地的观点，以这些观点来看，它们在很大程度上都进一步深化了马克思世界市场理论。如布哈林认为，世界市场中的国际分工是社会分工的一种特殊现象，由此，国际分工与社会分工一样都有历史性。布哈林认为，国际分工主要是由两个因素形成的，首先是不同的自然前提，其次是各国不同的社会前提，布哈林认为，这两个因素比较而言，后者比前者重要得多。布哈林写道："生产条件的自然差别虽然重要，但是，如果同各国生产力发展不平衡所造成的差别比起来，它的作用愈益减少了。"② 所以，国际分工存在的根本原因是人为的，单就从这一点而言，布哈林的论断就是对李嘉图学派"比较优势"理论的有力回击。在论述国际分工的基础上，布哈林谈到了他对于世界经济的认识，"世界经济是全世界范围的生产关系和与之适应的交换关系的体系"。布哈林随后认为，资本主义的生产制度在世界经济、世界市场中越发不能起到调节的作用，他写道："国民经济有机体③，已证明它不能在国际市场上起全面的调节作用。在国际市场上，混乱的无政府状态占着支配地位，因为这个市场是民族利益斗争的舞台。尽管如此，世界经济还是世界经济。"④ 值得注意的是布哈林这里所说的"世界经济还是世界经济"的论断，为了使读者更好地理解这句话，布哈林为此批注道，之所以这样说，是对种种错误认识的回击，例如卡尔维尔提出"世界市场经济"，哈尔姆斯则认为所谓的现代"世界经济"必须有国际性条约为依托，科勃契则提出所谓的世界经济必须以"世界政府"为前提，进而认为在马克思那里根本无法谈世界经济与世界市场，这完全是一个马克思无法预料到的问题。布哈林则认为，这几种观点都是一种非历史的观点，同时也是荒谬的，因为世界经济与世界市场始终是伴随着人类经济联系而发展着的，

① 这部著作由于俄国革命形势的影响，曾经丢失，直到十月革命胜利后才找到，最初载于 1927 年 1 月 21 日的《真理报》。
② [苏] 布哈林. 世界经济和帝国主义 [M]. 蒯兆德，译. 北京：中国社会科学出版社，1983：1。
③ 在《世界经济和帝国主义》一书中，布哈林所言的"国民经济有机体""国民经济"等词语，主要是指资本主义的生产制度，其中"国民经济有机体"主要是指资本主义的初级阶段，"有机"体现在这一时期的资本主义生产制度，一些手工业者、中间阶层以及经济形态依然存在，而"国民经济"主要指资本主义的发达阶段，此时手工业被工厂所取代，阶级的对立更加明显。
④ [苏] 布哈林. 世界经济和帝国主义 [M]. 蒯兆德，译. 北京：中国社会科学出版社，1983：9.

是客观发展的历史进程，在马克思那里已然存在。这一观点是符合马克思世界市场理论的，同时，布哈林的这一认识与列宁早期与民粹主义者论战中所提及的"资本主义只是超出国家界限的广阔发展的商品流通的结果"的观点具有很大的同质性，所以布哈林所言的"世界经济还是世界经济"主要是指，当前世界经济是整个资本主义发展的一个重要组成部分，世界市场当前的种种新情况，也不过是整个世界市场历史中最新的素材。

布哈林在《世界经济》中除了对世界经济做出一般性的规定外，还重点考察了世界市场的具体发展态势，布哈林认为，总的来看世界市场可以分为"商品的世界市场"以及"货币资本的世界市场"，为此，布哈林结合经济材料分析了"世界销售市场和销售条件的变化""世界原料市场与购买原料条件的变化""资本的世界流动和国际经济联系形式的变化"，就世界销售市场以及条件来看，布哈林指出，资本主义国家之所以热衷在世界市场中销售商品，并不是因为资本主义在国内就不能经营下去，而在于寻求更高的超额利润，同时，从19世纪80年代以来，新一轮争夺殖民地的热潮，使得自由的世界市场越加缩小，更多自由的市场逐渐被关税壁垒所吞噬。为此，带来的是更大规模的商品生产过剩，以至于列强不得不诉诸武力来争夺市场。而就世界原料市场与购买条件来说，布哈林认为，世界市场中的农产品，特别是作为工业生产原料的农产品在最近十年（1903—1913）一路走高，而这背后反映的是资本主义工业内部发展的不均衡，也更加剧了世界市场中工业国（地区）与农业国（地区）之间的矛盾，布哈林认为，结果就是"世界性的生产体系，现在呈现如下面貌：一方面是少数几个组织强固的经济体（'文明的强国'），另一方面是外围的半农业或农业体制不发达的国家"[①]。而就资本主义世界市场而言，布哈林指出，在整个资本主义的发展历程中都能看到资本输出的身影，只不过在最近的几十年中，资本输出才有了"空前的特殊重大的意义"，这主要是因为当前世界市场的通信技术、航运手段都有了前所未有的发展，客观上为资本输出提供了物质基础。同时卡特尔、托拉斯的出现以及其与银行业的联合，使得资本主义生产确实在一定程度上改变了无政府的状态，加之世界市场中关税壁垒的普遍提高，商品输出限制增多，使得资本输出有了重要的意义。布哈林的这些分析是19世纪末20世纪初世界市场情势的生动体现。布哈林是在对"国民经济"的分析框架上实现关于世界市场新情况的分析的。布哈林认为，必须看到"国民经济"本身就处于世界经济关系的"交叉点"上，为此，国民经济的波动往往会对世界市场

---

① ［苏］布哈林. 世界经济和帝国主义［M］. 蒯兆德，译. 北京：中国社会科学出版社，1983：51.

造成巨大的影响，而就当前来看，在"国民经济内部"以卡特尔和托拉斯为代表的垄断组织逐渐兴起，银行与纵向合并的联合企业发生关系，金融资本逐渐占据统治地位，它直接导致了其分析的三个不同层面的世界市场中出现新情况。布哈林认为，这三方面的根本原因在于资本主义的生产过剩危机，他写道："工业品的生产过剩、农产品的生产不足与资本的生产过剩是同一现象的三个方面。"① 布哈林的这一观点，也是符合马克思世界市场理论中关于危机的理论构建的。在对世界经济与世界市场进行分析评判的基础上，布哈林提出了他所认为的帝国主义，布哈林写道："帝国主义是与国家资本主义托拉斯间的竞争相适应的最大范围的资本集中的一种特殊情况罢了，这个战斗的舞台，就是世界经济。"② 显然，布哈林关于帝国主义的认识与列宁关于帝国主义的论断基本上是一致的，他们都将帝国主义的出现视为资本主义发展所必然经历的一个阶段，而不是一种具体的国家政策。当然，在《世界经济》中布哈林也存在对帝国主义未来走向估计不足的问题。布哈林认为，世界经济与世界市场中的种种表现都指向了资本主义必然在战争中瓦解，还未等资本主义形成世界联盟，资本主义就会变成自己的对立物。布哈林的这一观点主要是由于《世界经济》的创作正值一战爆发，战争确实极大地干预了历史的进程。同时，此时的第二国际已经出现了非常明显的大国沙文主义倾向，布哈林的这一观点，也意在提醒第二国际的理论家不能成为资本主义的"传教者"而失去了无产阶级的革命性。列宁在评论《世界经济》一书时，认为布哈林这本书的特别意义在于："考察了世界经济中有关帝国主义的基本事实，他把帝国主义看成一个整体，看成极其发达的资本主义的一定的发展阶段。"③ 布哈林在这部著作中的理论成就在此得到了正确的评价。除此之外，布哈林创作的《过渡时期政治经济学》也值得注意，从某种程度上来看，该书是《世界经济》一书理论上的进一步演化。《过渡时期政治经济学》创作于1920年，此时俄国十月革命已经胜利，布哈林重点分析了由资本主义转向社会主义这一"过渡时期"的主要特征与规律，列宁对此书十分重视，并且对该书做了详细的批注。在此主要分析论述《过渡时期政治经济学》中布哈林关于世界市场的观点。布哈林在《过渡时期政治经济学》中就世

① ［苏］布哈林.世界经济和帝国主义［M］.蒯兆德，译.北京：中国社会科学出版社，1983：78. 显然布哈林的这一观点显示了其与希法亭的不同，正如前文所指，希法亭将资本的生产过剩视为经济危机的根源，而忽略了普遍的商品生产过剩才是世界市场经济危机的真正原因。
② ［苏］布哈林.世界经济和帝国主义［M］.蒯兆德，译.北京：中国社会科学出版社，1983：93.
③ 列宁全集：第二十七卷［M］.北京：人民出版社，2017：141.

界经济的相关问题继续思考，布哈林认为，战争（第一次世界大战）的结束以及苏维埃俄国的建立对世界经济有着极为重要的影响，"被历史提到日程上来的客观需要，是组织世界经济，即把无主体的世界经济体系变成经济的主体，变成由计划起作用的组织，变成'目的论的统一体'和有组织的体系"①。此处布哈林着重指出的是，任何一种社会制度随着经济社会的发展必然要组织世界经济，但对资本主义而言，当前它所组织的世界经济是以"国家资本主义托拉斯"为主体的。布哈林认为，这种世界经济的组织原则必然会依据资本主义国家的组织原则而实现，也就是从资本增值的需要而组织运行体系，结果是世界经济依然是一种长期的无政府状态。所以，布哈林认为，对于资本主义所组织的世界经济而言，其本身是"无主体"的、是盲目的。布哈林的这一论断，事实上是指资本主义必然会从维护自身利益的角度确立一整套世界市场的秩序，在这种资本主义主导下的世界市场中，盲目生产是主流，无产阶级革命就是要打破现有世界市场中不公平的规则体系。为此，布哈林写道："共产主义革命从根本上动摇着整个经济体系，亵渎地摧毁资本主义的'永恒'殿堂，经济上的巨大进展、巨大变动的过程开始了，生产关系的整个体系的改造过程开始了。"② 布哈林在此明确了无产阶级在世界市场中变革的结果，是要为人类创造更多的社会财富。同时，布哈林也指出，应该科学地认识世界经济与世界市场中的"稳定"局势，"（世界经济内部）体系的稳定是同国家资本主义组织的水平成正比的"。③ 布哈林事实上在此修改了其在《世界经济》一书中认为资本主义即将在战争中灭亡的观点。但是，布哈林同时指出资本主义社会以及资本主义世界经济体系"瓦解的自然力量超过了资产阶级的组织家的理性"。④ 对于世界市场而言，虽然在新的条件下不排除资本主义国家通过改革以及重新组织国家政权等一系列活动，使得世界市场暂时得以稳定，但是在资本主义统治的世界市场中，瓦解的力量蕴含在世界市场本身中，也就无法从根本上消除世界市场的危机。布哈林写道，"无产阶级专政和下一个时期的社会主义发展为共产主义社会的世

---

① ［苏］布哈林. 过渡时期政治经济学［M］. 于大章，译. 重庆：重庆出版社，2016：25.

② ［苏］布哈林. 过渡时期政治经济学［M］. 于大章，译. 重庆：重庆出版社，2016：116.

③ ［苏］布哈林. 过渡时期政治经济学［M］. 于大章，译. 重庆：重庆出版社，2016：136.

④ ［苏］布哈林. 过渡时期政治经济学［M］. 于大章，译. 重庆：重庆出版社，2016：142. 列宁在对《过渡时期政治经济学》的批注中，以下划线标示此句，并且批注"非常好！"以表示对布哈林这一观点的赞同。

界体系"，布哈林"共产主义社会的世界体系"的论断事实上也言明了无产阶级革命对世界经济与世界市场的重塑。他进一步写道，"共产主义社会的世界体系"的主要特点是："它既没有生产的无政府状态，也没有社会的无政府状态；它一劳永逸地消灭了人与人的斗争，把整个人类联结成为统一的集体，这个集体将迅速地掌握不可胜数的自然财富。"① 布哈林这一论断中的"它"既是未来世界体系，同样也适用于未来世界市场的特征，因为未来的世界体系依然需要世界市场来组织。布哈林的这一观点，也是符合马克思世界市场理论中关于未来世界市场的构想的。当然，也必须认识到，《过渡时期政治经济学》也有一些缺点，而这些缺点在列宁的批注中被列宁所指出。首先，列宁反对布哈林以一种抽象的"主体"观点来论述世界经济与世界市场的变革，当然，谈论历史发展与经济发展的"主体"是可以的，但是列宁指出要防止以"主体"代替"阶级"的方法论。如果抽象地谈论主体而不讲阶级，就已经是"过分地玩弄概念"了，因为在马克思看来，实现世界经济与世界市场的变革力量始终是无产阶级，无产阶级必须正视这一历史责任与使命。其次，布哈林在《过渡时期政治经济学》中，有将苏联革命经验神圣化的倾向，特别是就十月革命而言，俄国并不是世界市场中最为发达的资本主义国家，但却率先取得了无产阶级革命的成功。布哈林为此提出了一条"总原理"："世界革命过程是从世界经济中发展水平最低的那部分体系开始，那里无产阶级比较容易取得胜利，但新关系的形成却比较困难，爆发革命的速度同资本主义关系的成熟和革命类型的高度成反比。"②显然，布哈林的这一观点，是对列宁世界市场中落后国家与地区革命可能性的进一步发展，但列宁却认为，布哈林的这一论断"太冒险了"，现实的情况是无产阶级革命在世界市场中落后的国家确实有很大的可能性，它是由很多现实条件导致的，但如果将此种认识绝对化，把它视为一个"总原理"，显然是不正确的。同时列宁认为，布哈林的那种"成反比"的观点也不正确，革命的爆发与资本主义关系的成熟程度只能说"不是成正比的"。总的说来，无产阶级革命在世界市场中落后国家爆发的可能性，需要针对世界市场的具体发展情况而言，这也是马克思、恩格斯以及列宁非常注重世界市场研究的重要原因。

---

① [苏] 布哈林. 过渡时期政治经济学 [M]. 于大章，译. 重庆：重庆出版社，2016：143.

② [苏] 布哈林. 过渡时期政治经济学 [M]. 于大章，译. 重庆：重庆出版社，2016：138.

第二章

苏联建设时期马克思世界市场理论的探索与争论

第一节　十月革命后列宁世界市场理论的探索

　　1917 年 11 月 7 日，深刻改变世界历史发展进程的俄国"十月革命"爆发，革命成功的重要果实便是世界上第一个无产阶级专政的社会主义国家——俄罗斯苏维埃联邦社会主义共和国于 1918 年 7 月 19 日建立。① 随后，在列宁的领导下，苏联社会主义建设正式展开，直到列宁 1925 年与世长辞，这段时间可以说是新生苏维埃政权展开社会主义建设的最初阶段，纵观这一时期苏联的社会主义建设，巩固政权、恢复经济是整个时期的核心任务。由于资本主义列强对苏维埃新生政权的敌视，使得苏联在相当长的时期都处于一个孤立的地位。世界市场完全被资本主义大国所把控，为此，苏维埃政权可以说是世界市场的一个"孤岛"，列宁在此种艰难的条件下，就俄国如何认识世界市场以及如何运用世界市场等相关问题，依然做出了不小的探索，推动了苏联世界市场理论最初的实践。

　　首先，这一时期的"纲领性"文件是《苏维埃政权的当前任务》一文，本文的副标题即为"俄罗斯苏维埃共和国的国际环境和社会主义革命的基本任务"。列宁在这篇文章中，详细地分析了苏维埃在国际社会与经济中所面临的困难与问题，列宁指出，对于苏维埃俄国来说，发展经济是重中之重，只有发展经济才能有强大的国防力量，同时，也只有发展经济才能更好地支援其他地区的革命。基于此，列宁认为，当前已经进入一个"同资产阶级斗争的新阶段"，

---

　　① 1922 年 12 月 30 日，俄罗斯苏维埃联邦社会主义共和国与从其内部独立的白俄罗斯苏维埃社会主义共和国、乌克兰苏维埃社会主义共和国，以及苏联实际控制的外高加索苏维埃联邦社会主义共和国签署苏联成立条约，建立苏维埃社会主义共和国联盟，俄国历史至此正式进入苏联时代。

而这个新阶段最为直接的特点是："不能以继续向资本进攻这个简单的公式来规定当前的任务……这样规定当前任务就会不确切，不具体，其中没有估计到目前时局的特点：为了今后进攻的胜利，目前应当'暂停'进攻"。① 列宁认为，推动这一阶段到来的主要革命情势是世界市场中的落后国家取得了革命的胜利，但是整个无产阶级组织经济与建设的能力还相当薄弱。列宁认为，这时的革命形势已经不适用那种对资本发动"赤卫队式"的斗争方式了，因为政权的建设需要先进的技术以及管理理念，而资本在客观上确实推动了科学研究以及管理理念的推陈出新，为此，就必须仔细审视资本以及其他资本主义国家的发展进程，所以必须暂停对资本的进攻。换言之，列宁的观点主要是凸显出就资本的发展趋势而言，资本还尚未退出历史的舞台，特别是新生的苏维埃政权基础薄弱，在发展中还需要不断学习。列宁认为："这是发展过程中的一个特殊时代，或者确切些说，这是发展过程中的一个特殊阶段，要彻底战胜资本，就应该善于使我们的斗争形势适合这个阶段的特殊情况。"② 列宁的这一阶段划分同样适用于世界市场的思考，不能否认，社会主义国家的建立代表着世界市场中最为先进的变革力量的出现，它的出现必然要与现行世界市场中资本主义所主导的运行体制相碰撞，乃至变革现行的运行规则。但也必须看到，资本主义国家不可能自愿放弃世界市场中的统治，而一个羸弱与贫困的社会主义国家也根本不能与之相抗衡，为此，增强社会主义国家的综合国力，为世界市场的变革积蓄力量是当务之急。基于此，在无产阶级革命在落后国家胜利之后，由于发展的差距，就必须在世界市场中暂停对资本的进攻。列宁写道："所谓'暂停'向资本主义进攻只能是带引号的"，因为这并不意味着回避资本与顺应资本，而意味着在直面资本的斗争中，通过资本的运用，充实社会主义国家的力量，为赢得反对资本的斗争奠定必要的物质基础。

如果结合马克思本人世界市场理论来看，列宁关于革命斗争新阶段的认识，事实上是沿着马克思在《复信》中的思想做了进一步的深化。马克思在《复信》中，指出了对于俄国这样的东方大国，现实的情况是与俄国相对应的"控制着世界市场的西方生产同时存在"，可以使俄国穿越资本主义的"卡夫丁峡谷"进入更高阶段的社会。如前文所指，马克思在此的核心是世界市场中的"落后者"与"后来者"应该通过世界市场，积极地利用资本主义的成果，乃至最终能够缩短"机器工业孕育期"。列宁认识到，苏联社会主义的胜利，是在

① 列宁选集：第三卷 [M]．北京：人民出版社，2012：480.
② 列宁选集：第三卷 [M]．北京：人民出版社，2012：482.

机器大工业不甚发达的基础上实现的。社会主义国家如果"按部就班"地发展机器工业，那么就永远追不上占尽发展先机的资本主义国家，必须在缩短"机器工业孕育期"上发挥主观能动性，也就是依托世界市场发展自身。列宁在拟写《苏维埃政权的当前任务》时，在其提纲部分写下了一个非常著名的关于社会主义的"公式"："苏维埃政权+普鲁士的铁路秩序+美国的技术和托拉斯组织+美国的国民教育等等等等++=总和=社会主义。"① 值得思考的是，这些俄国"非本土化"的事物，只能通过世界市场才能进入俄国，更为准确地说，是通过一个较为和平的世界市场才能进入俄国，只有世界市场处于较为稳定的状态下，才能够最大限度地促成这种资金与技术的流通。列宁的这个公式是开放的，因为世界市场本身也是开放的，必然还存在很多值得俄国学习与借鉴的事物，这就需要对世界市场展开深入的研究，形象地说，在列宁的公式中，在两个连续的加号（++）中，第二个"+"的答案就蕴含在世界市场中。

与此同时，列宁认为，虽然苏维埃政权是新生的事物，但它本身的先进性决定了其在世界市场中理应有所作为。列宁指出，苏联与其他资本主义国家的社会制度是截然不同的，但世界经济与世界市场的存在却又使得彼此的联系无法被真正隔断。在《在俄共（布）莫斯科组织积极分子大会上关于租让的报告》中，列宁提出，由于一战的巨大损耗，世界经济与世界市场均遭到了严重的破坏，资本主义国家在战争结束后当然要着手恢复世界市场的秩序，这就意味着各国对于原料的需求将是巨大的，而俄国丰富的原料储备使得苏维埃能够以此提出恢复世界经济活动的具体措施。列宁写道："恢复俄国生产力以及整个世界经济的过程，可以通过如下途径而大大加速，这就是吸引外国的国家机构和地方机构、其他国家的私人企业、股份公司、合作社和工人组织来参加开发和加工各国的天然财富。"② 而这一尝试的最终结果是，"我们要把全世界建立在合理的经济基础上，这无疑是正确的。毫无疑问，如果很好地采用现代化的机器，那么依靠科学的帮助便可以迅速地恢复整个世界经济"。③ 列宁的设想其实是在世界市场中进一步扩大技术与资本的交往，在巩固俄国政权的同时恢复世界经济，乃至将世界经济逐步引导到合理的发展轨迹上。列宁认为，苏维埃俄国作为社会主义国家，在经济转向的问题上必须有所改变，"俄国考察远景，不再把自己当作像以往那样破坏其他国家经济的利己主义的中心，俄国是从全

---

① 列宁全集：第二十六卷［M］. 北京：人民出版社，2017：520.
② 列宁选集：第四卷［M］. 北京：人民出版社，2012：333.
③ 列宁选集：第四卷［M］. 北京：人民出版社，2012：325.

世界的角度来提出恢复经济的建议的"。① 列宁在这篇文献的总结发言中提出了一个非常重要的结论:"世界经济需要恢复。资本主义正是在这样行动,我们也提出了自己的建议,然而现在世界经济仍然是资本主义的经济。"② 列宁这一论断,其实涉及了世界市场历史阶段的判定,虽然俄国革命取得了成功,世界市场中的先进力量已经出现,但从整体上而言,整个世界经济以及世界市场,绝大多数依然是建立在资本主义的生产体系之上的。换言之,当前世界市场中,整体的社会分工进程依然是由资本主导的,虽然无产阶级革命取得了成功,但就世界经济以及世界市场的发展而言,依然没有走出马克思所言的"资产阶级时代的世界市场",未来世界市场的阶段还未到来,因为它的到来并不是建立在社会主义制度的确立上,而是建立在十分发达的社会化生产以及物质积累的基础之上。虽然如此,但这并不妨碍新生的社会主义国家积极提出改善世界经济的尝试,逐渐推动世界市场的合理发展。

除此以外,在十月革命后,列宁还认识到苏维埃俄国既然要在世界市场中有所作为,必然需要一大批更加专业化的人才,列宁深刻地指出,在这个领导经济建设与斗争的领域中,即使是俄国最为忠诚的共产党员也还有很多未知的问题,其精明程度甚至连以往行业中的"普通店员"都不如,而这注定是要在国内市场与国际市场中的"考试"中吃亏的。列宁号召广大党员:"应当从头学起,如果我们意识到这一点,那么我们考试就能及格,这是日益逼近的财政危机举行的一场严峻的考试,是俄国和国际的市场举行的一场考试,我们受制于这个市场,同它有割不断的联系。这是一场严峻的考试,因为在这场考试中人家可能在经济上和政治上击败我们。"③ 列宁的观点凸显了俄国在全新的历史条件下,在世界市场中需要更为专业化的人才,只有这样才能更好地与资本在世界市场中的霸权相抗衡。所以,世界市场中的斗争不是简单化了,而是更加复杂化,必须加强无产阶级政党的执政能力才能抵御各种风险。

总的来看,列宁在十月革命后就社会主义国家,特别是发展较为落后的社会主义国家如何认识世界市场提出了正确的意见与建议。列宁指出,不能仅仅从社会制度的角度搞"一刀切",断然割断与世界市场的联系,而是要循序渐进,争取通过世界市场增强综合国力,也就是依据马克思晚年提出的通过世界市场不断缩短新生政权的"机器工业孕育期",进而推动世界市场中的变革。同

① 列宁选集:第四卷 [M].北京:人民出版社,2012:324.
② 列宁选集:第四卷 [M].北京:人民出版社,2012:333.
③ 列宁选集:第四卷 [M].北京:人民出版社,2012:669.

时，由于社会主义在落后国家的胜利，社会生产效率相对较低，这样的客观物质条件决定了世界市场依然是资本主义时代的世界市场，走出这个历史阶段，只能通过与资本的长期周旋与斗争才能实现，这显然需要强大的自身实力才能予以支撑。换言之，在马克思所论及的世界市场的变革中，所谓的"先进力量"不仅仅是社会制度与阶级的先进，还需要这些先进的阶级以及社会制度在发展中进一步体现这种先进性，乃至引领世界经济的潮流走向。总之，在十月革命后，列宁依然强调新生政权与世界市场的生动联系，指明在全新的斗争领域中，另一场对于无产阶级的"考试"已然来临，列宁希望无产阶级能够在世界市场中大有作为，最终实现世界市场的变革。

第二节　斯大林与托洛茨基、布哈林等人的争论

1921年列宁与世长辞，经过苏共党内的一系列斗争，斯大林逐渐走上苏联的领导地位。斯大林的世界市场理论，特别是斯大林在二战结束后所提出的"两个平行的世界市场"的观点，经历了一个较长的发展周期，且以第二次世界大战的结束为明显的转折点，考察斯大林的世界市场理论可以以二战为界，分别论述斯大林世界市场理论的发展脉络。众所周知，在列宁逝世后，苏共领导层爆发了激烈的内部斗争与理论争论，其中涉及斯大林、托洛茨基、季诺维也夫、加米涅夫、布哈林等多位苏联的核心人物，所争论的焦点也十分广泛，以马克思世界市场理论的发展来看，主要涉及的是斯大林与托洛茨基、布哈林二人的分歧。就斯大林与托洛茨基的分歧而言，主要集中在1926年11月22日至12月16日，共产国际执行委员会第七次扩大会议上，斯大林做了《再论我们党内的社会民主主义倾向》的报告，斯大林在报告中指出了自己与托洛茨基等人就"苏联建设社会主义的问题"中的分歧。斯大林认为，托洛茨基等人抽象地"像小学生那样引证马克思恩格斯的观点"。托洛茨基等人认为，马克思与恩格斯在《共产党宣言》《法兰西阶级斗争》等文献中提出由于世界市场的存在，为此无产阶级的革命必然是全球革命，而像苏联这样的社会主义国家，由于严重缺乏全球范围内革命的呼应，便不能真正建成社会主义。而斯大林则认为，托洛茨基等人教条地理解马克思主义，机械地引用马克思的话语而忘记了历史发展的新阶段与新特征，忘记了列宁在《帝国主义论》等文献中所指明的帝国主义以及世界市场发展的不平衡日益严重，而这种世界市场中的不平衡正蕴含着苏联建成社会主义的历史机遇。斯大林写道，"帝国主义时期发展不平衡的规

律就是：一些国家跳过另一些国家，一些国家很快地被另一些国家从世界市场上排挤出去，以军事冲突和战争灾祸的方式周期性地重新分割已经被瓜分的世界"。斯大林指出，当今世界市场中发展不平衡的急剧加剧，是马克思与恩格斯所处时代所不能比拟的，斯大林写道："只有在 20 世纪初叶才能发现和论证帝国主义时代发展不平衡的规律。"① 同时，斯大林指出，托洛茨基认为苏联在现在的情形下，由于是在一个较为落后的基础上建设社会主义，对资本主义的世界经济根本毫无抵御能力，因此苏联必然会沦为资本主义世界经济的"附属品"，变成完全受控于资本主义的"经济单位"，所以苏联的社会主义建设不可能取得成功。斯大林则认为，谈社会主义的苏联必然与资本主义的世界经济发生联系，这是正确的。斯大林写道："谁也不能否认我国国民经济对世界资本主义经济的依赖是存在的。过去和现在谁也不能否认这一点。"② 但托洛茨基却以一种必然性的眼光，将融入资本主义的世界经济，加入资本主义所主导的世界市场与苏联国民经济独立性的丧失进而成为资本主义经济的附属品画上等号。斯大林认为，苏联参与世界市场是一个必然趋势，只是苏联依据自身的社会制度可以积极防御资本主义世界经济的控制。斯大林列举了资本主义把持世界经济的四种方式，即金融控制、工业控制、市场的支配权以及政治上的控制。斯大林指出，参与资本主义的世界经济融入世界市场，必然要受到资本主义国家在经济上的以上四个方面的进攻，但由于苏联是社会主义国家，由于无产阶级专政的特殊性，苏联必须也完全有能力抵御住资本主义在上述四个方面的进攻。社会主义的苏联完全有能力参与世界经济。斯大林在与托洛茨基的论战中，提出了两个关于世界市场非常重要的观点。首先，斯大林指出："以为社会主义经济是一种绝对闭关自守、绝对不依赖周围各国国民经济的东西，这就是愚蠢之至。"③ 斯大林的这一论断，言明了社会主义不等于闭关自守，不是一个封闭的经济体系，由于世界市场的存在，所有国家与地区，不论社会制度与民族有何种不同都是相互依赖的，只是这种依赖的关系在资本主义所主导的世界市场中是不平等的，但年轻的苏维埃政权不能简单地隔断这种固有的依赖关系，而是应该积极参与到世界经济中去。斯大林不否认加入资本主义的世界经济将会使苏维埃面临巨大的风险，但如果闭关自守地建设社会主义，那只会错失更多的发展机遇。其次，斯大林指出："我之所以讲资本主义的世界经济，是因为现实

①　《斯大林论反对派》［M］. 北京：人民出版社，1963：383-384.

②　《斯大林论反对派》［M］. 北京：人民出版社，1963：401.

③　《斯大林论反对派》［M］. 北京：人民出版社，1963：402.

世界上并没有另一种世界经济。"① 斯大林的这一论断，体现了斯大林在苏联建设早期对世界经济以及世界市场阶段性的判定。斯大林在此与列宁一样，都认为虽然马克思与恩格斯所构想的社会制度已然在世界市场中出现，但是总体上而言，人类当前所处世界市场的历史阶段依然是资产阶级时代的世界市场。不能贸然地提出超越历史阶段的任务，而是应该从实际出发，在苏联参与世界市场这一时代的"考试"中争取最大的胜利。总的来看，斯大林在列宁逝世后，在与托洛茨基等人的论战中继续沿着列宁关于世界市场的观点与结论而深入，进而捍卫了列宁主义。列宁关于苏维埃建设与利用世界市场的宝贵观点与思想在斯大林那里得到了坚持，这确实是属于斯大林对马克思世界市场理论发展的一个重大贡献。

在与托洛茨基等人的论战之后，斯大林还与布哈林这位"党内最大的理论家"产生了严重的分歧。斯大林与布哈林的分歧在当时的苏共领导层中又掀起了一场"市场问题"的争论。如前文所指，布哈林是苏共内部少有的对国民经济以及世界经济颇有研究的学者，布哈林在总结苏联建设的经验之时提出苏联社会主义建设过程中不能忽视"市场关系"的作用。苏联经济上面临的诸多困难与不能科学认识"市场关系"有关，就1927年秋季以来苏联所面临的粮食收购危机来看，布哈林认为，这个危机产生的原因在于苏联以行政手段强行规定了粮食收购的价格，且这个价格定得太低，但是"当市场关系起决定性作用的时候，在这里价格范畴是有决定意义的，在这里价格不能不是生产的调节者"。② 苏联对市场关系的忽视，大大打压了农民的生产积极性，为此发生了粮食收购的困难。布哈林提出，这种完全以行政手段打压市场价格、限制市场关系的做法是"军事共产主义"的一个继续，在现今苏联的历史阶段下已经不能适用了，必须退出历史舞台。布哈林认为，这不是对计划经济的否定，也不是对自由市场的憧憬。布哈林指出："不能高估计划经济的因素，也不应当忽视大量的自发性成分。"③ 而斯大林对市场关系的理解与布哈林的认识则有明显不同。斯大林在1929年4月的联共（布）中央委员会和中央监察委员会联席会议中，做了《论联共（布）党内的右倾》的演说，斯大林以"新经济政策和市场关系问题"为题，重点批评了布哈林的观点。斯大林认为，布哈林的观点事实上是想"解放"市场，这必然会造成苏联国内富农等反动势力的卷土重来。斯

① 斯大林论反对派 [M]. 北京：人民出版社，1963：401.
② [苏] 布哈林著，郑异凡编. 布哈林文选 [M]. 北京：人民出版社，2008：357.
③ [苏] 布哈林著，郑异凡编. 布哈林文选 [M]. 北京：人民出版社，2008：378.

大林认为，国家必须对市场予以全方位的调控。斯大林在此将列宁所理解的新经济政策理解为"保证国家对市场起调节作用的条件下容许私人贸易在一定限度，一定范围内的自由"。① 斯大林与布哈林关于"市场关系"的争论，主要是针对苏联国内市场的发展来谈的，没有上升到世界市场的角度。但斯大林与布哈林的分歧事实上代表了二人在市场问题上迥然不同的方法论。布哈林提出："按照马克思的学说，市场是生产关系的反映。"② 斯大林对此表示认同，只是布哈林侧重从生产的必然性出发，也就是依据现有的物质条件来看，生产所采取的形式最终决定了市场的样貌。而斯大林采取了反向的理解，也就是根据社会制度出发，划定生产关系的形式，最终决定市场的样态。从马克思主义的观点来看，布哈林的认识是正确的，布哈林的认识是基于生产力决定生产关系的角度，即现有的社会生产力与生产水平，将是塑造生产关系的决定性力量，如果现有的社会生产是一个较为落后的生产，那么必然不可能采取更高级的生产关系形式。而斯大林则认为，先进的生产关系，迫使社会生产必须采取新的形式。在斯大林那里，生产关系对生产力的反作用被斯大林以社会制度的优越性为指导思想而无限放大。这一认识上的错误，由于斯大林走上苏联的领导核心而被遮蔽了，也成为斯大林在二战胜利后提出"两个平行的世界市场"的一个重要伏笔。

第三节　斯大林"两个平行的世界市场"

斯大林关于马克思世界市场理论的探索贯穿于整个执政期间。其中，第二次世界大战的爆发与结束深刻地改变了斯大林世界市场理论的思想进程，成为斯大林世界市场理论发展的一个鲜明的转折点。在二战结束后，斯大林根据二战胜利后的态势重新理解与解释了马克思世界市场理论，最终形成了"两个平行的世界市场"的观点。"两个平行的世界市场"的观点极大地影响了全球历史的进程，尤其是对社会主义国家而言，斯大林"两个平行的世界市场"理论一度成为社会主义国家关于世界市场问题长期坚持的一个指导思想，甚至也直接影响到中国关于世界市场的理论与实践。斯大林的"两个平行的世界市场"的观点是整个马克思世界市场理论发展史中的重要环节，也是一个值得深入反思

---

① 斯大林选集（下）[M].北京：人民出版社，1978：144.
② [苏] 布哈林著，郑异凡编.布哈林文选 [M].北京：人民出版社，2008：496.

的问题。

1945 年 5 月 8 日，德国正式向盟军无条件投降，第二次世界大战的欧洲战事告一段落。8 月 15 日，日本正式无条件投降，第二次世界大战以反法西斯阵营的胜利宣告结束。在第二次世界大战中，社会主义的苏联做出了巨大的牺牲，也无疑是反法西斯阵营的核心力量，第二次世界大战的胜利使得苏联的国际地位迅速提升，也使斯大林的威望达到了顶点。1946 年 2 月 9 日，斯大林在莫斯科市的选民大会上发表了演说，斯大林在这次演说中对第二次世界大战的胜利进行了总结。"这个总结就是，战争的结局是敌人失败，而我国和我们的盟国胜利。"但是斯大林同时指出："这个总结太一般了，所以我们决不能以此为限。"① 随后斯大林指出，第二次世界大战胜利真正的"伟大历史意义"在于，它向世人证明了"苏维埃社会制度充分的生命力"。斯大林在此意欲凸显的是，资本主义国家虽然能够走出战争的阴影，但依然是在泥潭中行走，依然要面临巨大的困难。也就是说，在第二次世界大战刚刚结束后，斯大林就指出了两种社会制度对立的可能性。仅仅过了不到一个月——1946 年 3 月 5 日，英国前首相丘吉尔在美国发表了著名的"铁幕演说"，丘吉尔在演说中从社会制度出发，提出"一幅横贯欧洲大陆的铁幕已经降落下来"，其结果是社会主义与资本主义对抗局面的出现。丘吉尔在演说中号召加强美国与英国的合作，建立相应的组织来应对以苏联为首的社会主义阵营的威胁，冷战的序幕就此悄然拉下。而斯大林的"两个平行的世界市场"的观点，正是此种冷战格局下的产物。

1952 年斯大林在《苏联社会主义经济问题》中，总结了苏联经济建设的相关经验，就苏联《政治经济学教科书》的编写提出了自己的意见。在《苏联社会主义经济问题》中，斯大林正式提出了"关于统一的世界市场的瓦解与世界资本主义体系危机加深"的论断。斯大林以第二次世界大战结束后两大阵营的对立为起点，论述道："第二次世界大战及其经济影响在经济方面的最重要的结果，应当认为是统一的无所不包的世界市场的瓦解。"② 斯大林认为，既然"统一的无所不包的世界市场"已经瓦解，那么一定会出现世界市场发展的新态势，斯大林进一步论述道："中国和欧洲各人民民主国家脱离了资本主义体系，和苏联一起形成了统一的和强大的社会主义阵营，而与资本主义阵营相对立。两个对立阵营的存在所造成的经济结果，就是统一的无所不包的世界市场瓦解了，

---

① 斯大林选集（下）[M]. 北京：人民出版社，1978：491.
② 斯大林选集（下）[M]. 北京：人民出版社，1978：561.

因而现在就有了两个平行的，也是互相对立的世界市场。"① 至此，斯大林的"两个平行的世界市场"的观点正式提出。斯大林认为，第二次世界大战结束后，原来的资本主义体系已经分崩离析，一大批国家脱离了原来资本主义体系的控制，资本主义的世界经济瓦解了，世界市场作为世界经济的载体，也必然随着资本主义世界经济的瓦解而倾覆。换言之，原有的那个被资本主义牢牢把控的世界市场已经崩溃，资本主义当然不会袖手旁观，一定会尽最大可能重新组织其世界市场。由于苏联的号召，一大批原有的被迫加入资本主义世界市场的其他参与者，纷纷加入苏联的社会主义阵营，而苏联也必然会组织起一整套国际间的流通与生产体系，为此，社会主义阵营也会有自己的世界市场。斯大林指出，由于社会制度的对立，这两个世界市场也必然是对立的，当然，这种对立是深层次的，并不是那么直接的，可能并不是一定出现摩擦，但必然是不能相互容忍的，所以这两个世界市场也可以说是"平行的"。斯大林认为，"资本主义的世界市场"由于其资本主义生产方式的存在，必然是危机重重的，资本主义国家间在这个"资本主义的世界市场"中也不是和谐的，政治斗争的尖锐以及资本主义阵营的动荡，意味着资本主义世界市场的"总危机"即将到来。而"社会主义的世界市场"由于展开计划经济，自其诞生那天起就可以"免疫"世界市场中的危机，所以，"社会主义的世界市场"是一个没有危机的世界市场。斯大林是以"资本主义体系—社会主义体系"来支撑"两个平行的世界市场"的观点的，换言之，"两个平行的世界市场"的出现，是第二次世界大战结束后冷战格局以及两个阵营对立的必然产物。

在苏联的《政治经济学教科书》这部社会主义国家第一本真正意义上的政治经济学教科书中，斯大林的"两个平行的世界市场"的观点，得到了进一步强化。《政治经济学教科书》中将"两个平行的世界市场"视为两大阵营的对立，即资本主义阵营与社会主义阵营的对立；视为两条经济路线的对立，即"一条路线是苏联和各国人民民主国家的经济实力日益增长、和平经济不断高涨、劳动人民群众的物质福利不断提高的路线。另一条路线是生产力停滞不前的资本主义经济的路线，是经济军事化的路线，是在世界资本主义体系总危机日益加深的情况下劳动人民的生活水平下降的路线"。② 在《政治经济学教科书》中，继续坚持认为"资本主义的世界市场"有不可避免的危机，其市场容量将逐步萎缩，而"社会主义的世界市场"依据自身的特点，很有可能据此来

---

① 斯大林选集（下）[M]. 北京：人民出版社，1978：561.
② 苏联科学院经济研究所编. 政治经济学教科书 [M]. 北京：人民出版社，1955：302.

进一步扩大容量："由于社会主义阵营各国经济的无危机的发展，新的世界市场不会再有销售困难，它的容量在不断扩大。"① 依据此种推理，"社会主义的世界市场"在不久的将来，将作为未来世界市场的重要且唯一的发展势态而呈现于世人面前。在斯大林的"两个平行的世界市场"理论的指导下，苏联采取了一系列具体实践来不断完善"社会主义的世界市场"的运行机制。同时，斯大林的"两个平行的世界市场"理论的提出，也代表了马克思世界市场理论在苏联发展的"终点"，因为在斯大林逝世后，苏联的继任领导人虽然不断进行改革，但在马克思世界市场理论的认识上，始终都没有跳出"两个平行的世界市场"的理论禁锢，这一理论最终随着苏联的解体而烟消云散。而关于第二次世界大战后苏联世界市场理论的具体实践以及对"两个平行的世界市场"理论的批判，将在下文予以陈述。

---

① 苏联科学院经济研究所编. 政治经济学教科书 ［M］. 北京：人民出版社，1955：303.

第三章

苏联中后期世界市场理论的实践与经验教训

第一节　"社会主义的世界市场"的具体实践

斯大林的"两个平行的世界市场"作为苏联认识世界经济与世界市场的重要指导思想，在第二次世界大战后苏联的实践中也有体现，其中最为典型的实践，就是苏联在"社会主义的世界市场"中所大力倡导的"经济互助委员会"，即"经互会"。经互会的具体实践要稍早于斯大林的"两个平行的世界市场"理论的提出。1947年7月，美国开始正式实施"马歇尔计划"，为了能够形成对"马歇尔计划"的反制，1947年7月至8月，苏联分别与保加利亚、捷克斯洛伐克、匈牙利、波兰等东欧国家签订了贸易协定，这是经互会的雏形。1949年1月5日至8日，苏联、保加利亚、匈牙利、波兰、罗马尼亚、捷克斯洛伐克6国政府代表在莫斯科通过会议磋商后，宣布成立经济互助委员会，这标志着"经互会"的正式形成。直到1991年6月28日，经济互助委员会在匈牙利的布达佩斯正式宣布解散，经互会作为苏联倡导的发展区域经济的一个组织，整整存在42年，共有11个成员国、1个咨询国、9个观察员国，地域上主要涉及东欧的社会主义国家，同时也兼有亚洲、美洲、非洲的其他国家。① 值得注意的是，经互会的范围事实上正是斯大林所言的"社会主义的世界市场"的范围。故在此简要分析经互会的一些运作特点，也能够使我们更好地理解"社会主义的世界市场"实践的运行机制。

首先，经互会的建立基础与"两个平行的世界市场"理论一样，都是建立在两大阵营的对抗关系之上的。"两个平行的世界市场"理论最大的特点在于认为整体的世界市场已经不存在，世界经济已经被划分为资本主义与社会主义两

---

① 中国于1956年以经互会观察员国的身份加入经互会，但受中苏关系的影响，于1961年正式停止列席会议。

大世界经济体系，与之对应的则是资本主义的世界市场与社会主义的世界市场。经互会实质上是苏联调节社会主义世界市场的一个方案，苏联认为，由于社会主义国家间政府调控的存在，社会主义的世界市场仿佛生来就对经济危机、通货膨胀等具有极强的"免疫力"，而资本主义的世界市场则危机重重、步履维艰。这两个世界市场由于社会制度与意识形态的不同，在经济交往中自然也是水火不容，前经互会秘书尼古拉·法捷耶夫写道，"苏联共产党过去和现在的出发点是：两种制度在经济、政治和意识形态领域的阶级斗争将会继续下去"。①为此，经互会在创立伊始就带有非常浓重的意识形态对抗的属性。

其次，经互会以"社会主义大家庭"的观念来联结"社会主义的世界市场"。在经互会的纲领性文件《经济互助委员会章程》中，对于经互会的参与国指明："凡赞成经互会的宗旨和原则，并表示同意承担章程所规定的义务者，均可被接纳为经互会成员国。"② 从章程来看，经互会是一个开放的组织，对欧洲资本主义国家也是开放的，但受到"两大阵营"和"两个平行的世界市场"的理论影响，实际上，经互会参与的 11 个主要成员国全部是社会主义国家。在经互会的具体文件中对经互会成员国做出如下描述，"同一类型的经济基础：生产资料公有制，同一类型的国家制度：以工人阶级为首的人民政权，统一的意识形态：马克思列宁主义"。③ 成员国经济基础、国家制度、意识形态的高度统一，带来的是成员国发展模式的高度趋同，而这种发展模式最早的实践者则是苏联，这就使得"苏联模式"与"苏联经验"神圣化。一方面，经互会始终强调经互会的存在是实现"社会主义大家庭"的合作发展，以不断增强社会主义国家的综合国力为目的，"社会主义大家庭各国经济发展水平的逐步接近和拉平是世界社会主义体系发展中的一个客观的历史过程"。④ 另一方面，经互会成员国内部的这种"逐步接近和拉平"却是以苏联作为"标杆"的，这些都造成了苏联在经互会这一"社会主义大家庭"中的"家长"作风浓重，压制了其他成员国的话语权，导致经互会成员国长期处于支持苏联的状态，乃至成为苏联经济发展的附庸。可以说成员国国家政权形式的单一、对不同资本主义国家发展模式的考量不足、苏联在经互会"家长"作风的长期存在，都是日后经互会各成员国摩擦不断，直至分崩离析的重要原因。

最后，经互会以"社会主义国际分工"来实现"社会主义的世界市场"的

---

① ［苏］尼古拉·法捷耶夫. 经济互助委员会［M］. 北京：中国财政经济出版社，1977：2.

② 经济互助委员会重要文件选编［M］. 北京：中国人民大学出版社，1980：131.

③ 经济互助委员会重要文件选编［M］. 北京：中国人民大学出版社，1980：146.

④ 经济互助委员会重要文件选编［M］. 北京：中国人民大学出版社，1980：171.

具体运行。经互会在"两个平行的世界市场"思想的指导下，进一步发展了世界市场中的分工问题，提出了"社会主义国际分工"，以此来与"资本主义的国际分工"对立。在 1962 年经互会第十五次会议制定并通过的《社会主义国际分工的基本原则》中曾表述道："有计划的社会主义国家分工，有助于最大限度地利用世界社会主义体系的优越性，每个国家建立正确的国民经济比例，合理地配置世界社会主义体系范围内的生产力，有效地利用人力和物力，加强社会主义阵营的防御能力。"①"社会主义国际分工"的实质是用一种超越一国范围内的计划经济手段来调节各成员国的经济发展与资源配置。1972 年，经互会第二十五次会议通过了《经互会成员国进一步加深与完善和发展社会主义经济一体化综合纲要》（下文简称《综合纲要》），这是经互会一个具有指导意义的文件，勃列日涅夫曾言："社会主义经济一体化综合纲要的实现是完善社会主义国际分工的康庄大道，是每个成员国社会生产的集约化和加深掌握科学技术革命成就的有力手段。"②《综合纲要》的出台，实质上是用具体的计划经济硬性规定了经互会的发展方向与运作模式，《综合纲要》指出："计划合作的工作，特别是协调计划方面的合作，是组织合作和加深社会主义国际分工的基本方法。"③ 同时，以"五年计划"的形式，制定经互会的发展任务，在经互会的成员国之间使用集体货币，即转账卢布④，并在多个经济领域展开全面的合作。所以，经互会的内部组织结构也异常宏大，除经互会基本的执行委员会、计划工作合作委员会、科学技术委员会以外，经互会设有秘书处，同时设有化学、冶金、石油、货币等 20 个专业的常设委员会、2 个科学研究机构、7 个专门性质的部门会议，所涉及的领域基本包括了一个国家国民经济的全部。

　　总的来看，作为"社会主义世界市场"的重要实践的经互会，是一个在冷战思想下的具体实践，带有相当的行政色彩以及计划经济的影子。正如前文所言，在斯大林逝世后，苏联共产党员的继任者都没有真正打破"两个平行的世界市场"的理论牢笼。对于经互会真正存在的问题，自然也不能正确深入地认识。《综合纲要》事实上成了经互会内部的强制性法规。当然，长期以来，由于受到中苏关系的影响，经互会被贴上了"苏修""资本主义复辟"的标签，其

---

① 经济互助委员会重要文件选编［M］. 北京：中国人民大学出版社，1980：149.
② 勃列日涅夫言论选：第十集［M］. 上海：人民出版社，1976：182.
③ 经济互助委员会重要文件选编［M］. 北京：中国人民大学出版社，1980：177.
④ 转账卢布，是在经互会成员国间出口商品以及一国向另一国提供劳务时，从"国际经济合作银行"成员国账户中自由转移的一种货币。按照经互会的设想及实践，转账卢布的购买力是由政府的计划贸易掌控的，所以，其不受资本主义世界市场行情的影响。在这种情况下，苏联曾一度认为转账卢布是世界上最稳定和最可靠的货币。

实，对于经互会也应该给予一个客观的评价。一方面，经互会在社会主义阵营中，确实起到过非常巨大的作用，正是在经互会的帮助下，一大批东欧的社会主义国家建立起初步的工业体系，其中苏联起到非常重要的作用，苏联给予各成员国的援助是非常值得肯定的。另一方面，经互会也确实存在苏联利用自身地位，剥夺其他成员国发展权利的问题。斯大林在 1925 年的联共（布）十四大上曾言，"我们应该这样来建设我国的经济：使我国不致变成世界资本主义体系的附属品，使我国不致被卷入资本主义发展的总体系中去成为它的辅助企业"。① 事实上，由于经互会的运作，不少东欧国家反而成了苏联经济的"附属品"与"辅助企业"。形象地说，在斯大林所言的"社会主义的世界市场"中，虽然没有了马克思当年所批判的"世界市场的暴君"，但在这个苏联人为构建的"世界市场"中，却出现了同样发号施令的"老大哥"。直到 20 世纪 80 年代，苏联才意识到问题的严重性，着手经互会的改革。戈尔巴乔夫在《改革与新思维》中写道："力求使经互会的工作少一些行政手段和各种各样的委员会，多注意一些经济杠杆、主动精神、社会主义的事业心和使劳动集体参与这个过程。"② 但是，由于经互会的"冷战思维"以及强烈的计划经济色彩，使得它的存在从一开始就紧紧依附于苏联的国家政权，而在苏联"大厦将倾"之时，经互会也就不可避免地在布达佩斯走向了终结。

第二节　苏联中后期世界市场理论的经验教训

第二次世界大战后苏联所倡导的"两个平行的世界市场"理论，最大的问题发生在对世界市场发展阶段的"误判"上。从马克思世界市场理论来看，马克思认为，人类无疑是要走出"资产阶级时代的世界市场"的，只是世界市场发展新阶段的到来需要客观的物质条件与基础，它是建立在人类生产力相当高的水平之上的。在第二次世界大战结束后，虽然资本主义国家受到了前所未有的打击，但是资本主义所确立的一整套生产模式与市场运行的机制，依然是现行世界市场的主流。如果结合列宁在《苏维埃政权当前的任务》中的观点，第二次世界大战结束并没有改变列宁所言的应该"暂停对资本进攻"的总策略，现代资本还在发挥着巨大的作用，或者说，第二次世界大战结束后，列宁所言的"世界经济依然是资本主义经济"以及斯大林在执政早期所提出的"现实世

---

① 斯大林全集：第七卷 [M]．北京：人民出版社，1958：242.
② [苏] 戈尔巴乔夫．改革与新思维 [M]．北京：新华出版社，1987：214.

界上并没有另一种（资本主义以外的）世界经济"的论断，依然是站得住脚的理论。虽然第二次世界大战结束后社会主义苏联的综合国力在快速恢复，不少新兴的社会主义国家参与到以苏联为首的社会主义阵营，但世界市场总的生产方式与运行规则依然是资本主义的，依然需要依赖现代资本的运行，整个世界市场的发展阶段离马克思所构想的未来世界市场依然相差甚远，在这种情况下，世界市场的斗争更为复杂。但是，如果仅仅根据社会制度的不同，强行在现有的世界市场中划分出一个超越历史阶段的"社会主义的世界市场"，显然与马克思世界市场理论大相径庭，因为这种企图在现有世界市场中划分出"飞地"的尝试，欧文等空想社会主义者都尝试过，但都受到了马克思与恩格斯的批判。当然，不能回避的是，第二次世界大战结束后，由于冷战格局的存在，社会主义国家与资本主义国家处于尖锐的对立中，要实现世界市场中的合作与交流是非常困难的，社会主义国家在世界市场中也确实不得不"抱团发展"，从这个意义上来看，如果说"两个平行的世界市场"是一个客观存在的现象，也是正确的。但如果忽视了历史发展的条件，将这种社会主义国家在发展中的"策略"视为世界市场发展规律的必然体现，就是对马克思世界市场理论的误读。

同时，苏联在第二次世界大战后关于世界市场的实践中，事实上是以"社会主义的世界市场"这一论断来"反推"出"社会主义国际分工"的运行体系的。这种"反推"的思路也是马克思世界市场理论的背离，恩格斯在《反杜林论》中曾非常明确地指出："不是市场造成资本主义的分工，相反地，是以前的社会关系的瓦解以及由此产生的分工造成市场。"① 同理，即使是在社会主义阵营内部，在"社会主义的世界市场"之中，推行"社会主义国际分工"也不可能造就马克思所构想的未来世界市场。相反，未来世界市场的出现，是由于以前社会关系的充分瓦解而形成的，只是在这个语境下，"以前的社会关系"就不是封建制度，而是资本主义制度了。只有整个资本主义社会关系的完全瓦解，才能真正造就未来世界市场的分工，它的出现必须以客观的现实条件为依托，人为地通过社会制度的属性不同就提出未来分工趋势的到来，是反历史的，也是被马克思与恩格斯所无情批判的。更为严重的是，在苏联所倡导的世界市场的"社会主义国际分工"中，以一种强制性的计划经济模式来理解未来世界市场的分工趋势，将市场经济与资本主义制度画上等号，这显然也是不符合马克思世界市场理论的。马克思所认为的未来世界市场，最起码的要求是对现有资本主义非人道的生产与分配模式的革命。而苏联所认为的"社会主义国际分工"，在"社会主义的世界市场"的运行过程中却内含着更大的不公平，完全依

① 马克思恩格斯文集：第九卷 [M]. 北京：人民出版社，2009：242.

据地区资源的禀赋而去预先安排不同国家与民族的生产模式与种类，这种思路事实上是走得更远的"比较优势"理论的李嘉图派。简而言之，第二次世界大战后苏联关于世界市场的认识，并没有真正搞清楚划分不同阶段世界市场的标志为何。事实上，这个问题在列宁关于"暂停对资本进攻"的总策略中已经有了初步的回答，但很可惜的是，列宁的这一观点并没有得到应有的重视。而在社会主义阵营内部的其他国家，也没有很好地解答这一问题，直到中国改革开放，特别是邓小平就计划经济与市场经济之争做出论断之时才得到有效的纠正，思想上的禁锢才被真正打破，可惜对于苏联来说这一切都太迟了。

苏联在理解世界市场之时，还存在片面强调社会制度、以社会制度的异同来构建未来世界市场的误区。如前文所述，苏联在第二次世界大战后所构建的"社会主义的世界市场"中，以"社会主义大家庭"构建了一个世界市场中的"共同体"，并以此代表整个世界市场的未来发展方向，形象地说，"社会主义的世界市场"反而形成一个"和而相同"的局面，这也是与马克思世界市场理论不相符的。在马克思世界市场理论中，未来世界市场的联结最为关键的是，要打破资本在世界市场中的肆意横行，要推翻世界市场中的"暴君"。马克思只是明确提出无产阶级是能够领导人类推翻世界市场"暴君"的唯一力量，但并没有指出无产阶级在推翻"暴君"之后，要求世界市场是社会主义乃至共产主义的"天下"，相反，马克思所提出的是，未来的世界市场一定具有包容性，所有一切人类美好的文明都能够再次闪耀，都不再被资本无情地碾压，马克思意欲实现的是世界市场能够"和而不同"，绝非"和而相同"。单纯以社会制度来谈论世界市场中的联结，一定会忽视其他的文明，从而削弱在世界市场中对抗资本的力量。从学理上看，苏联在第二次世界大战后关于世界市场理论的思考与实践，其经验教训在于对广义世界市场与狭义世界市场的混淆，苏联理论界长期认为，第二次世界大战结束后，那个狭义的、被马克思所批判的世界市场即将由于"总危机"的到来而完全崩溃，而广义的世界市场，这个代表人类发展真正诉求的世界市场，已然能够从"资本主义时代的世界市场"中分离出来。事实上，第二次世界大战结束后，广义上的世界市场依然被资产阶级所主导，那么狭义上的世界市场的种种相关体制与规则就必然继续影响着整个人类社会。在此种情况下，社会主义国家必须制定全新的斗争策略，在"资本主义时代的世界市场"中不断捶打自身，而不是抱有幻想，再去世界市场之中寻求一片"飞地"，这是马克思等人一向反对的思路。

第七篇
马克思世界市场理论的中国化进程

▼

▼

1949 年 10 月 1 日，中华人民共和国宣告成立。新中国的成立预示着世界市场中又一新兴力量的出现，它必将深刻地影响世界市场的发展走向。特别是中国这样一个东方大国，在人类社会的"前资本主义阶段"，曾在世界市场中长期扮演重要角色，但步入"资产阶级时代的世界市场"后却饱受欺凌。19 世纪中后期以来的中国与印度和俄国一样，都是马克思研究世界市场中"亚洲问题"的典型样本，马克思对中国卷入资本主义所主导的世界市场进而成为附庸、人民生活日益困苦的情况给予了深刻同情，对资本主义列强的霸权进行深刻的揭露。在中国被迫加入世界市场后，虽然在客观上为中国的现代化进程提供了契机，但中国的现代化起步一开始就伴随着巨大的不平等，中国每次想通过世界市场而谋求进步之时，这种进步反而真如马克思所言的"如异教神怪般可怕"。直到中国人民找到了马克思主义，并且在革命的实践中逐渐摸索出一条正确的革命道路，才最终取得革命的胜利，推翻了"三座大山"，建立了新中国。新中国的成立使中国能够在一个完全独立自主的前提下，重新思考中国与世界市场的关系，这也是真正深入学习与应用马克思世界市场理论的重要前提。中国共产党作为执政党，如何认识与看待马克思世界市场理论？又该如何发展马克思世界市场理论？对这些问题的回答直接影响中国参与世界市场的实践。而中国在参与世界市场的实践中有哪些重要的经验与教训？又对马克思世界市场理论的发展做出了何种贡献？这些问题的回答，显然是完整考察马克思世界市场理论发展史不可或缺的内容。

第一章

毛泽东对马克思世界市场理论的发展与影响

第一节　"一边倒"下的中国与世界市场的关系

　　1949 年 6 月 30 日，在中国新民主主义革命取得决定性胜利、全国新政权即将建立之时，毛泽东同志在纪念中国共产党建党 28 周年之际，撰写了《论人民民主专政》一文，该文对中国新民主主义革命的经验进行了深入总结，同时也阐发了新政权的若干重大指导思想。在《论人民民主专政》一文中，就马克思世界市场理论而言，最值得关注的就是毛泽东同志"一边倒"的构想，毛泽东同志指出："一边倒，是孙中山的四十年经验和共产党的二十八年经验教给我们的，深知欲达到胜利和巩固胜利，必须一边倒。"① 毛泽东同志所提出的"一边倒"，是在第二次世界大战胜利后国际政治经济局势发展的基础上所提出的。如前文所指，在第二次世界大战结束后，逐渐形成了以苏联为首的社会主义阵营，以及以美国为首的资本主义阵营的冷战格局。对于中国来说，必然选择以苏联为首的社会主义阵营，毛泽东同志指出："我们在国际上是属于以苏联为首的反帝国主义战线一方面的，真正的友谊的援助只能向这一方面去找，而不能向帝国主义战线一方面去找。"② 中国在国际关系上倒向以苏联为首的社会主义阵营，同时也就无法回避另一个选择，如前文所言，斯大林在总结第二次世界大战胜利之时提出了"两个平行的世界市场"的观点，这一观点的直接背景就是"两大阵营的对立"，为此，如果加入社会主义阵营，就必然意味着加入"社会主义的世界市场"。事实上，从 1949 年新中国成立直到 1978 年改革开放，中国在认识与理解马克思世界市场理论之时，都在不同程度上采取了"两个平行的

---

①　毛泽东选集：第四卷 [M]．北京：人民出版社，1991：1473.
②　毛泽东选集：第四卷 [M]．北京：人民出版社，1991：1475.

世界市场"的观点,虽然在这期间中国经历了 20 世纪 50 年代末中苏关系恶化,乃至 20 世纪 60 年代初中苏关系中断,特别是 1961 年中国退出经互会,中国在表面上已经退出了"社会主义的世界市场",但对于世界市场的认识还带有相当的历史局限性,没有从根本上冲破"两个平行的世界市场"的理论禁锢。

当然,与结合历史条件客观评价苏联的"两个平行的世界市场"的观点一样,对于新中国成立初期的"一边倒",即倒向"社会主义的世界市场"的认识与实践也需要结合当时的历史条件予以客观评价。第二次世界大战结束后,由于两大阵营的对立局面,"两个平行的世界市场"是一个确实存在的客观现实,而新生的中华人民共和国,又是在十分落后的基础上展开社会主义建设的,巩固政权与发展经济是至关重要的问题。如果在此时完全倒向马克思所言的始终存在的世界市场,即马上参与世界市场,由于这个世界市场的话语权完全由美国所主导的资本主义国家所掌握,那么最终结果很可能如斯大林所言,成为整个资本主义世界经济体系"微不起眼的螺丝钉"。所以,毛泽东同志所指明的"一边倒"事实上是一种在世界市场中与社会主义国家"抱团"发展的思路,优先巩固国家政治基础与恢复经济,这无疑是正确的,而社会主义制度属性的相同,也确实可以成为联合的重要原因。但却不能将这种"两个平行的世界市场"的策略,视为社会主义国家的一个长期指导思想,这无疑是对马克思世界市场理论的误解。

总的而言,以"一边倒"来言明新中国成立后与世界市场的关系,主要是突出 1949 年至 1978 年间,中国在认识世界市场的问题上,总体上还受制于"两个平行的世界市场"理论的影响,它成为中国在认识马克思世界市场理论时的制约条件,但这并不意味着以毛泽东同志为核心的中国共产党,在思考马克思世界市场理论之时毫无建树,相反,毛泽东同志在其他著作中也有很多值得注意的思想。

第二节 《论十大关系》中世界市场的矛盾发展

1956 年 4 月 25 日,毛泽东同志在中共中央政治局扩大会议上,做了《论十大关系》的讲话,在这一讲话中,毛泽东同志论述了在社会主义革命和社会主义建设中需要特别注重的十大关系。毛泽东同志写道:"这十种关系,都是矛盾,世界是由矛盾组成的,没有矛盾就没有世界。我们的任务,是要正确处理这些矛盾。"①《论十大关系》是科学、准确地认识中国社会主义建设道路的一篇重要文献。在《论十大关系》中，最后一对关系便是"中国和外国的关系"，毛泽东同志对这对关系的论述带有相当的前瞻性，在某种意义上它可以说是正确处理中国与世界市场关系的重要指导。

毛泽东同志在"中国和外国的关系"一节中，首先提出"应当承认，每个民族都有它的长处，不然它为什么存在呢？为什么能发展？同时，每个民族也都有它的短处"。② 不同国家与地区的不同民族，就是在这样一个各自既有缺点也有优点的基础上实现交往的。毛泽东同志指出，不同民族之间的交往，实质上就是一个相互学习、取长补短的过程，而这一过程，是不应被社会制度以及其他因素影响的。毛泽东同志写道："有人以为社会主义就了不起，一点缺点也没有了。哪有这个事？"③ 为此，毛泽东同志认为，应该向一切先进的民族学习，"我们的方针是，一切民族、一切国家的长处都要学，政治、经济、科学、技术、文学、艺术的一切真正好的东西都要学"④。由此可见，这种学习是全方位的学习，而要想实现这种全方位、多领域的学习，就必须充分依靠世界市场。毛泽东同志特别指出，这种学习不能不加区分、不加辨别地学，而是需要以矛盾的观点来处理好中国与世界市场的关系，为此，毛泽东同志写道："必须有分析有批判地学，不能盲目地学，不能一切照抄，机械搬运。"这实质上是指中国在认识与处理与世界市场的关系之时，必须保持一个清晰的头脑，保持独立自主的认识，这样才能真正在世界市场中站稳脚跟，从而实现真正的交流。总之，中国在与世界市场的交流中，既要利用世界市场推动自身的发展，也要充分保持自身特色，不能在世界经济的快速发展中失去了方向。

同时，毛泽东同志在"中国和外国的关系"中，还指明了中国社会主义建设的"优缺点"问题，毛泽东同志认为，"中国有两条缺点，同时又是两条优点"，这两条缺点分别是："一、我国过去是殖民地、半殖民地，不是帝国主义，历来受人欺负。""二、我们的革命是后进的。"⑤ 毛泽东同志形象地将这两个缺点概括为"一穷二白"，他认为，这两条缺点同时也是中国革命与建设的优点，"穷"，革命的彻底性与群众的积极性就会高，"白"，就是要做好"白手起家"的准备，毛泽东同志写道："我们是一张白纸，正好写字。"事实上，毛泽东同

---

① 毛泽东文集：第七卷［M］．北京．人民出版社，1999：44.
② 毛泽东文集：第七卷［M］．北京．人民出版社，1999：44.
③ 毛泽东文集：第七卷［M］．北京．人民出版社，1999：41.
④ 毛泽东文集：第七卷［M］．北京．人民出版社，1999：41.
⑤ 毛泽东文集：第七卷［M］．北京．人民出版社，1999：43.

志此处关于"白"的优缺点的论述，指出了对于世界市场的后发国家来说，既有发展基础差的劣势，同时，也客观存在着现有技术较为发达等后发优势，如果能充分将这种后发优势利用起来，那么对中国的发展显然大有帮助，而要想用好这种后发优势，就必须利用好世界市场。毛泽东同志的关于中国社会主义建设"白纸"的观点，与马克思在晚年《复信》中，后发国家充分利用世界市场缩短"机器工业孕育期"的思想高度一致。毛泽东同志在"中国与外国的关系"的结尾，还写下了一段意味深长的话，"将来我们国家富强了，我们一定还要坚持革命立场，还要谦虚谨慎，还要向人家学习，不要把尾巴翘起来"①。毛泽东同志的"不要把尾巴翘起来"的观点，实质上指明了社会主义国家在世界市场交往中应有的姿态，而马克思笔下的世界市场的"暴君"总是"将尾巴翘得很高"，忽视了其他民族的特性与意愿，这种姿态正是马克思所不齿的。

第三节 "三个世界"的划分对世界市场理论的贡献

1974 年 4 月 22 日，毛泽东同志在北京会见了赞比亚总统卡翁达，在这次会见中，毛泽东同志提出了"三个世界"的划分问题。毛泽东同志指出，现在全球局势的发展事实上已经形成了"三个世界"的局面，其中，以美国、苏联两个超级大国为第一世界，而日本、欧洲、澳大利亚、加拿大等发达的资本主义国家为第二世界，中国以及亚洲、非洲、拉丁美洲的发展中国家为第三世界。②"三个世界"的划分对更好地理解世界市场的发展局势提供了有意义的指导。首先，"三个世界"的划分深刻地揭示了第二次世界大战后世界市场发展的态势，在第二次世界大战后，美国与苏联两个超级大国的出现以及两大阵营的对立，使得世界市场的发展蒙上了一层浓重的冷战阴影，世界市场的平稳与和谐时刻受到战争，特别是核战争的威胁。马克思在研究世界市场问题之时，英国是世界市场中的绝对主导力量，鲜有其他力量能与之抗衡。毛泽东同志认为，两个超级大国的对立，表明了当时世界市场中的主要矛盾是美苏两个超级大国之间的对立，所有世界市场的相关实践都必然受到这个主要矛盾的影响，在这个主要矛盾之外，其他不同社会制度、不同发展道路的国家之间虽然存在对立，却不是主要矛盾。美苏之间的对立，从根本上不符合全人类和平发展的意愿，但

---

① 毛泽东文集：第七卷 [M]. 北京．人民出版社，1999：44.
② 毛泽东文集：第八卷 [M]. 北京．人民出版社，1999：443-444.

美苏这两个超级大国的国家实力却是一个不争的事实，要想保证发展权利的平等，维护世界市场不至于被战争所毁灭，一国的力量显然是不够的，所以不同国家，特别是后发国家之间应该加强联系与合作，才有可能在世界市场中发出不同于美苏两个超级大国之外的声音。

其次，在这个基础上也应该明确，毛泽东同志的"三个世界"的划分与斯大林在第二次世界大战后所提出的"两个平行的世界市场"从本质上是不同的。"两个平行的世界市场"带有意识形态、社会制度的色彩，也就是只有社会主义制度的国家才能参与到"社会主义大家庭"，才能进入"社会主义的世界市场"中，而毛泽东同志所提出的"三个世界"的划分，则打破了这种意识形态、社会制度的束缚，指明走上不同的社会制度的国家，特别是第三世界的国家，也可以实现联合发展。这种在全球更广范围内寻求不同社会制度、意识形态之间的联合发展，是符合马克思世界市场，也是符合前文所述的马克思在《不列颠在印度统治的未来结果》等文献中的思想的。

第二章

中国特色社会主义理论体系对世界市场理论的开拓

第一节　中国的改革开放与"回归"世界市场

"文革"结束后，以邓小平同志为核心的党中央从中国发展的现实出发，深刻认识到"两个平行的世界市场"理论的历史局限性，以及这一理论对马克思世界市场理论的误读。此种理论上的重大突破是，它是伴随着邓小平同志对新中国成立以来直至"文革"结束中国特色社会主义建设的反思实现的，特别是中国对于科学技术的认识与应用，成为解放思想、从各种显性以及隐性的"两个平行的世界市场"的理论困境中走出来的前奏。

1978 年 3 月 18 日，邓小平同志在全国科学大会开幕式上做了重要讲话，在讲话中，邓小平同志指出，中国的社会主义事业要坚持独立自主与自力更生的原则，但"独立自主不是闭关自守，自力更生不是盲目排外。科学技术是人类共同创造的财富。任何一个民族、一个国家都需要学习别的民族、别的国家的长处，学习人家的先进科学技术"。① 邓小平同志特别指出，科学技术也是生产力，这种生产力的体现，关键就在于能否充分吸收与应用好科学技术，如果能够学习与掌握好科学技术，那么"同样的劳动力，在同样的劳动时间里，可以生产出比过去多几十倍几百倍的产品。社会生产力有这样巨大的发展，劳动生产率有这样大幅度的提高，靠的是什么？最主要的是靠科学的力量，技术的力量"②。当前，在全世界范围内，特别是资本主义国家科学技术更迭迅速，想要加快发展就要充分利用各种先进技术，而中国的情况则是"我们现在在科学技术方面的创造，同我们这样一个社会主义国家的地位是很不相称的"。邓小平同

---

① 邓小平文选：第二卷 ［M］. 北京：人民出版社，1993：91.
② 邓小平文选：第二卷 ［M］. 北京：人民出版社，1993：87.

志强调，真正的马克思主义者，面对中国这样一个发展水平落后的现实，不会失去信心，而是要"实事求是地说明情况，认真地去分析造成这种情况的历史的和现实的原因，才能够正确制定我们的战略规划，部署我们的力量"①。此时就涉及问题的核心，也就是造成中国在科学技术领域落后与被动的原因是什么。当然，这是一个涉及多个层面的复杂问题，但从马克思世界市场理论来看，这种局面的形成，关键就在于中国在社会主义建设的相当长的时间内，都片面强调世界市场中的意识形态与社会制度，在思想上受"两个平行的世界市场"理论的制约，最终造成的结果就是马克思所构想的利用世界市场缩短"机器工业孕育期"的设想，在中国非但没有缩短，反而更加漫长，这是与马克思世界市场理论不相符的。邓小平同志在随后会见联邦德国新闻代表团时，更加明确地指出："实行开放政策，学习世界先进科学技术。"邓小平同志从全球科学技术的变革来反思中国发展的滞后，事实上点明了中国长期忽视世界市场的客观性的问题，虽然当前的世界市场依然是"资产阶级时代的世界市场"，但这并不意味着社会主义国家就不能利用这个世界市场来发展自身。如果忽视了这一点，必然会对社会主义事业造成严重的负面影响，这为之后全面彻底破除"两个平行的世界市场"的理论奠定了坚实的基础。

　　1979年12月13日，邓小平同志在中共中央工作会议上做了《解放思想，实事求是，团结一致向前看》（下文简称《解放思想》）的主题报告，这一报告为随后的党的十一届三中全会的胜利召开提供了理论上的支撑。在《解放思想》中，邓小平同志指出，要想实现"四个现代化"，破除体制上的条条框框，首要任务就是要解放思想，这是一切工作的根本。邓小平同志特别指出，解放思想、实事求是所力图解决的重要问题就是本本主义——"一个国家、一个民族，如果一切从本本出发，思想僵化，迷信盛行，那它就不能前进，它的生机就要停止了，就要亡党亡国。"② 邓小平同志关于本本主义的批判，也有助于人们全面准确地理解马克思世界市场理论。如前文所述，马克思在以《共产党宣言》为代表的文献中，强调了无产阶级必须实现世界市场的整体变革，将整个世界市场带出资本主义的阴霾，这是马克思与恩格斯赋予无产阶级的历史使命，这个历史性的任务只能由无产阶级来实现，谁能够理解并坚持这一点，谁就能真正理解马克思世界市场理论。但是，马克思的设想有特定的历史条件，是建立在整个人类社会生产水平与状况相当高的基础之上的，如果仅仅从马克思部

---

① 邓小平文选：第二卷［M］．北京：人民出版社，1993：90-91．
② 邓小平文选：第二卷［M］．北京：人民出版社，1993：143．

分关于世界市场的论述与文献中，就简单地得出社会主义国家由于社会制度的特殊性，就要立刻实现世界市场的整体变革，而不讲社会主义国家自身的综合国力与发展状况，这实质上正是一种对待马克思世界市场理论的"本本主义"。邓小平同志直言不讳地谈道："我们现在还很穷，在无产阶级国际主义义务方面，还不能做得很多，贡献还很小。到了实现四个现代化，国民经济发展了，我们对人类特别是对第三世界的贡献可能会多一点。"① 换言之，一个贫穷落后的国家不可能在资本主义主导的世界市场中有充分的话语权，这也是马克思与恩格斯在研究世界市场之时反复强调的观点。一语概之，马克思世界市场理论，不仅仅是革命的理论，还是蕴含丰富发展理念与斗争策略的理论。邓小平同志所强调的解放思想与实事求是、不搞"本本主义"，就是要打破片面化、绝对化理解马克思世界市场理论的错误思维，在现有的历史条件下制定最符合中国社会主义建设事业的策略，而就当时的形势来看，中国再也不能坚持两个乃至多个世界市场的观点，而是需要回到那个始终存在、有且只有一个，但目前确实由若干资本主义国家主导的"资产阶级时代的世界市场"中锻炼、捶打自身。在随后召开的党的十一届三中全会中，中国正式确立了对内改革、对外开放的政策，由此，中国才开始真正"回归"世界市场。

除此以外，在《解放思想》一文中，邓小平同志再次明确了"实践是检验真理的唯一标准"的方法论的意义，而马克思世界市场理论的真理性也必须在实践中予以体现。当然，这一问题的考察需要更广的时间跨度，此处只是言明。中国自党的十一届三中全会以来，马克思世界市场理论的真理性，在中国与世界市场的关系中越加凸显。仅仅从中国改革开放四十多年的历史来看，中国正沿着马克思利用世界市场缩短"机器工业孕育期"的构想而稳步前进，中国在处理与世界市场的关系上越是成熟，中国的"机器工业孕育期"就越加缩短。同时，由于世界市场依然是资本主义所主导的，马克思所批判的世界市场的"暴君"也会不时换上不同的装束，采取不同的手段在世界市场中耀武扬威，而马克思所指明的资本主义主导的世界市场的危机，也不止一次在世界市场中再次出现，这些正反两方面的现实再次印证了马克思世界市场理论的科学性与真理性，而要达到这个层面的认识，必须在一个开放的视角下来学习与运用马克思世界市场理论，闭关自守与盲目排外的思维只会使马克思世界市场理论的生命力越加枯竭。苏联"二战"后的经验教训就表明，要想发展马克思世界市场理论就必须尊重历史，尊重客观规律，在真正的世界市场中发展马克思世界市

① 邓小平文选：第二卷［M］．北京：人民出版社，1993：112.

场理论，而不能在一个主观臆造的环境中去推论马克思世界市场理论的发展。这是邓小平同志在《解放思想》一文中，在思想层面上给予我们更好理解马克思世界市场理论的宝贵指导。总之，1978年党的十一届三中全会所确立的对内改革、对外开放的政策以及邓小平同志对中国与世界市场关系的反思，表明了中国在理论与实践上真正走出了"两个平行的世界市场"的理论制约，开始回归到真正的马克思所确立的世界市场理论的语境下，而正是由此开始，以邓小平同志为核心的党中央对马克思世界市场理论有了重大发展。

第二节　世界市场两大论域的澄清与明确

1985年3月4日，邓小平同志会见了来华访问的日本商工会议所代表团。在谈话中，邓小平同志就"中国的发展对国际社会有利还是有害"的重大问题进行了回应，同时，就当代世界的两大时代主题进行了判定，这一时代主题的判定扩展了马克思世界市场理论的视野，构成了马克思世界市场理论发展的重要一环。

邓小平同志认为，讨论中国的发展是否对世界有利，主要可以从两个方面来认识，从政治方面来说，中国自始至终都是维护世界和平与稳定的力量，而不是破坏力量。作为一个发展中国家，中国的发展将增强国际上制约战争威胁的和平力量。而从经济方面来说，"现在世界上真正大的问题，带全球性的战略问题，一个是和平问题，一个是经济问题或者说发展问题"。① 邓小平同志指出，和平问题主要是当前资本主义和社会主义"两大阵营"之间的对抗对世界和平发展造成了巨大的威胁，而所有国家的人民都不希望世界再次陷入战争中。而发展问题是指主要处于北半球的发达国家与主要处于南半球的发展中国家之间的关系，即"南北问题"来谈的。当前发展中国家普遍面临的问题是人口基数大、发展底子薄，还有相当多的地区与国家处于贫困中，发展中国家的发展道路任重道远。而对于发达国家而言，绝大多数发达国家都是资本主义国家，这些国家也面临着"找出路"的难题。"资本要找出路，贸易要找出路，市场要找出路，不解决这个问题，你们的发展总是要受到限制的。"② 当前的历史阶段下，资本主义国家必须从世界经济的大局来反思自身的发展，邓小平同志指出：

① 邓小平文选：第三卷 [M]. 北京：人民出版社，1993：105.
② 邓小平文选：第三卷 [M]. 北京：人民出版社，1993：106.

"很难说这十一二亿人口（发达国家）的继续发展能够建立在三十多亿人口（发展中国家）的继续贫困的基础上。"① 当今世界的发展问题日益以一个整体的"南北问题"而呈现，"南方得不到适合的发展，北方的资本和商品出路就有限得很，如果南方继续贫困下去，北方就可能没有出路"。② 而想要更好地获得发展的机遇与环境，就必须保证一个和平稳定的世界秩序。为此，和平与发展日益成为当代世界的两大主题。

邓小平同志关于和平与发展两大主题的论述对于理解世界市场的当今发展态势有着重要的借鉴。如前文所述，在马克思世界市场理论中，既有广义上的世界市场，也有狭义上的世界市场，广义上的世界市场是人类发展进程的客观体现，在这个维度上，和平、发展、合作一直都是主旋律，这是人类交往、交流的特点所决定的。而狭义上的世界市场主要是马克思所批判的资本主义宏大的经济体系，狭义的世界市场是广义世界市场发展的一个特定阶段，在这个阶段中，世界市场由于被资产阶级所主导，残酷的竞争以及危机的爆发是常态，资本增值需要这种非人道的动机凌驾于全人类的美好意愿之上，这是马克思多次指正的人类在步入"资产阶级时代的世界市场"之时最大的讽刺。我们应该认识到，狭义的世界市场的具体表现是由资本的运动所决定的，而"二战"结束后，全球普遍意识到战争，特别是核战争的威胁，"第三世界"民族独立与解放运动也日益高涨，这些客观条件的变化使得资产阶级不能再采取马克思那个时代所惯用的"伎俩"来维系世界市场，更为明确地说，"二战"结束后的国际局势使现代资本不得不重新调整自身的运动方向，资本当然不会停止增值活动，但资本的增值客观上也需要自然资源、劳动力以及其他条件的配合，从这个意义上来说，资本同样"惧怕"人类文明的毁灭，因为人类文明的灭亡意味着劳动力商品的消失，意味着资本拜物教"信徒"的消失。所以，资本会在一定程度上维系社会的运作，包括维系世界市场的相对稳定。"二战"后的国际局势在客观上迫使资本必须调整政策，才能维系其自身的增值活动，这一现象与马克思在《资本论》中所谈到的"法定工作日与工作时间"的出现一样，即资产阶级在世界市场上政策的调整，不是资本的"良心发现"，而是"先进力量"斗争的结果。"二战"的惨烈使广义世界市场中和平与发展的呼声再次凸显，并持续对现今的世界市场产生影响，最终使得狭义的世界市场上和平与发展也逐渐成为主题。邓小平同志关于和平与发展时代主题的论断，言明了狭义世界市

---

① 邓小平文选：第三卷 [M]．北京：人民出版社，1993：106.
② 邓小平文选：第三卷 [M]．北京：人民出版社，1993：106.

场上发展态势的转变，而世界市场上的"后来者"们应该积极利用这个世界市场的相对稳定期发展自身实力，为人类的和平积蓄力量。我们应该特别认识到，邓小平同志关于和平与发展的论断被应用于狭义的世界市场中，并不是说资本主义所统治的世界市场在"二战"后就走上了"改旗易帜"的道路，向着真正符合马克思所构想的顺应全人类需要的方向迈进了。只要资本主义以及资本主义的生产方式在世界市场上占有绝对的统治力量，这个世界市场就始终是不平等的。不能用当前世界市场的一个特定阶段来代替整个人类文明中世界市场的发展。

　　总的来说，邓小平同志关于和平与发展时代主题的论述以唯物史观进一步澄清了马克思世界市场理论中的两大论域，指明了广义世界市场与狭义世界市场的运动方向，即代表全人类发展客观进程的广义世界市场与人类当前所处的资产阶级为主导的狭义世界市场并不是两条"平行线"，而是两条"斜线"，二者确实存在"交叉点"，而这个"交叉点"的出现，对国际共产主义运动以及社会主义国家的建设而言，是一个非常重要的"历史机遇期"，这是构成马克思世界市场理论两大论域的基本观点。同时，在这个基础上也要有防微杜渐的意识，防止将资本主义的世界市场与人类发展所真正需要的世界市场完全视为两条直线的"重合"，认为既然当前资本主义所主导的世界市场已经有了和平与发展的主题，那么就可以完全顺应这个世界市场的走向，这种思想实质上是马克思一直予以坚决批判的古典政治经济学家的认识。事实上，和平与发展不代表无产阶级自此就要"跟随"资产阶级的引导，相反，现行的世界市场虽然以和平与发展为主题，但依然会有不平等的情况，依然可能会出现"暴君"，这就需要无产阶级联合世界上的"先进力量"，不断对现行世界市场予以积极的变革，将世界市场引导至真正符合人类发展的轨道上。

第三节　世界市场时代与阶段的判定

　　通过前文的分析，我们可以认识到在"文革"结束后，以邓小平同志为核心的党中央通过对全球科学技术的飞速发展以及时代特征的判定，明确了人类社会当前还处于马克思所批判的"资产阶级时代的世界市场"之中，这一世界市场发展"历史方位"的确定，意味着如果还意欲在世界市场上拿出超越这个历史阶段的各种"方案"，即使是再天才的设想，它都是反历史的，最终也都只能变为空想。从欧文到蒲鲁东，再到"二战"结束后"两个平行的世界市场"

理论，这些观点共同的缺陷都在于忽略了世界市场的历史阶段。当然，从马克思所构建的世界市场理论来看，讨论人类社会处于世界市场的哪个阶段，不能靠某位"先知"的预言，而是要靠具体的经济社会发展现实来确定，特别是要结合人类社会的分工来谈世界市场的时代性，这是马克思批判蒲鲁东关于世界市场错误认识的重要观点。

但是，以全球范围内的分工来认识世界市场的时代性，它的切入点并不是"市场经济"与"计划经济"，而是资本的历史使命。这是邓小平同志在讨论世界市场时代与阶段特征时，对马克思世界市场理论的一个重要捍卫与发展。邓小平同志在1992年视察南方工作时，进一步将这一问题具体化，明确提出"计划多一点还是市场多一点，不是社会主义与资本主义的本质区别。计划经济不等于社会主义，资本主义也有计划；市场经济不等于资本主义，社会主义也有市场。计划和市场都是经济手段"①。邓小平同志的这一论断为更加深刻理解当今世界市场的时代特征提供了指向，苏联在二战胜利后之所以提出"两个平行的世界市场"的观点，在很大程度上就是将市场经济与计划经济完全对立起来，认为所谓的"资本主义的世界市场"就是市场经济，那么"社会主义的世界市场"就必须走计划经济的道路。事实上，不能简单因为现行的世界市场是以市场经济为运行基础的，所以它就依然是资本主义的世界市场。马克思与恩格斯早就明确指出，真正意义上的市场经济是平等的，只是在资本主义之下，这种平等与自由完全变成了"资本的自由"，资本肆意盘剥剩余价值与超额利润，谁都不能否认在资本主义主导下所谓的"自由"与"平等"都是有限定条件的，真正可笑的是始终将资产阶级所言的"自由贸易"视为真正符合人类发展意愿的市场经济，市场经济产生于资本主义之前，甚至可以说在马克思所言的"共同体瓦解"之时，就已然开始萌芽了，它最初的发展往往是较为有限的，只是随着资本主义的兴起，真正意义上的"现代资本"一旦出现在市场经济之中，就开始扮演重要角色。由此开始，产品本身是"片面化"发展的，原有的整体生产过程被分割为若干的生产流程与生产环节，生产资料与劳动者完全分离，劳动者为了谋生不得不向资本出卖自己的劳动力，显然此种分工是非自愿的。第一次世界大战结束后，从全球范围来看，这个历史进程没有改变，所以列宁才会提出应该"暂停对资本的进攻"的总策略。而第二次世界大战后，虽然有相当多的社会主义国家得以建立，但依然没有改变全球范围内的分工进程。也就是说，一方面，要看到二战结束后马克思所提出的产品本身"片面化"的趋

---

① 邓小平文选：第三卷［M］. 北京：人民出版社，1993：372.

势依然存在，而且有了更加深入的发展，另一方面，也要看到此种产品的"片面化"发展确实对人的自由全面发展造成了压制，这也是毋庸置疑的。这两个方面的现实共同构成了全球范围内劳动生产率与社会化生产程度提高的发展趋势，而这背后是资本在当代社会中继续发挥巨大作用的体现，也就是说，当代资本还在发挥重要作用，资本依然是经济发展中最为重要的一环，正如邓小平同志在南方谈话时所指出的："金融很重要，是现代经济的核心。金融搞好了，一着棋活，全盘皆活。"① 金融本身就是资本的"衍生物"，邓小平同志的论断事实上也指明了现代资本依然发挥着重要作用。如果结合马克思的观点来看，邓小平同志在此进一步延展了马克思在《1857—1858 年经济学手稿》中所谈及的"资本的历史使命"的观点，并将其视为世界市场发展阶段的重要标志。马克思认为，"资本的伟大的历史方面就是创造这种剩余劳动"，"人不再从事那种可以让物来替人从事的劳动，一旦到了那样的时候，资本的历史使命就完成了"。② 而马克思在《资本论》第三卷所谈及的"资本的文明面"，既是对"资本的历史使命"的进一步阐述，又可以看作是检验资本是否退出历史舞台的重要"标尺"，马克思写道："资本的文明面是……同以前的奴隶制、农奴制等形式相比，都更有利于生产力的发展，有利于社会关系的发展，有利于更高级的新形态的各种要素的创造。"③ 结合"二战"后的现实来看，马克思此处所言的资本的"三个有利于"还在发挥着真切的作用，现代资本还不能过早地退出历史舞台，正是这一点才从根本上决定了人类社会还处于"资产阶级时代的世界市场"之中。从这个意义上来说，邓小平同志在南方谈话中所论及的深意是，在现阶段的世界市场中，谁能管好、用好市场，谁就能获得发展机遇，而一味地回避资本，只能错失发展机遇，回避不是现阶段世界市场中无产阶级与资产阶级斗争的正确策略。现阶段中国作为发展中的社会主义国家，必须积极融入世界市场，通过世界市场实现自身的发展，并在世界市场中与各种保守主义做斗争，以实现对资本的有效规约，从而将世界市场逐渐引导到符合全人类利益的发展轨道上来，可以说，邓小平同志言明了当代世界市场的时代特征与发展阶段，也为中国重新调整与世界市场的关系提供了理论上的有力支撑。

综上所述，在"文革"结束后，以邓小平同志为核心的党中央对马克思世界市场理论的进一步发展事实上起到了"拨乱反正"的作用，同时意味着中国

①　邓小平文选：第三卷［M］. 北京：人民出版社，1993：36.
②　马克思恩格斯文集：第八卷［M］. 北京：人民出版社，2009：69.
③　马克思恩格斯文集：第七卷［M］. 北京：人民出版社，2009：927-928.

对马克思世界市场理论有了更为深刻的认识，这些认识与结论可以归结为以下几点重要思想。第一，"二战"虽然使绝大多数资本主义国家元气大伤，走上了战后重建的道路，同时，一大批社会主义国家得以建立，但从总体上来看，整个世界市场依然是"资产阶级时代的世界市场"，而区分世界市场的时代特征与发展阶段的标准，不是计划经济与市场经济，而是要看资本的历史使命是否完结，要看马克思所言的现代资本是否还在经济发展中扮演重要的角色。第二，苏联所持有的"两个平行的世界市场"理论是"二战"后一个客观存在的发展现状，但它并不意味着整个资本主义所主导的世界市场即将全面崩溃。马克思所构想的未来世界市场还没有来到，不能仅从社会制度来推论世界市场的发展阶段，这是不符合马克思世界市场理论的。事实上，"二战"后绝大多数社会主义国家都存在发展基础差、底子薄的问题，为此，"两个平行的世界市场"的观点也不能作为社会主义国家长期坚持的一个发展策略，必须予以破除。第三，从马克思所构建的世界市场的两个论域来看，在广义的世界市场上，和谐始终都是主旋律，而狭义的世界市场由于被资产阶级以及资本主导，冲突与纷争以及残酷的竞争是常态，但这也并不是说，狭义的世界市场中的政策就不会调整，相反，"二战"的结束使资本主义不得不调整策略，这样才能更好地适应国际环境。狭义的世界市场中也出现了和平与发展的愿望，为此，广义的世界市场与狭义的世界市场产生了交汇，这个"交汇点"的出现对于社会主义国家来说是重要的"发展机遇期"，要充分利用这个契机不断发展自身。

第三章

改革开放以来中国世界市场的实践及成果

第一节　世界市场时代性与历史阶段的重申

1978 年党的十一届三中全会召开以来，以邓小平同志为核心的党中央对马克思世界市场理论进行了"拨乱反正"与创造性突破，为中国"回归"世界市场、融入当代世界经济发展的洪流提供了理论上的坚强支撑。在邓小平同志之后，以江泽民同志为核心的党的第三代中央领导集体、以胡锦涛同志为总书记的党中央，就如何融入世界市场并站稳脚跟做出了积极的探索，为中国利用世界市场增强综合国力，为国际社会贡献更多积极成果提供了坚实的保证。回顾改革开放，特别是 1992 年邓小平同志南方谈话至 2012 年党的十八大召开，中国与世界市场之间的关系以及在实践中对马克思世界市场理论的捍卫与发展可以从"一个重申，两次危机，一个成功"来进行阐述与理解。

江泽民同志为核心的党的第三代中央领导集体，沿着邓小平同志所提出的当代世界市场历史阶段与时代特征的划定继续深入思考，为改革开放深入推进，为中国坚定信念排除万难，融入世界市场提供了理论上的保证。1998 年 8 月 28 日，江泽民同志在第九次驻外使节会议上发表重要讲话，就国际形势与外交工作予以分析。在讲话中，江泽民同志重点回应了如何理解全球化的问题，江泽民同志指出："经济全球化，是由发达资本主义国家首先推动起来的，而且他们在其中一直起着主导作用。因此，目前的这种经济全球化，一方面是社会生产力和科学技术发展的表现，一方面又是资本主义生产方式和资本主义市场经济在全球范围内的延伸。"① 江泽民同志的这一论断完全符合马克思对世界市场时代性的认识。世界市场是经济全球化最为重要的表现形式，二者都是客观的历

---

① 江泽民文选：第二卷 [M]．北京：人民出版社，2006：199．

史进程，在资本主义之前以及资本主义之后，都始终存在着世界市场与经济全球化，只是就当前人类所处的世界市场与经济全球化的进程来看，这个进程的主导者确实是资本主义国家，这个世界市场中规则体系的创立者是资产阶级，这是应该看到的。江泽民同志特别指出，应该认识到，资本主义国家面对世界市场中固有的危机，在一定程度上调整了生产关系与其他关系，开始借鉴社会主义国家的某些政策，加之科学技术的迅猛发展，这些都在一定程度上使社会矛盾有所缓解，"特别是以信息科技、生命科技为主要标志的高新技术的发展，给资本主义国家经济增长提供了新的推动力，使他们的社会生产力有新的发展，也使得他们主导的世界市场在广度和深度上空前扩大。这表明资本主义社会形态所能容纳的生产力仍然具有相当的发展余地和空间"①。江泽民同志的这一观点事实上是对苏联所认识的世界市场"总危机"即将到来的否定，也就是说，马克思所认为的世界市场的危机是资本主义"一切矛盾的综合"，"总危机"的到来就意味着资本主义制度的彻底灭亡，这一时机尚未真正到来。江泽民同志的这一论断，不是简单地从资本主义"复苏"等简单层面入手，而是坚持了前文所谈的以"两个必然"与"两个绝对不会"来认识世界市场的"总危机"与发展阶段，是坚持以实事求是的态度指出世界市场依然处于资产阶级时代，还是超越阶段提出世界市场的"总危机"已经迫在眉睫？真正的马克思主义者的选择是不言而喻的。江泽民同志特别指出，对于世界市场与经济全球化的理解，不能违背客观现实的发展，而是"应该有一个实事求是的认识"。江泽民同志认为，言明当前世界市场的历史阶段，也就是必须清楚地意识到，"西方发达国家在资金、技术、人才、管理以及贸易、投资、金融等各个方面都占有优势，因而它们是经济全球化最大的受益者"②。而发展中国家想要在世界市场中站稳脚跟，总体上是处于不利地位的，很可能受到国家主权以及经济安全等多方面的威胁，但这并不意味着中国作为世界上最大的发展中国家，就要因此把自身隔绝于世界市场以及经济全球化之外，"不能看到有风险、有不利因素，就因噎废食，不敢参与进去"③。相反，中国应该顶住多方面的压力，积极参与到世界市场与经济全球化进程中，充分利用经济全球化所带来的条件与机遇。江泽民同志指出："经济全球化作为世界经济的客观趋势，是不以人们的意志为转移的，任何国家也回避不了。"④ 江泽民同志的这一论断明确了世界市场发展的客观规

---

① 江泽民文选：第二卷 [M]．北京：人民出版社，2006：199．
② 江泽民文选：第二卷 [M]．北京：人民出版社，2006：200．
③ 江泽民文选：第二卷 [M]．北京：人民出版社，2006：201．
④ 江泽民文选：第二卷 [M]．北京：人民出版社，2006：201．

律，即虽然目前世界市场依然偏向若干资本主义大国，发展中国家往往处于劣势，但这并不是说就应该以一种封闭的思路来认识世界市场的发展，这是对经济发展规律的漠视，也必然在实践中步履维艰。江泽民同志对当前世界市场力量态势的论述凸显了世界市场的时代性与阶段性。换言之，当前人类所处的世界市场，依然在马克思所批判的"资产阶级时代的世界市场"的历史范畴下，这是处理中国与世界市场关系的问题时所必须依靠的根本出发点。

第二节　经济危机中的中国作用与影响

从中国 1978 年确立改革开放到 2012 年党的十八大召开期间，中国与世界市场的关系中有两个非常重要的历史事件与实践值得关注，即 1998 年的亚洲金融危机与 2008 年的全球金融危机。这两次危机对全球经济造成了深刻的影响，同时，这两次危机的出现再次向世人表明了人类社会当前依然处于"资产阶级时代的世界市场"中，世界市场周期性危机的再次出现，从根本上说是由于在资产阶级管控下，世界市场不能从根本上改变生产过剩及其衍生危机。当然，在马克思的构想下，未来的世界市场将不再有危机，人类可以充分利用世界市场扩大交往，但在现阶段，总体上人类还不能真正走出"资产阶级时代的世界市场"，所以无产阶级以及社会主义国家必须认真考虑如何面对与处理世界市场中的经济危机。结合中国改革开放的历程来看，这两次危机中，由于中国开始在世界市场中逐渐站稳脚跟，所以中国再也不可能是世界市场的"局外人"，必须直面危机。在理论与实践的一系列互动中，中国共产党进一步发展了马克思世界市场理论，特别是马克思关于世界市场危机的理论。为此，有必要以最近世界市场中的"两次危机"为切入点，分析中国就经济危机所做的探索。

首先是 1997 年至 1998 年的亚洲金融危机。1997 年 7 月开始，在国际游资对东南亚攻击及东南亚地区资本恐慌性出逃等因素的影响下，东南亚及东亚国家的金融市场出现剧烈波动，货币快速贬值，居民的财富大幅度缩水，企业大规模倒闭，实体经济陷入衰退，部分经济体甚至出现了政局及社会动荡，其中以泰国、印度尼西亚、马来西亚、菲律宾、韩国、新加坡等地最为明显。亚洲金融危机最开始是一场区域性的危机，但是，由于亚洲金融危机对亚洲新兴的经济体造成了严重打击，所以这次金融危机事实上造成的影响已经远远超出亚洲地区的范围，最终对全球经济造成了相当大的打击。在亚洲金融危机中，一个国际社会最关注的问题就是人民币是否将在这次危机中贬值。中国走改革开放的道路，与世界市场发生了密切联系，就意味着社会主义中国的货币也面临着国际经济形势波动的影响。特别是亚洲金融危机期间，大量经济体的货币出现贬值，中国作为亚洲重要的经济体与发展中国家能否保证人民币的坚挺，不仅关系中国国内的稳定，也对其他亚洲经济体快速走出危机有着十分重要的影响。对此，江泽民同志在 1997 年 12 月 24 日谈到中国的外资工作之时，就指出必须充分利用中国自身的优势，才有可能保证人民币不会贬值。在此，江泽民同志提出了中国保持人民币坚挺的"六个优势"，即"1. 中国的市场容量大，资本的回旋空间也大。2. 中国的金融改革是渐进式的，能够及时调整金融政策。3. 中国外汇储备充足。4. 新中国成立以来的整体科技实力雄厚。5. 中国依然有明显的成本优势。6. 中国的政局稳定"。① 江泽民同志指出，由于这 6 个条件与优势的存在，中国能够保证人民币币值的坚挺，这也就意味着中国依然有可能在亚洲金融危机的困难时期迎难而上，扩大改革开放的成果。最终，在亚洲金融危机期间，人民币保证了币值的坚挺，中国为亚洲地区走出危机，为世界市场的稳定贡献了相当的力量。正如胡锦涛同志在总结亚洲金融危机之时所谈到的："我们坚决履行了人民币不贬值的承诺，并对周边几个受危机影响严重的国家提供了力所能及的帮助，进一步向世人展现了负责任大国的形象，受到国际社会广泛赞誉。"②

其次是 2007 年开始的美国次贷危机，2007 年以来，美国次级房屋信贷行业违约剧增、信用紧缩，一些次级抵押贷款机构遭受严重损失甚至宣告破产。2007 年 8 月，美国五大投资银行的贝尔斯登宣布旗下两支对冲基金倒闭，随后花旗、摩根士丹利、美林证券等投资银行相继爆出巨额亏损，次贷危机全面爆发。2008 年 9 月，美国雷曼兄弟银行破产，彻底击垮了全球投资者的信心，全球股市开始出现持续暴跌，全球经济体普遍受到了重创。这次危机是美国自 20 世纪 30 年代"大萧条"以来最为严重的一次金融危机。此次金融危机持续震荡，影响延续至今日。面对新一轮经济危机，以胡锦涛同志为总书记的党中央就改善全球经济局势，维护世界市场的稳定，提出了一系列的相关举措。2008 年 11 月 15 日，胡锦涛同志在华盛顿的二十国集团领导人金融市场世界经济峰会上，做了《通力合作，共度时艰》的报告，在报告中，胡锦涛同志就稳定世界市场，恢复世界经济的活力提出了三点意见：第一，加强国际间金融监管合作；第二，推动国际金融组织改革；第三，鼓励区域金融合作，增强流动性互

---

① 江泽民文选：第二卷 [M]. 北京：人民出版社，2006：93-94.
② 胡锦涛文选：第一卷 [M]. 北京：人民出版社，2016：347.

助能力。胡锦涛同志特别指出，应当清醒地认识到，在全球金融危机面前，帮助发展中国家度过危机是最为重要的内容。"发展中国家经济发展水平低，经济结构单一，金融体系抗风险能力弱。国际社会在应对金融危机时，尤其要关注和尽量减少危机对发展中国家特别是最不发达国家造成的损害。"① 2010 年 6 月27 日，胡锦涛同志就匹兹堡峰会②所提出的"强劲、可持续、平衡增长框架"予以进一步完善，指出："确保强劲增长是当前经济发展的首要任务，可持续增长是长期目标，通过转变经济发展方式实现平衡增长是客观要求。"③ 为全球经济走向提供了正确的指导意见。自 2008 年全球金融危机以来，中国经济保持一个较为合理稳定的增长速度以及中国经济总量的不断攀升为世界市场的稳定以及全球经济的复苏提供了坚实的基础。

回顾这两次危机，虽然这两次危机爆发是由多个因素所导致的，但结合马克思世界市场理论而言，这两次危机的背后，都凸显了马克思在《关于自由贸易问题的演说》中所提出的"资本的自由"问题，即资本一定会在所谓的"自由贸易"的旗帜下，去充分体现一种"资本的自由"，这种"资本的自由"如果不加以约束，必然会超出一定的限度，进而引发巨大的经济危机。这两次经济危机的背后都与资本过度逐利有关，由此深入分析，就会发现马克思世界市场理论研究的科学性与深刻性。同时，这两次危机都存在一个由点及面，在世界市场中逐渐传导的发展趋势，一国一地区的经济危机，竟然可以演变成为全球性的危机，其中的原因也值得深思。除去本国、本地区政策上的原因，世界市场的存在是不可回避的重要因素。从马克思世界市场理论的观点来看，只要在世界市场中占有主导地位的是资本主义大国，那么这些世界市场的运行规则与体制就存在着巨大的不公平，此种世界市场中的不对等是一些资本主义国家与资本集团可以肆意转嫁与掩盖危机的根本原因。世界市场中相关监管机制的缺失，使资本可以横行盘剥，最终造成了全球范围内的经济危机。这两次危机再次凸显了变革世界市场话语权、改善全球治理体系的必要性。而在这两次危机中，中国无疑发挥了重要的积极作用，从维护世界市场的稳定来说，虽然目前世界市场总体上有利于资本主义发达国家，但面对全球的经济危机，任何

---

① 胡锦涛文选：第一卷 [M]．北京：人民出版社，2016：139.

② 匹兹堡峰会是 2009 年 9 月 25 日在美国匹兹堡举行的二十国集团领导人第三次金融峰会。这次会议后发表的《匹兹堡峰会领导人声明》，首次提出二十国集团是成员间开展国际经济合作的主要论坛，确定启动"强劲、可持续、平衡增长框架"以促使世界经济复苏。

③ 胡锦涛文选：第一卷 [M]．北京：人民出版社，2016：409.

"作壁上观"的举措都是不明智的。江泽民同志与胡锦涛同志关于世界市场中发达国家与发展中国家各自态势的观点是对马克思世界市场理论的又一发展。如前文所指,马克思在研究亚洲问题之时,就鲜明地提出现存世界市场中的不公平在发达国家与落后国家之间尤为明显,世界市场以及经济全球化的进程对资本主义国家依然有利,而发展中国家所面临的压力与困难依然大于发达国家,为此,维护世界经济的稳定最为关键的就是要处理好发展中国家的发展问题,这是在现阶段变革世界市场话语权的重要努力方向。总的来看,两次全球性的经济危机再次印证了马克思世界市场理论的当代意义,对于中国更好地融入世界市场、塑造负责任的大国形象提供了实践上的推动力,也将马克思世界市场理论带入全新的时代背景。

第三节 中国市场经济与世界市场的逐渐对接

1992 年,邓小平同志在南方视察时关于计划经济与市场经济的论述,为中国深入构建社会主义市场经济提供了坚实的思想保障。自此以后,中国以前所未有的速度加快融入世界市场。回顾中国的改革开放,特别是步入 21 世纪以来,中国与世界市场的关系有一个非常重要的历史事件,即 2001 年中国正式加入世界贸易组织(WTO)。在这一过程中,中国历经了"闯关"的重重困难,最终成功地加入了世界贸易组织,这一巨大的历史性成功为中国更好地融入世界市场打下了坚实的基础。同时,加入世贸组织也意味着中国市场经济的国际化进程加快,中国整个经济体制与世界市场正式接轨,从某种意义上来说,中国正式加入 WTO 也可以说是中国自改革开放以来真正在完全意义上实现了加入世界市场的目标。其中,中国共产党对中国与世界贸易组织关系的思考,是科学理解与运用马克思世界市场理论的鲜明体现,理应在此予以分析。

首先,不能否认的是,世界贸易组织的创立与其规则的制定,主要是由资本主义国家主导的。从世界贸易组织的形成来看,从 1944 年的"布雷顿森林会议",到 1947 年日内瓦的"关贸总协定",再到 1995 年世界贸易组织的正式成立,在这一过程中,以美国为代表的主要资本主义国家基本上主导了世界贸易组织形成的全过程。从这个意义上来说,世界贸易组织确实在很大程度上必然会对发达资本主义国家有利而对发展中国家不利。但也要认识到,正如胡锦涛同志所言:"我们只有把这一决策放到当今世界发展变化的趋势和中国社会主义现代化建设跨世纪发展的大局中去审视,才能深入认识和真正理解其重要性和必要性。"① 从宏观的全球经济局势来说，马克思已然指正到，即使是在资本主义主导下的世界市场中，都不能阻挡人类之间的交往，都不能阻挡世界市场中"时间消灭空间"的发展趋势，在"二战"后，虽然世界市场中若干资本主义大国依然占有相当的话语权，但世界市场中逐渐参与到全球经济的国家与经济体也越来越多，因此要求贸易公平的呼声越发高涨，这种意识不仅仅存在于社会主义国家与资本主义国家之间，同时，资本主义国家之间，落后国家与发达国家之间也普遍有此种意识。换言之，要求贸易自由公平的呼声超越了不同意识形态与社会制度的限制，都要求世界市场的发展导向符合绝大多数人的共同利益的方向。事实上，这正是广义世界市场中的发展愿景逐渐在世界市场的发展中占据主流的鲜明表征。为此，世界贸易组织逐渐形成了一整套公开且透明的运行机制，这是各个经济体共同努力的结果，全球经济的发展实践已经证明，世界贸易组织所形成的这套运行机制是现阶段下有效拓展各个经济体之间交往、处理贸易纠纷的有效平台。虽然并不排除若干大国利用世界贸易组织的原则与章程中可能存在的漏洞压制其他经济体，但总体上来看，世界贸易组织是现阶段对资本过度逐利与全球范围内的盘剥予以有效规约的重要组织机构与平台。这是必须从全球发展的态势予以明确的世界贸易组织的新特点，正如胡锦涛同志所言："世界贸易组织作为世界上最大的多边贸易组织，适应了世界发展变化趋势，在促进市场开发和国际贸易发展中发挥着越来越重要的作用。"② 从中国的发展现实来说，必须准确捕捉到世界贸易组织的这一新动态，世界贸易组织的存在虽然意味着人类还不能走向马克思所构想的未来世界市场的更高阶段，但也为中国的发展提供了切实的机遇，此种机遇与挑战并存的全球经济态势对无产阶级政党的执政水平与能力也是不小的挑战。"只有自觉变压力为动力，迎难而上，主动进取，才能真正把加入世贸组织的积极影响变成现实利益，把负面影响减轻到最低限度。否则，就会坐失良机、陷入被动，导致弊大于利的后果。"③ 中国加入世界贸易组织，也表明了中国有决心与勇气在世界市场中迎难而上，与各种保守势力进行斗争。

正如胡锦涛同志所言："加入世贸组织，标志着我国改革开放进入一个新阶段。"④ 中国加入世贸组织，不仅意味着中国可以通过世界市场提升综合国力，更意味着中国要在世界市场的舞台上有更大的作为。自 2001 年中国正式加入世

---

① 胡锦涛文选：第一卷 [M]. 北京：人民出版社，2016：414.
② 胡锦涛文选：第一卷 [M]. 北京：人民出版社，2016：415.
③ 胡锦涛文选：第一卷 [M]. 北京：人民出版社，2016：416.
④ 胡锦涛文选：第一卷 [M]. 北京：人民出版社，2016：416.

贸组织以来，中国切实履行加入世贸组织的承诺，加快构建成熟的社会主义市场经济体制，履行货物与服务的开放承诺，加强对知识产权的保护，对外开放政策的稳定性、透明度、可预见性显著提高。中国在拉动世界经济复苏和增长、发展对外贸易、加快双向投资以及向全球提供公共产品等不同领域做出了积极的贡献。① 中国对全球经济的贡献是有目共睹的，维护好世界贸易组织的严肃性与有效性，是当前促进世界市场向前发展的重要途径。当然，也要看到，在现实中确实有一些国家依然希望绕过世贸组织的框架而再次寻求不平等的关系，此种意欲充当世界市场"暴君"的企图，也意味着人类还处于马克思、列宁等经典作家所批判的那个"资产阶级时代的世界市场"中，也再次印证了马克思世界市场理论的深刻性。中国必须沿着马克思指明的联合"先进力量"，重塑世界市场话语权的斗争方向而前进。回顾中国 1978 年改革开放至 2012 年党的十八大之间，中国社会主义市场经济与国际接轨是总趋势，中国综合国力的稳步增长是客观事实，中国在世界市场中站稳脚跟，在世界市场中的话语权逐渐提升是历史性的成就。理论上的不断突破与创新以及实践上的奋发努力，推动中国特色社会主义事业进入新时代，迎接新的挑战与任务。

---

① 自中国加入世贸组织以来，2016 年，中国国内生产总值占世界的比重达到 14.8%，较 2001 年提高了 10.7 个百分点。而自 2009 年以来，中国一直是最不发达国家第一大出口市场，吸收了最不发达国家 1/5 的出口，外商直接投资规模从 2001 年的 468.8 亿美元，增加到 2017 年的 1363.2 亿美元，年均增长 6.9%，对外直接投资流量全球排名从加入世贸组织之初的第 26 位，上升到 2017 年的第 3 位。详见中华人民共和国国务院新闻办公室编. 中国与世界贸易组织 [M]. 北京：人民出版社，2018：8.

第八篇
马克思世界市场理论的当代新境界

▼

▼

党的十八大以来，以习近平同志为核心的党中央就如何认识经济全球化以及正确处理中国与世界市场的关系，阐发了一系列全新的观点，并在实践中为全球经济健康向上发展提出了全新的实践方案。2017 年 10 月 18 日，党的十九大正式召开，明确指出："经过长期努力，中国特色社会主义进入了新时代，这是我国发展新的历史方位。"① 新的历史方位的明确有着客观的现实基础，特别是在党的十八大以后，中国在世界经济的浪潮中不断捶打自身，"日益走近世界舞台中央"。在新的历史条件下，中国共产党关于世界市场的思考及其对马克思世界市场理论的进一步发展，都凝聚于习近平新时代中国特色社会主义思想中。习近平新时代中国特色社会主义思想，"从理论和实践结合上系统回答了新时代坚持和发展什么样的中国特色社会主义、怎样坚持和发展中国特色社会主义"。② 习近平新时代中国特色社会主义思想既有理论上的突破与创新，又有实践上的摸索与总结，其中也包括了中国共产党对马克思世界市场理论的新探索与新实践，从而使马克思世界市场理论在中国进入了全新的理论境界。纵观党的十八大以来，习近平新时代中国特色社会主义思想对马克思世界市场理论的发展也可以从理论与实践两个层面予以初步阐述：就理论层面而言，习近平新时代中国特色社会主义思想中就世界经济与世界市场而阐发的"中国智慧"是一个重要的切入点；而中国"一带一路"的倡议则是理解马克思世界市场理论在中国实践的重要依托。

① 习近平在中国共产党第十九次全国代表大会上的报告 ［M］. 北京：人民出版社，2017：10.

② 习近平在中国共产党第十九次全国代表大会上的报告 ［M］. 北京：人民出版社，2017：12.

第一章

中国智慧：马克思世界市场理论的当代新发展

第一节 世界市场的"汪洋大海"与"旗手"

习近平同志关于世界市场的认识首先集中体现在习近平同志为经济全球化"把脉"的认识上。如前文所言，经济全球化是一个更加富有现代意义的词汇，到底如何理解经济全球化，这个问题一时众说纷纭。对此，习近平同志鲜明地指出，经济全球化不玄妙，是可以研究与掌握的，特别是要依托马克思主义来准确地理解全球化。习近平同志谈道："经济全球化是我们谋划发展所要面对的时代潮流。'经济全球化'这一概念虽然是冷战结束以后才流行起来的，但这样的发展趋势并不是什么新东西。早在19世纪，马克思、恩格斯在《德意志意识形态》《共产党宣言》《1857—1858年经济学手稿》《资本论》等著作中就详细论述了世界贸易、世界市场、世界历史等问题。"① 显然，马克思在其著作中所谈及的世界贸易、世界市场以及世界历史等相关议题是我们理解当代经济全球化的重要思想宝库。习近平同志的论述凸显了中国在认识经济全球化的过程中，既不能对其他观点、学说"充耳不闻"，但也不能刻意追寻西方的认识路径，而是需要深入学习与借鉴马克思的相关理论，建立起富有中国特色与话语体系的经济全球化的认识。而习近平同志沿着马克思世界市场理论的方向进一步提炼与创新的理论可以从习近平同志"汪洋大海"与"旗手"的形象比喻来理解。

首先，习近平同志多次以"汪洋大海"来形容经济全球化与世界市场，习近平同志指出："历史地看，经济全球化是社会生产力发展的客观要求和科技进

---

① 习近平. 在省部级主要领导干部学习贯彻党的十八届五中全会精神专题研讨班上的讲话[M]. 北京：人民出版社，2016：20-21.

步的必然结果，不是哪些人、哪些国家人为造出来的。"① 这一观点是符合马克思世界市场理论的，在马克思那里，这一观点以世界历史必然向前发展，世界市场也必然走向更为深度的融合而呈现。马克思始终强调，从全人类的发展历程来看，资本主义的兴起也就如同"昨天的事物"一般，它在整个人类社会的历史长河中，也不过是一个很短的特定阶段，只是人类在资本主义时代后，全人类的发展利益被少数人所挟持，这显然是不公的，而此种不公的境遇也最终会被打破。真正意义上的经济全球化正是马克思世界市场理论中广义世界市场的代表，它并不带有任何社会制度与意识形态的属性。只是随着资本主义的兴起，经济全球化的进程一度陷入了非常困难的境地，一些国家甚至不惜使用武力来解决争端，至此，经济全球化的进程才一度被冠以"潘多拉魔盒"的标签，事实上，"潘多拉魔盒"的标签只适用于马克思笔下狭义的世界市场，并不适用于广义的世界市场。但正如前文所指，人类历史发展到资本主义阶段，在相当长的时间内，广义的世界市场与狭义的世界市场并不是泾渭分明，而是相互交错发展的，这是马克思世界市场理论给予我们的重要启示。在这种情况下又该如何认识世界市场？对此，习近平同志感慨但坚定地指出："当年，中国对经济全球化也有过疑虑，对加入世界贸易组织也有过忐忑。但是，我们认为，融入世界经济是历史大方向，中国经济要发展，就要敢于到世界市场的汪洋大海中去游泳，如果永远不敢到大海中去经风雨、见世面，总有一天会在大海中溺水而亡。所以，中国勇敢迈向了世界市场。在这个过程中，我们呛过水，遇到过漩涡，遇到过风浪，但我们在游泳中学会了游泳。这是正确的战略抉择。"② 习近平同志的这一观点，是对马克思世界市场理论核心思想的形象表述。只要人类存在，广义的世界市场就存在，任何游离于人类交往进程之外的人与国家都注定被历史所淘汰。如前文所述，马克思在政治经济学研究之初，就批判过以李斯特为代表的德国保守主义，马克思认为，李斯特等人最大的错误就在于对世界市场的发展趋势没有深刻的认识，却拿出封闭保守的"德国方案"以应对世界市场的发展潮流。我们应当认识到，不论在何时，马克思与恩格斯从来都不是保守主义者，他们反而是最激烈批判那种对世界市场与世界历史"充耳不闻"的人，所以我们必须坚定信念，勇于去世界市场的"汪洋大海"中去"游泳"。当然，在当前的历史阶段下，由于世界市场总体上还是被资产阶级所主导，世界市场还笼罩在资本疯狂逐利的阴霾下，所以在现阶段，世界市场必然

---

① 习近平. 论坚持推动构建人类命运共同体 [M]. 北京：中央文献出版社，2018：401.
② 习近平. 论坚持推动构建人类命运共同体 [M]. 北京：中央文献出版社，2018：402.

不可能是平静的，确实还有不小的"漩涡""风浪"等危险因素，这些风险形成的重要原因依然是资本过度逐利。但是，不管是多大的"漩涡"与"风浪"，都不可能阻碍世界市场向前发展这一主流，为此，无产阶级必须融入世界市场的发展主流，世界市场中的种种风险也必须在世界市场中去尝试解决。习近平同志以"汪洋大海"立论，凸显了马克思所指正的世界市场发展的客观规律性，也毫不回避在现阶段融入世界市场的固有风险，抱着坚定的信念去世界市场的"汪洋大海"中去游、去闯，这是无产阶级应有的觉悟与姿态。

与此同时，习近平同志进一步指出，在世界市场中"游泳"绝不代表"随波逐流"，而是要在这一过程中力争上游，不断增强本领，进而能够在世界市场中成为"旗手"而引领潮流，最终实现世界市场话语权的变革。习近平同志在回顾近10余年世界市场的发展趋势时就曾谈道："20年前甚至15年前，经济全球化的主要推手是美国等西方国家，今天反而是我们被认为是世界上推动贸易和投资自由化便利化的最大旗手，积极主动同西方国家形形色色的保护主义做斗争。这说明，只要主动顺应世界发展潮流，不但能发展壮大自己，而且可以引领世界发展潮流。"① 习近平同志关于中国在世界市场与全球经济中"旗手"的观点，也是对马克思世界市场理论的呼应。如前文所言，马克思认为无产阶级必须在世界市场占有一席之地，并且要在世界市场中实现话语权的积极变革，只有这样人类的进步才不会像"异教神怪般可怕"，在马克思那里，能够实现这一目标的只有无产阶级，无产阶级必须勇于担负起这一历史重任。而习近平同志关于中国在全球经济中"旗手"的论断，最为核心的内容就是要引领世界发展潮流，将世界市场的发展逐渐引导到正确的轨道上，这是无产阶级必须完成的使命。马克思当年曾经无情批判英国这一世界市场中的"暴君"与"恶魔"，而在马克思逝世后的历史中，世界市场中依然有不同的"暴君"出现。马克思所强调的推翻世界市场中的"暴君"，并不意味着在推翻"暴君"之后，就"原地打转"，或者走上第二国际部分理论家们在论述世界市场时所提出的将资本主义的一切运行体制"照单全收"。马克思与恩格斯始终强调，无产阶级应该在世界市场中有更大的作为。而习近平同志"旗手"的观点，一方面，既是对世界市场"暴君"的完全否定，即必须坚决反对若干资本主义国家以"资本的自由"为驱动，破坏真正的自由贸易；另一方面，"旗手"的认识也对无产阶级怎样更好地引领世界市场向前发展提出了更加严峻的挑战，必须在理论与实践

---

① 习近平. 在省部级主要领导干部学习贯彻党的十八届五中全会精神专题研讨班上的讲话 [M]. 北京：人民出版社，2016：22.

上就维护好世界市场做出更多的尝试与贡献。"旗手"所彰显的角色定位与历史任务，实际上是用形象的话语再次点明了马克思世界市场理论的精髓所在。习近平同志"汪洋大海"与"旗手"的论断是新时代理解中国与世界市场关系的重要逻辑起点。

第二节　世界市场话语权与"全球治理"的变革

马克思世界市场理论中的一个重要内容就是积极实现世界市场话语权的变革。党的十八大以来，以习近平同志为核心的党中央在积极推动"全球治理"体系的变革上，阐发了一系列新的思想与观点。"全球治理"体系的变革与马克思所谈到的世界市场话语权的变革有着密切的联系。这两者的出发点都是直面资本逻辑的挑战，而落脚点则都聚焦于世界市场的公平与正义秩序的维护。习近平同志首先明确指出，"全球治理"不是"一家之言"，不是哪个国家、哪个地区的"专属"，它的出现体现了人类社会随着交往的逐渐扩大而力求构建公正合理国际秩序的愿望。从历史的角度来看，最早"全球治理"体系的雏形，甚至可以追溯到1648年欧洲国家所签订的《威斯特伐利亚合约》，这部合约奠定了现代意义上的国际间平等公正的价值理念，为国际间和谐交往提供了准则。而欧洲在19世纪初，随着拿破仑帝国的瓦解所形成的"维也纳体系"、第一次世界大战结束后所形成的"凡尔赛—华盛顿体系"以及第二次世界大战结束后所形成的"雅尔塔体系"，都是全球治理格局的体现。而现行"全球治理"格局与体系可追溯到苏联解体与"两极"格局的消失。"全球治理"格局直接影响到世界市场的力量态势与运行，而世界市场中新力量的崛起也推动"全球治理"格局与体系进一步变化，二者形成紧密的互动关系。特别是自苏联解体后，全球经济力量的对比有了明显的新变化，而作为其外在依托的世界市场却不能很好地反映此种变化，正如习近平同志所言："过去数十年，国际经济力量对比深刻演变，而全球治理体系未能反映新格局，代表性和包容性都很不够。"① 如果不对全球治理体系予以变革，对世界市场予以调整，那么必然会引发更大的对立。为此，习近平同志指出："随着时代发展，现行全球治理体系不适应的地方越来越多，国际社会对变革全球治理体系的呼声越来越高。推动全球治理体

---

① 习近平 . 论坚持推动构建人类命运共同体 [M] . 北京：中央文献出版社，2018：404.

系变革是国际社会大家的事。"① 习近平同志的这一认识，也指明了现行世界市场中确实还有不公平、缺乏监管等问题的存在，世界市场中发达国家与发展中国家的不对等问题还很突出，要想维护好世界市场的公正有序，就必须积极实现"全球治理"体系的变革，这是在现阶段变革世界市场话语权的重要努力方面"应坚持共商共建共享原则，使关于全球治理体系变革的主张转化为各方共识，形成一致行动。要坚持为发展中国家发声，加强同发展中国家团结合作"②。换言之，在当前的历史条件下，要应对世界市场中可能存在的风险，就必须联合世界市场中一切可以联合的力量，努力构建起符合人类发展权益的发展架构，积极实现"全球治理体系变革"。

与此同时，习近平同志进一步谈道："全球治理格局取决于国际力量对比，全球治理体系变革源于国际力量对比变化。"③ 这就进一步指明了要想变革世界市场的话语权，不能仅仅有认识与理念，还要有物质力量的保障。正如前文所指，空想社会主义者关于世界市场的发展也曾提出不少有见地的借鉴，但都最终变成了无法实现的空想，其中重要的原因之一就是没有实现理想的强大力量，再美好的口号与理念，在世界市场的"暴君"面前，都会被无情地碾压，要想真正实现世界市场话语权的变革，没有马克思所言的无产阶级自身的觉悟不行，没有列宁所言的一大批熟悉世界市场的专业化人才队伍也不行。习近平同志的这一论断，指明了话语权的变革最终还是在物质基础上，而从当前的全球经济形势来说，中国的发展问题对全球经济的复苏，对世界市场的稳定是一个核心议题。随着中国经济在全球经济中地位的逐渐提升，中国不可谓不是世界市场的"压舱石"。正如习近平同志所言："我们要坚持以经济发展为中心，集中力量办好自己的事情，不断增强我们在国际上说话办事的实力。我们要积极参与全球治理，主动承担国际责任，但也要尽力而为、量力而行。"④ 中国的稳定发展是世界市场话语权能够积极变革的重要保障，话语权的变革不是一朝一夕就能实现的，实现整个世界市场话语权的变革，首要任务是提升中国在世界市场的话语权，提高中国参与"全球治理"以及推动其变革的能力，世界市场上中国话语权的提高，并不意味着要再次形成"一家独大"的局面，而是首先能够使整个世界市场的话语权出现"倾斜"，不断为话语权的再次"平衡"提供必

---

① 习近平.论坚持推动构建人类命运共同体［M］.北京：中央文献出版社，2018：384.
② 习近平.论坚持推动构建人类命运共同体［M］.北京：中央文献出版社，2018：384.
③ 习近平.论坚持推动构建人类命运共同体［M］.北京：中央文献出版社，2018：384.
④ 习近平.论坚持推动构建人类命运共同体［M］.北京：中央文献出版社，2018：384.

要的保障，只是，此时话语权的再次平衡，不再是马克思所批判的那种完全导向资本过度逐利，而是使世界市场能够为全人类所服务。习近平同志的这一论断再次明确了当前世界市场中中国的发展态势，以中国的发展与综合国力的提高来不断推动"全球治理"体系的变革，使得世界市场能够稳定和谐地向前发展。

第三节　世界市场危机与"人类命运共同体"

当前，人类社会总体上还处在马克思所批判的"资产阶级时代的世界市场"中，资本还在发挥重要作用，由此不能回避的问题就是，现阶段世界市场的危机因素依然存在，世界市场还不能从根本上克服马克思在研究世界市场时所提出的各种危机。为此，如何在当代的时代背景下面对世界市场的危机，抵御可能存在的风险，是一项十分紧迫且必要的议题。为此，习近平同志提出"中国方案是：构建人类命运共同体，实现共赢共享。"① 当然，人类命运共同体是一个内涵十分丰富的概念，是习近平新时代中国特色社会主义思想的重要内容之一，在此就世界市场的危机而言，人类命运共同体的构想也指明了在当代应对世界市场危机的重要新思路。

从马克思展开政治经济学批判、研究世界市场直到今天，资产阶级为了能够维护其在世界市场中的绝对统治地位，不得不为每一次世界市场的危机寻找应对之策。只是，资产阶级拿出的却总是进一步遮盖、转嫁危机的方案。习近平同志谈道："那种以邻为壑、转嫁危机、损人利己的做法既不道德，也难以持久。"② 因为马克思早就指明，随着资产阶级不断开拓世界市场，人类社会以前所未有的程度联结在一起，世界上再也没有严格意义上的处于世界市场之外的国家与地区，自此，世界市场的危机始终是带有全球意义的，没有任何的国家与地区能够脱离在危机之外。"世界长期发展，不可能建立在一批国家越来越富裕而另一批国家却长期贫穷落后的基础之上"③，所以，任何转嫁危机的方案最终只能是"搬起石头砸自己的脚"。因为世界市场的存在，全人类的命运都紧密地联系在一起，任何一种世界市场的危机所威胁的都不是一个民族或一个国家，

① 习近平谈治国理政：第二卷 [M]. 北京：外文出版社，2018：539.
② 习近平谈治国理政：第一卷 [M]. 北京：外文出版社，2018：273.
③ 习近平谈治国理政：第一卷 [M]. 北京：外文出版社，2018：273.

而是全人类的命运，为此必须树立人类命运共同体的意识以抵御风险。

从圣西门所提出的"牛顿会议"，到第二国际理论家鲍威尔所提出的"管理共同体"，再到"二战"后苏联所秉持的"社会主义大家庭"，它们都可以看作是在全球范围内和世界市场上构建一种"共同体"的设想，只是它们最终都以空想或是失败告终，其中的原因值得深思。从马克思世界市场理论来看，它们没有成功的重要原因之一是没有真正认识到现阶段人类在世界市场中所面临的深层次威胁是什么，这个威胁却是在世界市场中联结成"共同体"的关键所在。如圣西门以人的信仰来联结"牛顿会议"，鲍威尔以各种国际法律条约来构想"管理共同体"，而苏联则以社会制度来创建"社会主义大家庭"。事实上，在现阶段的世界市场中，全人类所共同面临的核心威胁，不是信仰冲突，不是国际法律条约的不完善，也不是不同社会制度之间的冲突，而是资本逻辑的挑战，是资本在全球范围内盘剥剩余价值的风险，是马克思所指出的"资本的札格纳特车轮"①。只要人类还处于马克思所言的"资产阶级时代的世界市场"，那么资本就有可能超越各种信仰、法律条约与社会制度，在世界市场中碾压一切，进而对全人类的命运造成巨大的威胁。正如习近平同志所言："2008 年爆发的国际经济金融危机告诉我们，放任资本逐利，其结果将是引发新一轮危机。"② 为此，构建人类命运共同体，实现共建共商共享的发展战略，在现阶段最为重要的意义就在于对全球范围内资本的运作辅以有效的监管机制，将资本引导至为全人类的福祉做贡献的轨道上来，明确在世界市场中不能放任资本肆虐，以共商共议的对话机制来不断规范资本的运作，只有这样，资本才不至于对全人类的命运造成巨大危险。习近平同志"人类命运共同体"的观点为当前正视世界市场中潜在的风险，以及以全新的认识与机制来应对风险，提出了更加具体的努力方向。

---

① "资本的札格纳特车轮"出自《资本论》第一卷第八章"工作日"中，马克思在此用宗教的狂热来形容资本家对资本的崇拜，在这一过程中，资本侵吞着一切事物，不带有任何感情色彩。详见《马克思恩格斯文集》第五卷，人民出版社 2009 年版，第 323 页。

② 习近平. 论坚持推动构建人类命运共同体 [M]. 北京：中央文献出版社，2018：255.

第二章

一带一路：马克思世界市场理论的当代实践

第一节 从"世界市场的轮廓"到"新丝路"

党的十八大以来，在"中国智慧"的理论阐发之外，以习近平同志为核心的党中央就改善全球经济，进一步发展世界市场而提出的"一带一路"倡议在实践层面进一步践行了马克思世界市场理论。2013 年 9 月 7 日，习近平同志在哈萨克斯坦纳扎尔巴耶夫大学的演讲中，提出共建"丝绸之路经济带"的构想，同年 10 月 3 日，习近平同志在印度尼西亚国会的演讲中，又提出了共建"21 世纪海上丝绸之路"的构想，"一带一路"倡议逐渐形成，并很快成为国内外热议的话题，2015 年 3 月，经国务院授权，由国家发展改革委、外交部、商务部共同发布了《推动共建丝绸之路经济带和 21 世纪海上丝绸之路的愿景与行动》，进一步阐述了"一带一路"的时代背景、共建原则、框架思路、合作重点、合作机制，也标志着"一带一路"正式步入实际的推进阶段。从 2013 年至今，"一带一路"倡议已经走过了 8 年，取得了丰硕的实践成果。在此，从实践层面上，以马克思世界市场理论为出发点，进一步阐述"一带一路"倡议在实践中对马克思世界市场理论的进一步发展。

首先，"一带一路"倡议在实践中进一步践行了马克思提出的对"世界市场的轮廓"的认识。如前文所指，马克思在 1858 年致恩格斯的信中就写道："资产阶级社会的真正任务是建成世界市场（至少是一个轮廓）和确立以这种市场为基础的生产。"[①] 在马克思那里，"世界市场的轮廓"的不断完善与清晰是资产阶级社会存在的一个重要客观结果，也是资产阶级在历史上"非常革命的作用"的体现。"世界市场的轮廓"主要针对的是广义的世界市场而立论的，它所

---

① 马克思恩格斯文集：第十卷 [M]. 北京：人民出版社，2009：166.

体现的是人类社会之间交往的不断扩大与繁盛。在资产阶级社会，"世界市场的轮廓"可以从多个方面来理解，如从最发达的资本主义国家而言，马克思所提出的"世界市场的暴君"，是世界市场轮廓的鲜明体现。而如果从整个资产阶级社会来说，无产阶级与资产阶级在世界市场中的对立也可以勾勒出一幅世界市场的轮廓，而如果从马克思研究的"亚洲问题"来入手的话，世界市场中东方与西方的差异同样可以描绘出一幅世界市场的图景。事实上，如果将这一议题放置在当代的理论视域下，当代学者关于世界市场发展态势的观点，诸如"中心—外围理论""依附理论"等都可以看作是对世界市场轮廓的进一步说明，只是，不管采取什么样的参照物来分析世界市场，都无法回避的共性问题就是在资本主义的主导下，世界市场的轮廓每每越加清晰，世界市场中所凸显的不平等反而更加明显。马克思认为，无产阶级理应进一步促使世界市场的轮廓更加清晰，但却不能再走上以往的非人道的发展道路，任何人都不能反对世界市场中客观交往趋势的扩展，但是，任何人也都不应该借助扩大交往的名义，在世界市场中构建起一套不平等的体系。所以，必须慎重思考在当前的历史阶段下，以公平、公正的价值理念，重新勾勒出世界市场的"轮廓"，推动世界市场的发展。而"一带一路"倡议构建的"丝绸之路经济带"和"21 世纪海上丝绸之路"，这两条在当代的"新丝路"，正是在此方面的有益尝试，它是无产阶级开始在世界市场中发挥积极作用、再次描绘世界市场发展图景的鲜明体现。

"丝绸之路经济带"与"21 世纪海上丝绸之路"都与中国古代"丝绸之路"的开辟有紧密的关系。习近平同志动情地谈道："2000 多年前，我们的先辈筚路蓝缕，穿越草原沙漠，开辟出联通亚欧非的陆上丝绸之路；我们的先辈扬帆远航，穿越惊涛骇浪，闯荡出连接东西方的海上丝绸之路。古丝绸之路打开了各国友好交往的新窗口，书写了人类发展进步的新篇章。"① 不管是汉代的"丝绸之路"，还是唐宋元时期的"海上丝绸之路"，它们都在古代社会对世界市场的发展做出了重要贡献。21 世纪国际社会的主要矛盾是发达国家与发展中国家的矛盾，而推动世界市场发展的关键则在于维护好发展中国家，特别是最不发达国家的发展权益。时至今日，"古丝路"的沿线国家绝大多数恰恰是发展中国家，"一带一路"倡议首先聚焦的就是世界市场中的发展中国家，以"一带一路"倡议来重新串联起世界市场上发展中国家的发展问题，与此同时，"一带一路"对于"丝路"之外的国家，特别是"丝路"之外的发达国家，也绝对没有关上大门，而是欢迎世界上任何一个有意"搭乘"中国发展"快车"的国家，

----

① 习近平. 论坚持推动构建人类命运共同体［M］. 北京：中央文献出版社，2018：429.

在"一带一路"所构建的公平与公正的构架下，参与"一带一路"的建设，获得发展的福利。"一带一路"倡议是中国以世界市场的积极参与者与变革者的身份对世界市场的"轮廓"的重新描绘。在"一带一路"倡议的实践推动下，一个更加公平正义，更加符合马克思构建的未来世界市场逐渐更加清晰。

第二节 从"时间消灭空间"到"五通"

如前文所言，马克思在《1857—1858 年经济学手稿》中对资本与世界市场的发展进行了论述，其中特别提到了世界市场"时间消灭空间"的趋势，马克思写道："资本越发展，从而资本借以流通的市场，构成资本空间流通道路的市场越扩大，资本同时也就越是力求在空间上更加扩大市场，力求用时间去更多地消灭空间。"① 马克思此处所谈及的世界市场中呈现的"时间消灭空间"的趋势，即使是在当代的视域下来看，这个趋势不仅没有放慢脚步，反而越加迅速。世界市场中"时间消灭空间"的趋势也意味着人类间的交往领域与方式的快速拓展，这是马克思所揭示的近代以来世界市场发展的一个重要规律与趋势。它实际上预示着世界市场的"先进力量"要想在世界市场中有所作为，就必须面对这个世界市场的重要规律，利用好这个规律就能推动世界市场向前发展。而"一带一路"倡议中所蕴含的"五通"的发展理念，正是对马克思世界市场理论中"时间消灭空间"的进一步深化与实践。

2013 年 9 月 7 日，习近平同志在首次提出构建"丝绸之路经济带"之时，就同时指出了"五通"的发展理念。习近平同志提出，构建"丝绸之路经济带"要特别在以下五个方面做足、做好功夫，即"政策沟通、道路联通、贸易畅通、货币流通、民心相通"②，其中，政策沟通的要义在于"求同存异"，也就是不同自然禀赋与社会制度的国家之间，在政策上要有一个"求同存异"的态度，这是"打交道"的一个基本前提。道路联通的要义在于"便利性"，也就是在当前人类的发展阶段下，万水千山不再是往来间的阻碍，而是能够被克服并解决的问题。贸易畅通的要义在于"消除壁垒"，从经济的长远发展来看，只有消除贸易壁垒，才能真正降低贸易和投资的成本，这样区域经济的发展才能真正走上正轨。民心相通的要义则在于"民相亲"，也就是发展的道路能够得

---

① 马克思恩格斯文集：第八卷［M］. 北京：人民出版社，2009：169.
② 习近平谈治国理政：第一卷［M］. 北京：外文出版社，2018：289-290.

到人民的普遍支持，这就必须充分考虑与关照不同国家与地区的风土人情。综上所述，只有把这五个方面搞好，把"五通"实现好，区域经济乃至全球经济发展才能走得远、走得稳。习近平同志所提出的"五通"，真正指明了世界市场中"时间消灭空间"的趋势理应为何体现。在马克思的研究中，马克思所指正到的资本主义主导的世界市场上"时间消灭空间"的趋势有一个前提条件，那就是此种趋势是资本所主导的，换言之，资本成为此种趋势的唯一主导。马克思认为，虽然在世界市场上有"时间消灭空间"的趋势，但无产阶级绝对不能"醉心"于此，相反，应该反思此种客观存在的趋势，其背后的目的是否正义与恰当，特别要注意资本主义将此种趋势与资本主义存在的合理性"粘连"起来。事实上，世界市场中始终存在"时间消灭空间"的趋势，只是由于现代资本的活跃，使得这种趋势更加快速，但是，在资本主义主导的世界市场中，这种趋势完全演变成一种非人的过程。在资本主义那里，努力实现世界市场中的"相通"，其中反而有"阻断"的意味。一方面，资本与资产阶级力图推动世界市场更加紧密地联系在一起，连通一切国家与民族；另一方面，资产阶级却又始终保留有"阻断"此种世界市场连通的权力，只有这样才能保证资产阶级在世界市场上始终占据优势地位。习近平同志立场鲜明地指出："想人为切断各国经济的资金流、技术流、产品流、产业流、人员流，让世界经济的大海退回到一个一个孤立的小湖泊、小河流，是不可能的，也是不符合历史潮流的。"① "一带一路"倡议中，其内涵的"五通"就是要真正打通世界市场之间的联系，使得世界市场中不仅"时间消灭空间"的趋势加快，而且充分为全人类造福。

第三节　从"资本拜物教"到"丝路精神"

如前文所指，马克思虽然没有单纯从文化批判的角度去论述世界市场的发展，但是在马克思所构建的政治经济学体系中，通过对"三大拜物教"的论述，事实上形成了一整套对现存世界市场文化批判的观点。从"商品拜物教"到"货币拜物教"再到"资本拜物教"，一方面是资本主义的生产体系得以真正确立，另一方面却使人的精神得以更加困顿。作为"三大拜物教"顶点的"资本拜物教"的出现，它无情地碾压了人类的一切信仰，自此人类所崇拜的只是资

---

① 习近平. 论坚持推动构建人类命运共同体 [M]. 北京：中央文献出版社，2018：402-403.

本，或者说是"资本的回报"，它抹杀了劳动的价值与意义，在给予人物质财富之外，却带来了更大的困惑，人的价值在它的面前往往不值一提。从恩格斯最早展开世界市场的研究之时，就已经敏锐地指出世界市场上充斥着对资本狂热的追捧，谁能在世界市场上获得高额利润，谁就是值得被赞扬的，从文化观念的角度而言，在相当长的时间内，世界市场在价值观念层面都处于一个非常"紧绷"的状态。正如习近平同志所言："缺乏道德的市场，难以撑起世界繁荣发展的大厦。"① 此种情况伴随着世界市场的每一次危机，特别是在两次世界大战之后越加清晰地呈现。人们更加紧迫地去思考应该以何种价值观念来撑起世界市场的运行。而在"一带一路"倡议中，习近平同志以"借古喻今"的视角，创造性地以"丝路精神"回答了这一问题。

事实上，马克思世界市场理论已然揭示了世界市场中的"道德危机"与"信仰危机"不是生来就有的，而是要从资本主义统治世界市场之日来算起，要破除现有世界市场中的"信仰危机"，首先需要的不是放眼未来，而是将视角"前移"，弄清楚在资本主义统治世界市场之前，推崇什么样的价值观念。正如习近平同志所言："古丝绸之路绵亘万里，延续千年，积淀了以和平合作、开放包容、互学互鉴、互利共赢为核心的丝路精神。这是人类文明的宝贵遗产。"② 习近平同志的这一观点为我们描绘了在资本主义兴起之前，世界市场上的价值观念为何，那就是"和平合作、开放包容、互学互鉴、互利共赢"的"丝路精神"。毫无疑问，回到资本主义之前的世界市场，虽然和平而宁静，但却是不可取的，以马克思的话来说，这样做就"变得稚气了"，因为谁都不能阻碍人类社会向前发展的脚步。但"丝路精神"作为一种沉淀于人类社会中的价值观念，却并不会随着历史的发展而被社会所淘汰，相反，它在历史上所做出的成就，依然可以在当今社会发挥重要的感召力与指导意义。这正是马克思在《〈政治经济学批判〉导言》中的经典发问："为什么历史上的人类童年时代，在它发展得最完美的地方，不该作为永不复返的阶段而显示出永久的魅力呢？"③ "丝路精神"不是凭空想象，而是在历史上被各国人民所真切感受并口耳相传的精神，只是随着"资本拜物教"的兴起，它不得不被深深地掩埋起来，随着一次次世界市场危机与战争的爆发，使得人们越加深刻地认识到继续传播传统优秀文化，并促进传统优秀价值观念焕发新活力的必要性。当代历史学者彼得·弗兰科潘

---

① 习近平. 论坚持推动构建人类命运共同体 [M]. 北京：中央文献出版社，2018：255.
② 习近平. 论坚持推动构建人类命运共同体 [M]. 北京：中央文献出版社，2018：430.
③ 马克思恩格斯文集：第八卷 [M]. 北京：人民出版社，2009：36.

在其历史著作《丝绸之路》的序言中写道："当习近平主席于 2013 年宣布'一带一路'的创想之时，他是在重新唤起人们对于那段很久之前就已经熟悉的繁荣的回忆。"① 中国综合国力的提升以及在世界市场中话语权的扩大为再次呈现出世界市场的繁荣提供了现实的可能，也必然在实践中再次彰显"丝路精神"。正如习近平同志所言："我们提出'一带一路'倡议，就是要继承和发扬丝绸之路精神，把我国发展同沿线国家发展结合起来，把中国梦同沿线各国人民的梦想结合起来，赋予古代丝绸之路以全新的时代内涵。"② 总的来看，"一带一路"倡议中，体现了以"丝路精神"来"反制"马克思所批判的"资本拜物教"，并以"丝路精神"重新构建起整个世界市场的核心，它始终紧扣马克思世界市场理论的相关核心要义，也指明了在当前维护与运行好世界市场的重要努力方向。当然，从另一个层面来说，"一带一路"倡议自发起以来，在实践中所取得的巨大成就是更为有利的说明。截至 2021 年年底，我国已与 140 个国家、32 个国际组织签署 200 多份共建"一带一路"合作文件，与沿线国家货物贸易额累计达到 10.4 万亿美元，对沿线国家非金融类直接投资超过 1300 亿美元。③ 实践上的巨大成功既凸显了"一带一路"倡议有条不紊地推进，也反映了国际社会意欲构建一个真正和谐公平的世界市场的美好意愿。

---

① ［英］彼得·弗兰科潘. 丝绸之路［M］. 邵旭东，孙芳，译. 杭州：浙江大学出版社，2016：9.
② 习近平. 论坚持推动构建人类命运共同体［M］. 北京：中央文献出版社，2018：339.
③ 共建"一带一路"取得实打实沉甸甸的成就［N］. 人民日报，2021-11-21（N1）.

结　语

纵观全书，当前人类社会还处在马克思所批判的"现代的世界市场"中，这个"现代的世界市场"既可以说是"资本主义主导的世界市场"，也可以说是"资产阶级时代的世界市场"，这是本书最为基本的核心结论，也是马克思世界市场理论发展史给予我们最为宝贵的经验。纵观马克思世界市场理论发展史，每一次对马克思世界市场理论的误读与偏离，都与错误地判断世界市场所处的历史方位有关；而每一次对马克思世界理论的创新发展，也都是从对当代世界市场的历史方位予以准确判断而出发的。在马克思与恩格斯之后的理论发展中，列宁在十月革命后通过对资本的认识，已经初步明确了判断世界市场历史方位的出发点到底是什么，只是在随后的理论发展中，这一观点没有被真正注意到，反而走上了理论的误区。1978年以来，邓小平同志对世界局势与中国改革开放的思考，则真正明确了判断世界市场历史方位的"标尺"，不是这个世界市场中是实行计划经济还是市场经济，而在于审视马克思所指明的"资本的历史使命"是否完成，如果没有完成，那么当前人类社会总体上还是处于马克思所批判的"现代的世界市场"的历史方位中。

人类当前依然处于"资产阶级时代的世界市场"，从这一基本结论出发，就能够解释为什么世界市场中依然有"暴君"出现，依然有人在世界市场中使用着马克思所揭露的"罗马式"与"迦太基式"并用的手段恫吓他人；也能够解释，为什么从2008年的全球经济危机以来，虽然已经过去了10余年，但人们却总是深感危机并没有真正走远；也能够解释为什么随着人类交往的日益扩大，却有更多的人不得不面对精神上的困顿。放眼现实，马克思世界市场理论的科学性与指导意义非但没有丝毫褪色，反而更加激励每一位想改变世界的人去再次研读马克思的著作。

当代世界市场历史方位的明确，也就意味着马克思世界市场理论依然具有非常重要的指导意义。从理论上来说，马克思世界市场理论绝对不是马克思宏伟的政治经济学批判计划中的一个"点缀"，通过文本的考证与梳理，可以发现马克思关于世界市场问题的思考，贯穿了马克思与恩格斯一生的学术与革命生涯，它是一个经过深思熟虑且慎重研究的主题，马克思与恩格斯在文本中所架构的世界市场理论凸显的一整套观点与方法论，需要我们继续坚持与学习，从中不断汲取智慧。而从实践上来说，马克思世界市场理论为破解世界市场中的发展难题进一步指明了方向，无产阶级作为世界市场中"先进力量"最为杰出的代表，在"资产阶级时代的世界市场"中，必须自觉承担起马克思所赋予的历史重任，不论何时，都要勇于直面资本逻辑的挑战，努力与各种形式的单边主义与保护主义做斗争，积极推动世界市场话语权的变革。这就需要我们继续在世界市场的"汪洋大海"中锻炼本领，捶打自身，将世界市场话语权的变革乃至人类命运共同体构建的目标，首先转化为中国的发展问题。自改革开放以来，中国重新科学审视与准确理解马克思世界市场理论，马克思世界市场理论便在实践中迸发出巨大的生命力。也要深刻地认识到，中国在世界市场中逐渐站稳脚跟，综合国力与国际地位不断提升，不是"吹出来的"，而是中国人民实实在在"干出来的"，只有中国发展好了，我们才有可能向着马克思所构想的未来世界市场而前进。在新时代，在新的历史条件下，要坚持以习近平新时代中国特色社会主义思想为指导，把中国的发展问题解决好，不断提升中国的综合国力，只有这样才能使人类早日走出"资产阶级时代的世界市场"，人类才能真正迎来一个光明的未来。

参考文献

（一）著作

[1] 马克思恩格斯文集（第1—10卷）[M]．北京：人民出版社，2009.

[2] 马克思恩格斯全集：第一版（第1、2、3、12、21、26、36、37、46、42、45卷）[M]．北京：人民出版社，1955.

[3] 马克思恩格斯全集：第二版（第31、34卷）[M]．北京：人民出版社，1995.

[4] 列宁全集：第二版（增订版）（第1、26、27、28、37、46、59卷）[M]．北京：人民出版社，2017.

[5] 列宁选集（第1-4卷）[M]．北京：人民出版社，2012.

[5] 列宁专题文集：论资本主义 [M]．北京：人民出版社，2009.

[6] 列宁专题文集：论社会主义 [M]．北京：人民出版社，2009.

[7]《资本论》书信集 [M]．北京：人民出版社，1976.

[8] 斯大林选集（上 下）[M]．北京：人民出版社，1978.

[9] 毛泽东文集（第5、6、7卷）[M]．北京：人民出版社，1996.

[10] 邓小平文选（第2、3卷）[M]．北京：人民出版社，1994.

[11] 江泽民文选（第1-3卷）[M]．北京：人民出版社，2006.

[12] 胡锦涛文选（第1-3卷）[M]．北京：人民出版社，2016.

[13] 习近平谈治国理政（第1、2卷）　[M]．北京：外文出版社，2014，2017.

[14] 习近平．论坚持推动构建人类命运共同体 [M]．北京：中央文献出版社，2018.

[15] 中共中央文献研究室．十八大以来重要文献选编（上 中 下）[M]．北京：中央文献出版社，2014.

[16] 李大钊选集 [M]．北京：人民出版社，1959.

[17] 汤在新.《资本论》续篇探索［M］.北京：中国金融出版社，1995.

[18] 厉以宁.资本主义的起源［M］.北京：商务印书馆，2003.

[19] 顾海良.马克思主义发展史［M］.北京：人民出版社，2009.

[20] 顾海良，张雷声.20世纪国外马克思主义经济思想史［M］.北京：经济科学出版社，2006.

[21] 陈其人.卢森堡资本积理论研究［M］.上海：东方出版中心，2009.

[22] 俞良早.创论"东方列宁学"［M］.南京：南京师范大学出版社，2004.

[23] 张一兵，等.资本主义理解史（第1、2、3卷）［M］.南京：江苏人民出版社，2009.

[24] 奕文莲.全球的脉动：马克思主义世界市场理论与全球化问题［M］.北京：人民出版社，2005.

[25] 刘元琪.马克思主义研究资料（第9、10卷）［M］.北京：中央编译出版社，2014.

[26] 何干强.《资本论》的基本思想与理论逻辑［M］.北京：中国经济出版社，2001.

[27] 王明友.《资本论》的市场经济逻辑［M］.北京：社会科学文献出版社，2014.

[28] 向松祚.新资本论：全球金融资本主义的兴起危机和救赎［M］.北京：人民出版社，2015.

[29] 栾文莲.交往与市场［M］.北京：社会科学文献出版，2000.

[30] 王义桅."一带一路"的逻辑［M］.北京：商务印书馆，2016.

[31] 李景源.科学发展观与和谐社会建设［M］.南京：江苏人民出版社，2008.

[32] ［英］亚当·斯密.国富论［M］.北京：商务印书馆，2014.

[33] ［英］大卫·李嘉图.李嘉图全集第1卷：政治经济学及赋税原理［M］.北京：商务印书馆，2013.

[34] ［德］李斯特.政治经济学的国民体系［M］.北京：商务印书馆，1997.

[35] ［德］黑格尔.法哲学原理［M］.北京：商务印书馆，1961.

[36] ［德］费尔巴哈.费尔巴哈哲学著作选集［M］.北京：商务印书馆，1984.

[37] ［英］欧文.欧文选集［M］.北京：商务印书馆，1979.

[38] [法] 巴扎尔. 圣西门学说释义 [M]. 北京：商务印书馆，1986.

[39] [英] 莫里斯. 乌有乡消费 [M]. 北京：商务印书馆，2011.

[40] [法] 蒲鲁东. 哲学的贫困 [M]. 北京：商务印书馆，2015.

[41] [德] 卢森堡. 资本积累论 [M]. 北京：生活·读书·新知三联书店，1959.

[42] [德] 卢森堡. 卢森堡文选 [M]. 北京：人民出版社，2012.

[43] [德] 卢森堡. 国民经济学入门 [M]. 北京：生活·读书·新知三联书店，1962.

[44] [奥] 考茨基. 考茨基文选 [M]. 北京：人民出版社，2008.

[45] [奥] 鲍威尔. 鲍威尔文选 [M]. 北京：人民出版社，2008.

[46] [德] 伯恩施坦. 伯恩施坦文选 [M]. 北京：人民出版社，2008.

[47] [德] 希法亭. 金融资本 [M]. 北京：商务印书馆，1994.

[48] [苏] 布哈林. 世界经济和帝国主义 [M]. 北京：中国社会科学出版社，1983.

[49] [苏] 布哈林. 过渡时期政治经济学 [M]. 重庆：重庆出版社，2016.

[50] [苏] 布哈林. 布哈林文选 [M]. 北京：人民出版社，2014.

[51] [加] M.C. 霍华德，[澳] J.E. 金. 马克思主义经济学史（1883—1929）[M]. 中央编译出版社，2014.

[52] [法] 孔德. 论实证主义 [M]. 南京：译林出版社，2011.

[53] [德] 曼海姆. 意识形态与乌托邦 [M]. 北京：生活·读书·新知三联书店，2011.

[54] [德] 梅林. 马克思传（上下）[M]. 北京：人民出版社，1972.

[55] [美] 施瓦茨. 国家与市场 [M]. 南京：江苏人民出版社，2008.

[56] [英] 彼得·弗兰科潘. 丝绸之路 [M]. 杭州：浙江大学出版社，2016.

[57] [美] 麦克尔·哈特，（意）安东尼奥·奈格里. 帝国 [M]. 南京：江苏人民出版社，2011.

[58] [美] 杰瑞·穆勒. 市场与大师 [M]. 北京：社会科学文献出版社，2016.

[69] [美] 阿哥塔米尔. 新兴市场崛起与争锋的世纪 [M]. 北京：东方出版社，2007.

[60] [英] 威廉·罗宾逊. 全球资本主义论 [M]. 北京：社会科学文献出版社，2009.

［61］［美］道格拉斯·多得.资本主义经济学批评史［M］.南京：江苏人民出版社，2008.

［62］［法］雅克·阿塔利，［德］卡尔.马克思［M］.上海：上海人民出版社，2010.

［63］［法］托马斯·皮凯蒂.21世纪资本论［M］.北京：中信出版社，2015.

［64］［法］佛朗索瓦·佩鲁.新发展观［M］.北京：华夏出版社，1987.

［65］［荷］林登.西方马克思主义与苏联［M］.南京：江苏人民出版社，2012.

（二）期刊论文

［1］孙来斌.马克思世界市场思想概述［J］.当代世界与社会主义，2006（4）.

［2］费利群.马克思世界市场理论的全球化思想及其当代价值［J］.经济纵横，2010（7）.

［3］黄瑾.马克思经济学理论体系构建方法探析［J］.东南学术，2010（1）.

［4］黄瑾.论马克思世界市场理论的发展进程［J］.福建师范大学学报，2015（5）.

［5］王丽霞.邓小平对马克思世界市场理论的发展［J］.中共长春市委党校学报，2004（2）.

［6］刘明远.从"六册计划"看马克思经济学的研究对象［J］.政治经济学评论，2014（1）.

［7］汪一鹤.评斯大林关于两个平行的世界市场的理论［J］.河北学刊，1984（4）.

［8］张晓忠.论列宁早期有关世界市场的经济全球化思想［J］.商业研究，2009（3）.

［9］时家贤.马克思恩格斯的世界市场理论及其当代启示［J］.当代世界与社会主义，2012（6）.

［10］王东，贾向云.马克思晚年哲学创新的思想升华［J］.教学与研究，2011（3）.

［11］曲韵畅，余达淮.马克思世界市场理论及其当代价值［J］.南京社会科学，2019（07）.

[12] [德] 福尔格拉夫. "六册计划" 再认识 [J]. 马克思主义与现实, 2016 (3).

[13] [韩] 丁声振. 马克思的危机理论: 作为一种世界市场危机理论 [J]. 马克思主义与现实, 2013 (2).

（三）学位论文

[1] 郭伟. 马克思世界市场理论及启示 [D]. 赣州: 赣南师范学院, 2012.

[2] 刘倩. 马克思的世界市场理论及当代启示 [D]. 沈阳: 辽宁大学, 2013.

（四）外文文献

[1] I. Wallerstein. Capitalist Markets: Theory and Reality [C]. The 10th International Congress of Economic History, 1990.

[2] Bekaert G, Harvey C R. Time-Varying World Market Integration [J]. The Journal of Finance, 1995, 50 (2): 403-444.

[3] Smith T. The place of the world market in Marx's systematic theory [J]. Journal of the Acoustical Society of America, 2013, 133 (3): 1625.

[4] Jefferies P, Hart M L, Hui P M, et al. From market games to real-world markets [J]. The European Physical Journal B, 2001, 20 (4): 493-501.

[5] Moore, Thomas. Geoffrey. China in the world market: Chinese industry and international sources of reform in the post - Mao era [M]. Cambridge: Cambridge University Press, 2002.

后 记

　　本书是在我的博士论文基础上形成的，博士论文的原题目是《马克思世界市场理论及其发展研究》，该论文于 2021 年 9 月获河海大学"优秀博士学位论文"。"优秀博士学位论文"的评定意味着我的博士生涯完全结束，也使我有了想把它完全呈现于学界的想法，在书稿修改的过程中，我也一次次不经意间回忆起了我的博士生活。2015 年 9 月，我进入河海大学马克思主义学院，在导师余达淮教授的引领下，以"马克思主义经典文献研究"为方向，展开了新的学术研究。一进校，我便参与到由导师所主持的国家社科基金"资本的伦理学研究"课题中，我接触到的第一个研究主题便是"资本与世界市场"，在导师的悉心指导下，我完成了"资本与世界市场伦理观念演变"的相关内容，最终，课题顺利结项。然而，课题的结束并没有带给我些许轻松，反而给我带来更大的困惑，马克思语境下的"世界市场"到底应该做何理解，这个问题始终困扰着我。一方面，"世界市场"在今天的学术研究中一再被提及，但另一方面，却鲜有人从整个马克思主义发展史的角度来完整地分析它。为此，我初步下定决心，决定以马克思世界市场理论为博士论文的研究内容，在与余达淮教授商议之时，余老师非常肯定我的选题，但也指明了这样一个学术史的研究往往很考验"基本功"，有不小的难度。事实上，正如余老师所言，在论文的写作过程中我的确面临着非常大的困难，以至于度过了很多个不眠的夜晚，有时想不通马克思著作中的观点会失眠，有时想通了马克思的思想，也会兴奋得失眠，再次起身去翻阅著作，这一看，天也就亮了。当阅读到考茨基、伯恩施坦时，我又多次"羡慕嫉妒恨"般难以入睡，因为他们可以得到马克思的直接指导，他们离马克思、恩格斯是如此之近，但却最终走向了反面。当研究到列宁的观点时，我却睡了好几个"安稳觉"，因为很多困惑都得到了解答。虽有如此多的苦恼，但我从来没有想过放弃，特别是我了解到"世界市场"在马克思的研究计划中，可以说属于"未竟之志"，是他的"学术遗嘱"，我就越发不敢怠慢，更加小心翼翼，生怕对马克思等经典作家的观点予以过度解读，一遍遍地阅读原著，同时激励自己继续研究。

　　这本书能顺利出版，首先要感谢我的博士研究生导师余达淮教授，在整个研究过程中，余老师总是在关键的"十字路口"给予我帮助，比如，余老师对我说过，马克思是一个革命者，必须在革命的斗争中去考察马克思世界市场理论的发展，又比如，余老师否定了我曾经对世界市场规则体系的架构，告诉我与其凭空想象，不如再去好好看看《资本论》。每每根据余老师的这些指引，我都会再次发现全新的研究素材，它们在我的论文中都得到了呈现，大大强化了论文的学术性。同时，也要感谢河海大学的刘爱莲教授，要不是刘爱莲教授的提点，我差点忽视了斯大林"两个平行的世界市场"理论，这其实是我在博士期间最先接触到的一个研究主题，从这一理论中我得到了不少有益的思考。当然，攻读博士期间，我深感我的学习习惯与方法起到了很大的作用，没有这些习惯与方法，只怕我也难以完成学业，而这些习惯与方法的养成是我在重庆理工大学曾宪军教授门下攻读硕士研究生时，曾老师多次帮助我培养起来的，在此也要感谢曾老师。

　　与此同时，还要感谢河海大学的同学们，特别是我的两位博士室友方志伟与廖灵丹，我们时常就一些学术问题讨论至深夜，由于我当时购买的书籍太多，侵占了不少宿舍的公共空间，给他们的生活造成了不便，感谢他们的谅解与包容。也要感谢余达淮教授门下的其他同学，我在这个"学术共同体"中度过了一段快乐与知识并收的日子。

　　最后，也要感谢我的家人，我的父母顶着生活的压力，为我营造了一个非常好的物质生活，使我的学术研究能够顺利进行。也要感谢我的妻子张妍女士，在河海大学读博期间，我的妻子给予了我很多支持，使我能够安心研究，没有她的支持，这本著作也难以顺利完成。

　　限于作者的水平，本书难免有错误与不足之处，特别是对于一本发展史类的专著而言，我深感还有很多问题尚未交代清楚，其中的不妥之处，还望读者见谅。我想这些问题的解答，也正如马克思所言，属于"一个可能的续篇"，也促使我继续深入对马克思主义原著的研读。2018年的寒假，我与妻子共赴俄罗斯游览，当时的莫斯科适逢10余年罕见的大雪，我始终无法忘却我与她在风雪中排队进入列宁墓参观的激动心情，我时常幻想，如果列宁看到我的这本书会如何评价。他是否会用我那"熟悉"的口吻说："一本非常糟糕的著作，但起码作者把一些问题说清楚了！"如果是这样，我就万分欣慰了！

曲韵畅

2022 年 5 月 25 日